Erbrou Olga Guttke

Tala svenska

Ein Lehrwerk der schwedischen Sprache

Übungsbuch

Zeichnungen: Stefan Guttke

GROA
VERLAG

Bildquellen

Seite 7: Dorothee Sachs (Lübeck)
Seite 13: Fredrik Sandell (Stockholm)
Seite 16: Turist & Fritid (Kristianstad), Fotograf: Tommy Gustavsson
Seite 17: Värmlands Turistråd
Seite 22: Helena Falkman (Göteborg)
Seite 38: Sophia Natusch (Lübeck)
Seite 40: Frauke Natusch (Everöd)
Seite 41: Bernd Peisker (Lübeck)
Seite 48: Uppsala Turist & Kongress AB
Seite 56: linkes Bild: Karin und Heiko Staack (Lübeck), rechtes Bild: Sophia Natusch (Lübeck)
Seite 59: Bernd Peisker (Lübeck)
Seite 62: Siljan Turist AB (Rättvik)
Seite 64: Henrik Palm
Seite 65: Fredrik Sandell (Stockholm)
Seite 66: Kirsten Kopiske (Wielen)
Seite 72: Åhlens AB (Stockholm)
Seite 87: Annegret Kussatz (Sereetz)
Seite 94: Sockenföreningen (Everöd)
Seite 95: Annegret Kussatz (Sereetz)
Seite 100: Sophia Natusch (Lübeck)
Seite 107: Bernd Peisker (Lübeck)
Seite 111: Sophia Natusch (Lübeck)
Seite 115: Marita Thiel (Lübeck)

Wir haben uns bemüht, alle Inhaber von Text- und Bildrechten ausfindig zu machen. Sollten Rechteinhaber hier nicht aufgeführt sein, so wären wir für entsprechende Hinweise dankbar.

2. Auflage 2004

www.groa.de

Gestaltung: Jargstorff & Design, Kiel, und Stefan Guttke
Umschlagfoto: Hans Wolfgang Jargstorff
Druck: Druckhaus Schöneweide, Berlin

Printed in Germany - ISBN 3-933119-10-3

Einleitung

Dieses Übungsbuch ist eine wichtige Ergänzung zum Lehrbuch, nicht nur im Unterricht sondern auch für das Nacharbeiten und Wiederholen Zuhause. Hier finden Sie die schriftlichen Übungen und Hörverständnisübungen, das Vokabular der einzelnen Abschnitte, die Grammatikübersicht mit Erläuterungen auf deutsch, ein Grammatik - Sachregister, eine Liste über unregelmäßige Verben und die Lösungen zu den Übungen.

Die schriftlichen Übungen festigen, üben und wiederholen bereits gewonnene Sprachkenntnisse und sind sorgfältig auf das Lehrbuch abgestimmt. Die Übungen stellen durch das Nummerierungssystem direkte Bezüge zu den einzelnen Lehrmomenten im Lehrbuch her, so bezieht sich z.B. eine D4-Übung auf eine Übung 4 im Lehrbuch. Wenn keine Nummer vorhanden ist, hat die Übung keine direkte Zuordnung. Die Reihenfolge und die Zuordnung der Übungen ergeben mit dem Lehrbuch zusammen einen abwechslungsreichen Weg durch den Abschnitt. Sie können die Reihenfolge der Übungen aber auch Ihrem Bedarf anpassen. In jedem Fall ist es aber notwendig, die Übungen erst nach der Bearbeitung der jeweils zugeordneten Übung im Lehrbuch anzugehen.

Die jeweils letzte Übung in jedem Abschnitt übt idiomatische Ausdrücke und gängige Wendungen, die im Abschnitt durchgenommen wurden.

Die Hörverständnisübungen nehmen Bezug zum Thema und erweitern es. Sie finden die Tapescripts im Lösungsteil des Buches.

Die Vokabellisten sind abschnittsweise chronologisch geordnet und mit Hinweisen zu "false friends" versehen. Die Listen können bei der Arbeit aufgeschlagen neben dem Lehrbuch liegen, wodurch Ihnen lästiges Hin- und Herblättern erspart wird.

Wörter, die im Übungsteil neu hinzukommen, sind im Gesamtwörterverzeichnis im Lehrbuch mit aufgenommen.

Eine Übersicht über die Aussprache finden Sie auf den Innenseiten des Umschlags. Wir haben bewußt eine imitierende Lautschrift gewählt, um die Umsetzung der Laute zu erleichtern.

Wir hoffen, daß Ihnen durch die vielen Illustrationen und Fotos, die Kreuzworträtsel und motivierenden Schreib- und Hörverständnisübungen, die vielen sprachlichen Hinweise und eine übersichtliche Grammatik das Erlernen der schwedischen Sprache erleichtert wird und Spaß macht!

Der GROA Verlag wünscht Ihnen "lycka till"!

A1 Es gibt verschiedene Möglichkeiten, sich zu begrüßen und zu verabschieden.
Tragen Sie ein!

1.			J							
2.		D								
3.				S						
4.									O	
5.		E								
6.	G									
7.						G				

B2 Was denken Sie, wie sich die Personen auf dem Bild begrüßen?
Schreiben Sie es in die Sprechblasen!

C5 Übersetzen Sie!

1. Er kommt aus Lund. ______________________
2. Ich heiße Anna. ______________________
3. Wie heißt du? ______________________
4. Wir kommen aus Stockholm. ______________________
5. Kommen Sie aus Malmö? ______________________
6. Sie heißt Lisa. ______________________
7. Sie (Mehrzahl) kommen aus Kalmar. ______________________
8. Von wo kommst du? ______________________

D Stellen Sie die Fragen zu den Antworten!

1. ______________________ Jag heter Ann.
2. ______________________ Han kommer från Göteborg.
3. ______________________ De heter Sven och Lena.
4. ______________________ Jan kommer från Uppsala.
5. ______________________ Nej, jag kommer från Stockholm.
6. ______________________ Ja, vi fiskar.
7. ______________________ Han heter Sven.
8. ______________________ Nej, det är en pojke.
9. ______________________ Vi kommer från Malmö.
10. ______________________ Hon heter Lena.

E7 Drei Jugendliche treffen sich auf dem Campingplatz. Hören Sie sich das Gespräch an und beantworten Sie die Fragen.

1. Varifrån kommer Christian?

☐ Lübeck
☒ Stuttgart

2. Varifrån kommer Sven?

☒ Stockholm
☐ Malmö

3. Varifrån kommer Anna?

☐ Kiruna
☒ Göteborg

F9 Welchen Vokal hören Sie in der betonten Silbe?

1. ☐
2. ☐
3. ☐
4. ☐
5. ☐
6. ☐
7. ☐
8. ☐
9. ☐
10. ☐

G10 Schreiben Sie die Zahlen mit Buchstaben!

1. ______
2. ______
3. ______
4. ______
5. ______
6. ______
7. ______
8. ______
9. ______
10. ______

H Lösen Sie das Kreuzworträtsel!

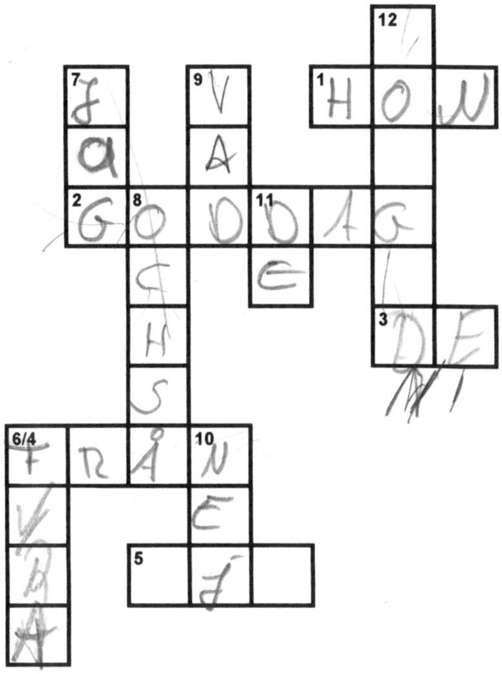

Waagerecht:
1. Varifrån kommer Josefin? ... kommer från Göteborg.
2. ... , jag heter Sven Jansson.
3. Vad heter ... ? Vi heter Katarina och Jörgen.
4. Jakob kommer ... Kiruna.
5. Fyra och tre är ... .

Senkrecht:
6. Tre och ett är ... .
7. Vad heter du? ... heter Rune.
8. Eva kommer från Malmö. Sven kommer ... från Malmö.
9. ... heter han? Han heter Sture.
10. Kommer de från Stockholm? ... , de kommer från Göteborg.
11. Vad heter ... ? De heter Sara och Lennart.
12. God ... !

Avsnitt 2

A2 Sie hören drei kleine Dialoge. Versuchen Sie die Namen anhand der Buchstabierung herauszuhören.

1. ______________________________
2. ______________________________
3. ______________________________

B3 Wie werden die Wörter ausgesprochen? Ordnen Sie die folgenden Wörter in die richtige Spalte. Sprechen Sie die Wörter laut!

god - genom - sked - kära - skinka - skål - gymnastik - kyrka - gul - skatt - sky - sko - Göran - kedja - köra - skära - Kilsgårdh - karta - gata - ko - kilometer

[g]	[k]	[sk]	[j]	[ch]	[sch]

C4 Tragen Sie den Abstand zwischen den Orten ein. Schreiben Sie die Zahlen mit Buchstaben.

1. Falun - Växjö:
   Det är femhundrafem kilometer.
2. Trelleborg - Umeå: ______________________
3. Norrköping - Stockholm: ______________________
4. Helsingborg - Göteborg: ______________________
5. Karlskrona - Kalmar: ______________________
6. Östersund - Kalmar: ______________________
7. Norrköping - Umeå: ______________________
8. Trelleborg - Malmö: ______________________
9. Helsingborg - Malmö: ______________________
10. Karlskrona - Stockholm: ______________________

Avståndstabell (Avstånd i kilometer)

från \ till	Göteborg	Kalmar	Malmö	Stockholm	Umeå	Växjö
Falun	473	520	676	231	555	505
Helsingborg	237	282	62	575	1160	189
Karlskrona	348	85	214	479	1108	106
Norrköping	323	243	453	157	779	265
Trelleborg	320	313	31	640	1227	234
Östersund	791	888	1023	564	390	862

D5 Schreiben Sie die Namen der touristischen Piktogramme mit dem bestimmten Artikel!

1. En golfbana ligger i närheten av Brösarp.
2. Var ligger hotellet?
3. Hur långt är det till vandrarhemmet?
4. Jag rekommenderar restuarangen i Mellbystrand.
5. Turistinformation är i Lund.
6. Hur långt är det till bensinstation?
7. Var ligger museet?
8. Badplatsen ligger i närheten av Laholm.
9. Caffeet ligger på Strandgatan.
10. Är kyrkan här i närheten? Kirche
11. Campingplatsen i Lilla Tjärby är bra.
12. Var ligger fiskeplatsen?

E5 *En* oder *ett*? Schreiben Sie den Artikel in der unbestimmten und bestimmten Form!

1. bil	en bil / bilen	9. broschyr en	broschyren
2. flicka	en flicka / flickan	10. flygplats en	flygplatsen
3. samtal	ett samtal / samtalet	11. flygplan ett	flygplanet
4. pojke	en pojke / pojken	12. bukt en	bukten
5. man	en man / mannen	13. linje en	linjen
6. busshållplats	en / busshållplatsen	14. information en	informationen
7. karta	en karta / kartan	15. boardingkort ett	boardingkortet
8. semester	en / semestern	16. buss en	bussen

F5 Übersetzen Sie!

1. Wo ist die Bushaltestelle? Var är busshållplatsen
2. Verzeihung, wie war Ihr Name? Förlåt, hur var namnet
3. Bitte, hier ist die Boardingkarte! Var så god, här är boardingkortet
4. Ist es weit zum Hotel? Är det långt till hotellet
5. Ich empfehle den Campingplats in Mellbystrand. Jag rekommenderar campingplatsen i Mellbystrand

G6

Anna und Bengt sind in der Turistinformation und erkundigen sich. Hören Sie den Dialog und kreuzen Sie die richtigen Antworten an.
⇨ närmaste [*der/die/das nächste*]

1. Badplatsen finns i ...
   ❑ Skottorp ❑ Skogaby ❑ Ränneslöv
2. Till närmaste hotell är det ...
   ❑ 17 km ❑ 15 km ❑ 7 km
3. Finns det en golfbana där?
   ❑ Ja ❑ Nej
4. Bussen är linje ...
   ❑ 77 ❑ 27 ❑ 17
5. Busshållplatsen är vid ...
   ❑ campingplatsen ❑ kyrkan ❑ hotellet

H

Was sagen Sie in folgenden Alltagssituationen?

1. Sie möchten wissen, ob es ein Restaurant in der Nähe gibt.
   Finns det en restaurant
   här in närheten
2. Sie bedanken sich für die Information.
   Tack för Information
3. Sie möchten wissen, wo die Bushaltestelle ist.
   Vär är Busshållplatsen

4. Sie fragen, ob es weit nach Mellbystrand ist.
   Är det långt till Mellbystrand
5. Sie erkundigen sich, ob es eine Karte gibt.
   Finns det en
   Har ni en karta
6. Sie möchten wissen, ob es einen Badeplatz in der Nähe gibt?
   Finns det en badsplatsen här närheten
7. Sie sagen, daß das gut klingt.
   Det låter bra
8. Sie wünschen Ihren schwedischen Freunden einen schönen Urlaub.
   Trevlig semester

A1

Lösen Sie das Kreuzworträtsel!

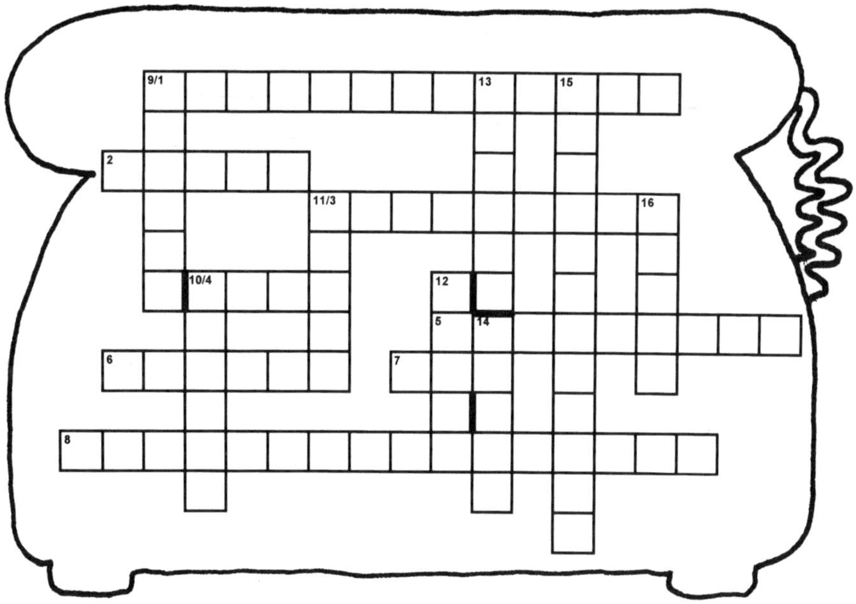

Waagerecht:

1. Lars ringer ett ... .
2. Jag kommer om en ... .
3. Sten är i Stockholm på ... .
4. Kommer du på en ... kaffe?
5. Ett ... så kommer Sara.
6. Vad har du för telefon-...?
7. Tack, jag mår ... .
8. Numret står i ... .

Senkrecht:

9. Sven ... i telefonkatalogen.
10. Jag ... till Malmö
11. Pia ... ett telefonkort.
12. Åke ringer ... till Eva.
13. Vad har du för ... ?
14. Vi bor på Stor-... .
15. Silvia ringer från en ... .
16. Jag mår bra, tack. Hur står det till ... ?

B3

Wie werden folgende Wörter ausgesprochen? Ordnen Sie die folgenden Wörter in die richtige Spalte. Sprechen Sie die Wörter laut!

sju - chock - djur - tjugo - ljus - stjärna - check - hjul - skjorta - schampo - kjol - djärv - gjorde - tjära

[j]	[ch]	[sch]

C4

Schreiben Sie Sätze wie im Beispiel!

1. Pelle har en telefonkatalog. — Det är Pelles telefonkatalog.
2. Olle har en telefon. — ______
3. Pojken har en CD. — ______
4. Sven har ett telefonkort. — ______
5. Göran har en restaurang. — ______
6. Mannen har en hund. — ______
7. Pelle har en fisk. — ______
8. Jan har en adress. — ______
9. Birgitta har ett telefonnummer. — ______
10. Barnet har en katt. — ______
11. Flickan har ett foto. — ______
12. Eva har en kopp. — ______

D4 Leider ist Kaffee auf Ingas Adreßbuch geschwappt. Hören Sie die CD und tragen Sie die fehlenden Daten und Telefonnummern in das Adreßbuch ein.

NAMN ADRESS	☎	NAMN ADRESS	☎
Rune Sundström	08 /	Siv och Olle ___	040 /
Östermalmsgatan 51	59 ___ 25	Sagoliden ___	27 ___
114 50 Stockholm		216 20 Malmö	
Anna Rosenquist	___ /	Silvia Svensson	044 /
Reginagatan ___	91 70 56	Stora Vägen 92	23 ___ 61
531 43 Lidköping		___ Everöd	
Johan Svensson	046 /	Mikael Söderberg	___ /
Rektorsvägen 9	___	Valhallavägen 3	15 71 82
___ 67 Lund		114 ___ Stockholm	

E5 Welche Verben (im Infinitiv) stehen in den Blüten?
Schreiben Sie auch die Präsensform dazu!

daghem tagsüber

F7 Bengt erzählt ein wenig über sich selbst. Hören Sie die CD und kreuzen Sie die richtige Antwort an.

1. Bengts efternamn är ...
   ☐ Svensson ☐ Jonsson ☒ Johansson
2. Annas efternamn är...
   ☒ Eriksson ☐ Hansson ☐ Svensson
3. Anna och Bengt bor i ...
   ☐ Malmö ☒ Uppsala ☐ Stockholm
   wie alt ist er
4. Hur gammal är Bengt?
   ☐ 22 ☐ 23 ☒ 24
5. Hur gammal är Anna?
   ☐ 22 ☒ 23 ☐ 24
6. Var arbetar Anna?
   ☐ På ett daghem ☒ På en turistbyrå
   ☐ På ett hotell
7. Studerar Bengt?
   ☒ Ja ☐ Nej
8. Vad heter Annas och Bengts hund?
   ☐ Stuss ☒ Tuss ☐ Russ
9. Anna och Bengt bor i en ...
   ☒ trerumslägenhet (dreizimmer) ☐ stuga (sommerhaus)
   ☐ tvårumslägenhet (zweizimmer)
10. Annas och Bengts adress är ...
    ☐ Skolgatan 55 ☐ Skolgatan 15
    ☒ Skolgatan 25
11. Annas och Bengts telefonnummer är ...
    ☐ 55 12 17 ☒ 56 11 77
    ☐ 56 11 27

G Was sagen Sie in folgenden Alltagssituationen?

1. Sie möchten die Adresse von Anders wissen.
   Vad har Anders för adress.
2. Sie bringen zum Ausdruck, daß Sie etwas nicht wissen.
   Jag vet inte / Det vet jag inte
3. Sie fragen Eva, wie es ihr geht.
   Hur mår du Eva, / Hur står det till
4. Sie sagen, daß es Ihnen nicht so gut geht.
   Jag mår inte så bra / Jag mår dåligt
5. Sie möchten die Telefonnummer von Sara wissen.
   Vad har Sara för telefonnummer
6. Sie möchten die Vorwahl von Stockholm wissen.
   Vad har Stockholm för riktnummer
7. Sie sagen, wo Sie wohnen.
   Jag bor på
8. Sie telefonieren und möchten Sven Andersson sprechen.
   Hej det är Träffas Sven Andersson
9. Sie fragen Karin, ob sie Lust hat, zu einer Tasse Kaffee zu kommen.
   Har du lust att komma på en kopp kaffe, Karin?

AVSNITT 4

A1 Vad är det här för mynt/sedlar? [Was sind das für Münzen/Scheine?]

1. ____________________

2. ____________________

3. ____________________

4. ____________________

5. ____________________

B3 Fyll i det som fattas i dialogen! [Schreiben Sie das hinein, was im Dialog fehlt!]

A: Astrid *E: expedit*

A: Hej, jag ________________(1) Dagens Nyheter, tack.
E: Var det ________________(2) så?
A: Vad ________________(3) ett vykort?
E: Det kostar 4:- .
A: Jag ________________(4) ett vykort också.
E: ________________(5),det blir 14:- tillsammans.
A: Kan ni ________________(6) en femtiolapp?
E: Javisst, det ________________(7) bra. Tjugo,________________(8) fyrtio och femtio, varsågod.
A: ________________(9) och hej!
E: ________________(10) !

C4 

Jan har handlat vid kiosken och är förvånad över hur dyrt allting har blivit. Han talar med Eva. Lyssna på samtalet och skriv upp priserna vid de olika sakerna. [Jan war beim Kiosk einkaufen und ist erstaunt darüber, wie teuer alles geworden ist. Er spricht mit Eva. Hören Sie das Gespräch und schreiben Sie die Preise neben die Waren.]

1. [ ] 

2. [ ] 

3. [ ] 

4. [ ] 

5. [ ] 

6. [ ] 

7. [ ] 

8. [ ] 

D5 Fyll i *den, det, han* eller *hon*! [Tragen Sie *den, det, han* oder *hon* ein!]

1. Vad kostar tidningen? __________ kostar 10 :-.
2. Vad heter flickan? __________ heter Stina.
3. Var är konferensen? __________ är i Stockholm.
4. Vad kostar äpplet? __________ kostar 2:50:-
5. Var ligger kiosken? __________ ligger på Strandvägen.
6. Var är restaurangen? __________ är på Storgatan.
7. Var är mannen? __________ är i Stockholm.
8. Var ligger hotellet? __________ ligger på Storgatan.
9. Vad kostar glassen? __________ kostar 9:-
10. Var ligger banken? __________ ligger på Vallgatan.
11. Varifrån kommer Olle? __________ kommer från Lund.
12. Vad kostar en påse karameller? __________ kostar 11:50:-

F7 Kurt bjuder hela familjen på fika. Lyssna på dialogen och skriv upp vad de olika personerna vill ha.
[Kurt lädt die ganze Familie zum Kaffeetrinken ein. Hören Sie den Dialog und schreiben Sie auf, was die einzelnen Personen haben möchten.]
⇨ ett glas [*Glas*], en räksmörgås [*Krabbenbrot*], mjölk [*Milch*]

Mamma Anita: ______________________________
Pappa Kurt: ______________________________
Sven: ______________________________
Lisbet: ______________________________
Olle: ______________________________

G8 Översätt! [Übersetzen Sie!]

1. Ich möchte eine Tasse Kaffee, bitte. ______________________________
2. Kannst du 300 DM wechseln? ______________________________
3. Anna vill heute Shopping gehen. ______________________________
4. Er muß in das Telefonbuch gucken. ______________________________
5. Ich möchte bitte einen Kopenhagener. ______________________________
6. Wollt ihr ein Glas Saft trinken? ______________________________
7. Lina muß Geld wechseln. ______________________________
8. Sven will angeln im Urlaub. ______________________________
9. Lotta kann nicht in die Stadt fahren. ______________________________
10. Ulla kann heute nicht kommen. ______________________________

H9 Vad står på bordet? [Was steht auf dem Tisch?]
⇨ mugg [*Becher*]

1. ett glas vatten
2. ______
3. ______
4. ______
5. ______
6. ______
7. ______
8. ______

I Was sagen Sie in folgenden Alltagssituationen?

1. Sie sind in der Bank und möchten 500 DM wechseln.
______
2. Sie fragen, was eine Postkarte kostet.
______
3. Sie stehen am Kiosk und möchten ein Eis kaufen.
______
4. Sie geben zum Ausdruck, daß Sie verstehen, was der andere meint.
______
5. Sie möchten einen Fünfzigkronenschein wechseln.
______
6. Sie sind im Café und möchten einen Kuchen mit Sahne und Marzipan kaufen.
______
7. Sie sind im Café und möchten eine Tasse Kaffee und ein Käsebrot kaufen.
______
8. Sie sagen, daß Sie lieber eine Tasse Tee hätten.
______
9. Sie laden Lotta ein.
______
10. Sie fragen, ob man sich eine zweite Tasse nachschenken darf.
______

A1 Lös korsordet! [Lösen Sie das Kreuzworträtsel!]

Vågrätt:
1. Vid Stora Torg ligger en ... .
2. I Kristianstad finns två ... .
3. ... ligger mittemot kyrkan.
4. På Lilla Torg finns ett ... .
5. Domus är ett ... .
6. Utanför centrum finns ett ... .
7. Kristianstad är en ... .
8. Kristianstad ... i Skåne.
9. I Tivoliparken finns en ... .

Lodrätt:
10. Kristianstad har Sveriges enda ... .
11. I en ... kan man köpa böcker.
12. Ikaros är en ... .
13. Man kan se en film på ... .
14. Man bokar en resa på en ... .
15. Östra Storgatan är en ... .
16. Ett äpple är en ...
17. Man kan bada i en ... .
18. På torget kan man köpa frukt och ... .

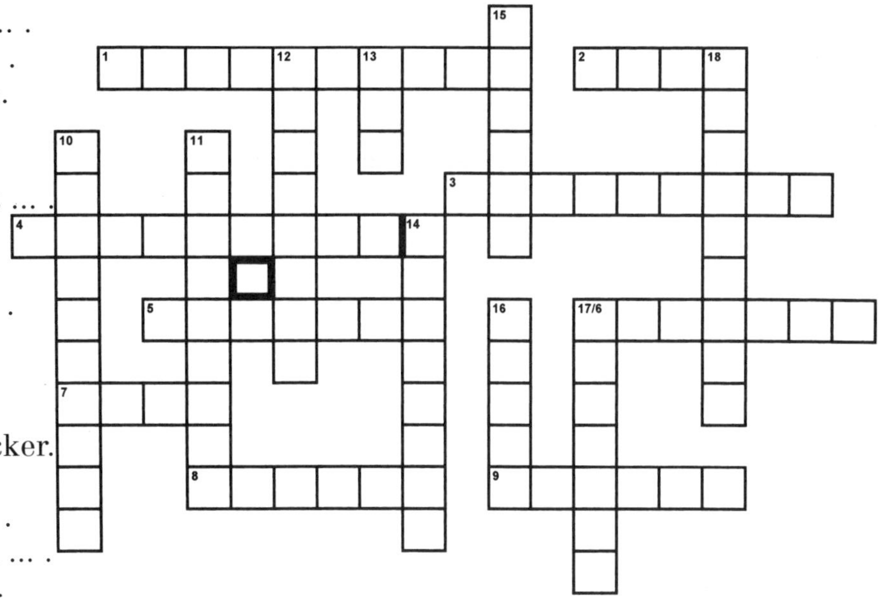

B1 Försök att uppfatta och skriv de ord som personen på CD:n läser upp. Begynnelsebokstäverna (uppifrån och ner) bildar namnet på en stad som ligger i Värmland.
[Versuchen Sie die Wörter herauszuhören, die Ihnen auf der CD vorgelesen werden und schreiben Sie die Wörter auf! Die Anfangsbuchstaben (von oben nach unten) bilden den Namen einer Stadt, die in der Provinz Värmland liegt.]

1. ______
2. ______
3. ______
4. ______
5. ______
6. ______
7. ______
8. ______
9. ______
10. ______
11. ______
12. ______

Vad heter staden?

______

På fotot ser du en sevärdhet från just den staden. [Auf dem Foto sehen Sie eine Sehenswürdigkeit aus dieser Stadt.]

Picassoskulpturen

C2 Översätt! [Übersetzen Sie!]

1. Wir haben einen Sohn, der vier Jahre alt ist.

____

2. Ich habe ein Sommerhaus, das in Småland liegt.

____

3. Kristianstad ist eine Stadt, die in Schonen liegt.

____

4. Anna und Göran haben eine Tochter, die Eva heißt.

____

5. Sie gehen in ein Café hinein, das am *Stortorget* liegt.

____

D3 Fyll i rätt preposition! [Tragen Sie die richtige Präposition ein!]

1. Affären ligger __på__ Lindgatan.
2. Jan och Göran sitter __________ bilen.
3. Handelsbanken ligger __________ torget.
4. Man växlar pengar __________ banken.
5. Skulpturen står __________ torget.
6. Går du __________ skolan?
7. Eva arbetar __________ biblioteket.
8. Lampan hänger __________ bordet.
9. __________ bokhandeln kan man köpa böcker.
10. Sjukhuset ligger __________ Lasarettsboulevarden.
11. Restaurangen ligger __________ havet.
12. Det står en staty __________ parken.
13. Rådhuset ligger __________ Stortorget.
14. Apoteket ligger __________ bokhandeln och skoaffären.
15. Turistbyrån ligger __________ (neben) konditoriet.
16. Trefaldighetskyrkan ligger __________ (gegenüber) järnvägsstationen.

E4 Översätt dialogen! [Übersetzen Sie den Dialog!]

Tomas: Nein! Nicht rechts! Die Straße hier links...
Sven: Ja, zuerst die Straße links.
Tomas Aber... wo ist der Parkplatz?
Sven: Ist das der Parkplatz?
Tomas: Ja!
Sven: Und dann geradeaus.
Tomas: Ja, da ist ein Kaufhaus.
Sven: Wo? Wo ist das Kaufhaus?
Tomas: Da ist es. Siehst du?
Sven: Ja, jetzt sehe ich. Beim Kaufhaus die Straße rechts.
Tomas: Nun finden wir das Hotel!

T: ______________________________
S: ______________________________
T: ______________________________
S: ______________________________
T: ______________________________
S: ______________________________
T: ______________________________
S: ______________________________
T: ______________________________
S: ______________________________
T: ______________________________

F4 Lyssna på dialogerna och försök att följa vägbeskrivningen på kartan. Skriv bokstaven som du kommer fram till i rutan bredvid namnet på byggnaden. Pilen är utgångspunkt för varje vägbeskrivning.
[Hören Sie die Dialoge und versuchen Sie, der Wegbeschreibung auf der Karte zu folgen. Schreiben Sie den Buchstaben, bei dem Sie ankommen, in das Kästchen neben dem Gebäudenamen. Der Ausgangspunkt jeder Wegbeschreibung ist der Pfeil.]

rådhuset ☐
posten ☐
museet ☐
banken ☐

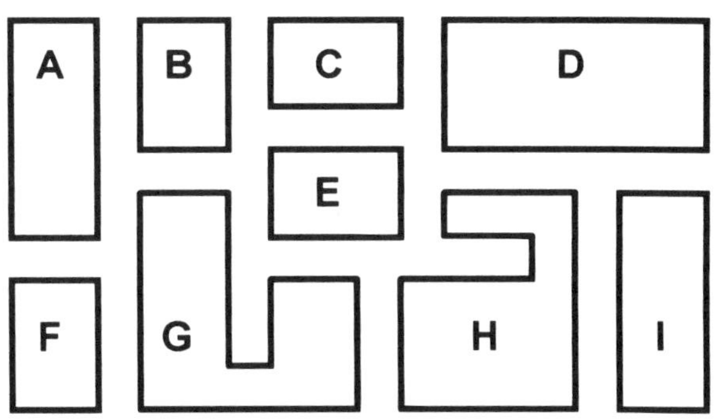

G6 Hjälp person A att hitta rätt! [Helfen Sie Person A, den Weg zu finden!]

1. A: Förlåt, hur kommer jag till hotell Saga?
   B: ______________________

2. A: Ursäkta mig, hur kommer jag till varuhuset Domus?
   B: ______________________

3. A: Förlåt, hur kommer jag till stationen?
   B: ______________________

person A

H Was sagen Sie in folgenden Alltagssituationen?

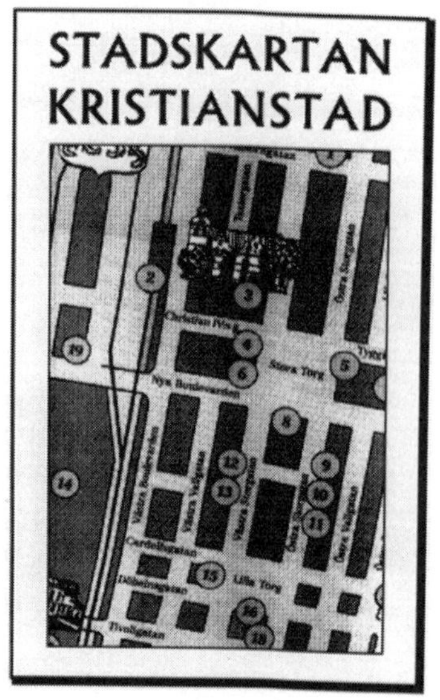

1. Sie möchten einen Stadtplan haben.
   ____
2. Sie möchten wissen, wie Sie zur Post kommen.
   ____
3. Sie möchten sich für die Hilfe bedanken.
   ____
4. Sie möchten sagen, daß Sie jetzt sicher das Hotel finden.
   ____
5. Sie möchten wissen, wie Sie zum Marktplatz kommen.
   ____
6. Sie sagen, daß die Sparkasse auf der rechten Seite liegt.
   ____
7. Es bedankt sich jemand bei Ihnen. Was antworten Sie?
   ____

A1 Försök att hitta nio ord med mer än två bokstäver ur dialogen "Smalspåret". Orden är gömda lodrätt och vågrätt. [Versuchen Sie, neun Wörter mit mehr als zwei Buchstaben aus dem Dialog "Smalspåret" zu finden. Die Wörter sind senkrecht und waagerecht versteckt.]

```
F G B N V I H V J K X V N N K V J
K L S V B K J K L O C K A D O Ö B
N D J D F S T E C S G N L Ö N D F
T Z Ä B Å Y Å U T F L Y K T D B V
V U R T F I G O M K A N O T U G P
M G N O L M N G M B S B O N K B N
S K V K G T I D T A B E L L T H V
P C Ä B Y P Ä V K J R I Å V Ö M L
J B G B A T T E R I U C P Y R S I
F P N F B B N Ö Ä Y K I O N N G D
```

B2 Titta i TV- programmet och svara på frågorna. Skriv klockslagen med bokstäver! [Schauen Sie ins Fernsehprogramm und beantworten Sie die Fragen. Schreiben Sie die Uhrzeiten mit Buchstaben!]

1. När börjar filmen *Röda rummet*?

   "Röda rummet" börjar klockan åtta.

2. På vilken kanal kan man se *Veckan*?

   ____

3. När slutar filmen *Drugstore Cowboy*?

   ____

4. När börjar *Syndens lön*?

   ____

5. När visar TV 2 filmen *Thoors öga*?

   ____

6. När kan man se *Mosaik*? På vilken kanal?

   ____

7. När visar TV 1 *Filmkrönikan*?

   ____

8. När kan man se nyheter i TV 1 och TV 2?

   ____

   ____

TV1

08.30 Tekniken tar form - i skolan
09.00 UR - akademin
10.00 Disney -dags
12.55 Landet runt. (R).
13.25 Filmkrönikan (R).
13.55 Mosaik. (R).
14.55 Alla var med i Hitlerjugend
16.30 Nudlar & ... (R).
17.00 Utvandrarna. (R).
18.00 Aktuellt
18.15 Söndagsöppet
20.00 Röda Rummet
21.00 Aktuellt
21.15 8 dagar
22.00 - 23.40 Drugstore Cowboy Am. långfilm. Bob och Dianne, ett gift par i 25-årsåldern, lever i samhällets utkanter i ständig jakt på narkotika.

TV2

08.00 Barn TV
09.30-09.55 Animadårpippi. (R).
10.35 SOS - Inlandsis
11.00 Gudstjänst
12.00 Striptease. (R).
13.00 Utbildningsradio
15.00 Livslust. (R).
15.30 SuperNova. (R).
16.00 Plus. (R).
16.30 Nudlar & ... (R).
17.00 Världen är mitt hem
17.30 Psykologi. (R).
18.00 Arran
18.30 Veckan
19.30 Rapport
20.00 Svensson, Svensson. Avsnitt 4.
20.30 Sportspegeln
21.15 Sjöliv
21.45 Syndens lön
22.40 Rapport
22.45 Företag och marknad. (R).
23.15 Nike. (R).
00.15-00.45 Thoors öga. (R).

(R) = repris

C2

Carolinas klocka går fel jämt och ständigt. Hon ringer "Fröken Ur" vid fem olika tillfällen. Lyssna på CD:n och skriv upp tiden.
[Die Uhr von Carolina geht ständig nach. Zu fünf verschiedenen Zeitpunkten ruft Sie die telefonische Zeitansage an. Hören Sie die CD und schreiben Sie die Zeit auf.]

1. ______________________
2. ______________________
3. ______________________
4. ______________________
5. ______________________

D2

Ställ frågorna till svaren! [Stellen Sie die Fragen zu den Antworten!]

1. ______________? Jag börjar arbeta klockan 13.00.
2. ______________? Lars reser till Göteborg i morgon.
3. ______________? Jag spelar tennis klockan 17.30.
4. ______________? Affären öppnar klockan 9.00.
5. ______________? Vi är framme klockan 11.00.
6. ______________? Hanna gör läxor klockan 19.30.

E3

Läs texten "En vanlig onsdag" en gång till. Berätta sedan om Helena och vad hon gör en vanlig onsdag.
[Lesen Sie nochmals den Text "En vanlig onsdag". Erzählen Sie dann etwas über Helena und was sie gewöhnlich an einem Mittwoch macht.]

F4 Bilda meningar! Börja med ordet som är understruket. [Bilden Sie Sätze! Fangen Sie mit dem unterstrichenen Wort an.]

cyklar klockan hem fem Vi | läxor skolan gör Jag efter | lunch Ella då har

1. ______ 2. ______ 3. ______

Sven till Efter frukosten åker skolan | dricker Klockan tre vi kaffe

4. ______ 5. ______

han äter äpple ett Sedan | tittar Klockan sju TV på Olle | på Britta bio På kvällen går

6. ______ 7. ______ 8. ______

G4 Titta på teckningarna och skriv de reflexiva pronomina under bilderna. [Schauen Sie auf die Zeichnungen und schreiben Sie die Reflexivpronomen unter die Bilder.]

1.

Vi lär oss svenska
Ni ______
Jag ______

2.

De ______
Han ______
Du ______

3.

Vi ______
Jag ______
De ______

4.

Ni ______
De ______
Jag ______

5.

Vi ______
Du ______
Hon ______

H4 Översätt! [Übersetzen Sie!]

1. Ich wasche mich jeden Morgen um acht Uhr. ______
2. Lernt ihr auch Schwedisch? ______
3. Wir haben noch fünf Minuten Zeit! ______
4. Stellan rasiert sich jeden Tag. ______
5. Du must dich beeilen, Karin! ______
6. Ich ziehe mich an und dann frühstücke ich. ______
7. Pia und Olle wollen am Samstag heiraten. ______
8. Ulla guckt ein wenig Fernsehen und geht um elf Uhr zu Bett.

______

I7

Patrik vill spela tennis och ringer Jesper. Lyssna på samtalet och skriv veckodagen vid rätt aktivitet. Läs igenom det som står på anslagstavlan innan du börjar.
[Patrik möchte Tennis spielen und ruft Jesper an. Hören Sie das Gespräch und tragen Sie die Wochentage bei den betreffenden Aktivitäten ein. Lesen Sie sich zuerst durch, was auf der Pinwand steht, bevor Sie anfangen.] ⇨ helg [*Wochenende*]

J

Was sagen Sie in folgenden Alltagssituationen?

1. Sie fragen, wie spät es ist.

 ____

2. Sie finden etwas ausgezeichnet.

 ____

3. Sie fragen Kalle, wann der Zug in Malmö ankommt.

 ____

4. Sie glauben, daß die Uhr nachgeht.

 ____

5. Sie fragen Åsa, ob sie einen Fahrplan hat.

 ____

6. Sie fragen Pia, ob sie Lust hat, einen Ausflug zu machen.

 ____

A1 Sätt in verbet (i presens) där det passar! [Setzen Sie das passende Verb (in Präsens) in die Lücke.]

1. Det ____________ telefon på alla rum.
2. Det ____________ bra.
3. Anna ____________ i anmälningsblanketten.
4. Sven, ____________ du mig i morgon?
5. Vad ____________ du här i Göteborg?
6. Rummet ____________ 650:- per person.
7. Eva ____________ bilen i garaget.
8. Här ____________ körkortet som legitimation.
9. Lars ____________ resa till Göteborg.
10. Det ____________ i broschyren att hotellet är bra.
11. Då ____________ jag rummet.
12. Här ____________ nyckeln.
13. Nej, vi ____________ inget garage.
14. Kan ni ____________ en taxi?

väcka kosta stå vara finnas göra beställa parkera ha vilja låta fylla ta gälla

B1 Marit och Håkan tar in på ett hotell i Malmö. Lyssna på dialogen och svara på frågorna. [Marit und Håkan nehmen sich ein Hotel in Malmö. Hören Sie den Dialog und beantworten Sie die Fragen.]

1. Vad heter hotellet?

   ____

2. Vad vill Håkan och Marit ha för ett rum?

   ____

3. För hur många nätter?

   ____

4. Vad finns det på rummet?

   ____

5. Vad kostar rummet?

   ____

6. Kan man ta med hundar på hotellet?

   ____

7. Var finns restaurangen?

   ____

8. Hur långt är det till stationen?

   ____

9. När kommer taxin?

   ____

10. Vilket nummer har Marits och Håkans rum?

    ____

C2 Fyll i *ingen* eller *inget*! [Tragen Sie *ingen* oder *inget* ein!]

1. Jan har ________ pass med sig.
2. Det finns ________ uppehållsrum på hotellet.
3. Linda har ________ resväska.
4. Nej tyvärr, vi har ________ garage.
5. Det finns ________ hotell i Svensköp.
6. Har du ________ nyckel till rummet?
7. Finns det verkligen ________ hiss här?
8. Här har vi ________ utsikt över stan.
9. Finns det ________ allergirum?
10. Jag har ________ klocka.
11. Det här hotellet har tyvärr ________ handikapprum.
12. Jag hittar ________ parkeringsplats.

D Sätt ihop stavelserna! [Setzen Sie die Silben zusammen!]

1.

kommen

hör ________________ visst

el ________________ väl

xi ________________ värr

net ________________ nyck

ja ________________ ta

ty

2.

kost

rum ________________ kör

ett ________________ park

hand ________________ duk

fru ________________ kort

era ________________ bad

blank

E4 Översätt! [Übersetzen Sie!]

1. Dieses Hotel hier ist gut. ________________
2. Gibt es keine Bar in diesem Hotel? ________________
3. Das Hotel dort hat leider kein Parkhaus. ________________
4. Dieses Radio funktioniert nicht. ________________
5. Der Schlüssel da paßt. ________________
6. Hat dieses Zimmer kein Telefon? ________________
7. Diese Dusche dort funktioniert nicht. ________________
8. Dieses Zimmer hier hat leider keine Aussicht auf den Park ________________

____

F5

Skriv lite om hotellet du ser på fotot. Vad har det för standard, ligger det mitt i stan, vid parken, vid vattnet? Vad kostar ett enkelrum/dubbelrum osv. Låt fantasin flöda! [Schreiben Sie ein wenig über das Hotel auf dem Foto. Welchen Standard hat es, liegt es mitten in der Stadt, bei einem Park, am Wasser? Was kostet ein Einzel-/Doppelzimmer? usw. Lassen Sie Ihrer Phantasie freien Raum!]

G

Was sagen Sie in folgenden Alltagssituationen?

1. Sie möchten wissen, ob der Preis inklusive Frühstück ist.
2. Sie bedanken sich für die Hilfe.
3. Sie wollen wissen, ob das Hotel auch einen Pool hat.
4. Sie möchten wissen, wie Sie zum Hotel Saga kommen.
5. Sie möchten wissen, wo Sie das Auto parken können.
6. Sie reservieren ein Hotelzimmer mit Dusche für eine Nacht.
7. Sie rufen die Taxizentrale an und möchten ein Taxi bestellen.
8. Sie sagen der Hotelrezeption, daß es keine Seife im Bad Ihres Hotelzimmers gibt.

H Lös korsordet! [Lösen Sie das Kreuzworträtsel!]

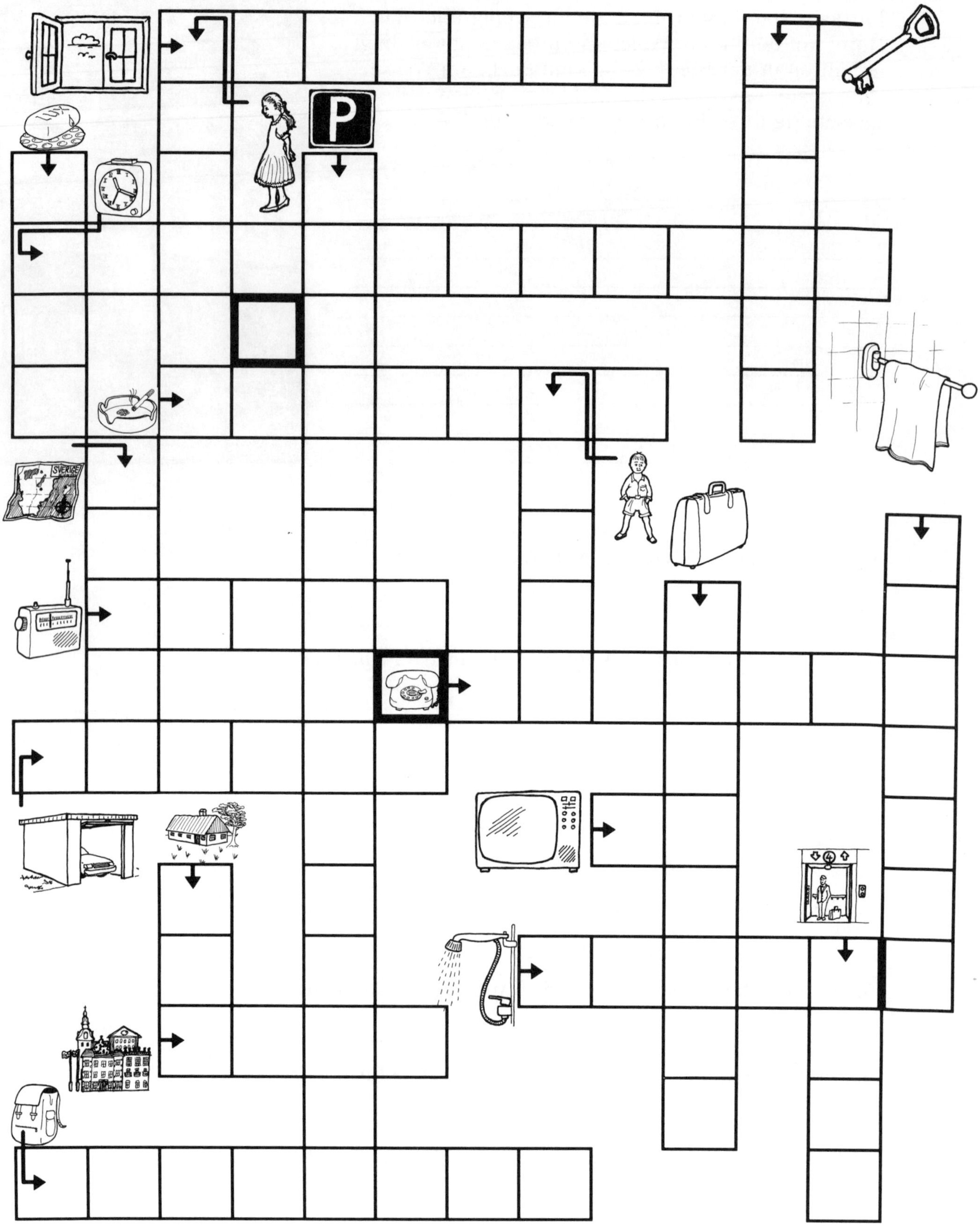

A Fyll i orden som fattas! Välj bland orden i rutan. [Tragen Sie die fehlenden Wörter ein. Benutzen Sie die Wörter im Kasten!]

1. På landet handlar man ofta i en ______________.
2. Affären har ______________ till kl. 20.00.
3. - Vet du vad ICA stormarknad har för ______________?
4. - Oj, oj, oj vilken ______________!
5. - Tror du att vi ______________ till Domus?
6. - Här måste man vänta i ______________!
7. - Ja, det är inte ______________!
8. På söndagar har många affärer ______________.

hinner
stängt
timmar
klokt
lanthandel
öppettider
öppet
kö

B3 Skriv en liten dialog! Följ pilarna! [Schreiben Sie einen kleinen Dialog! Folgen Sie den Pfeilen!]

Annika (A)		**Sara (S)**
grüßt und fragt, wie es Sara geht.	→	dankt und sagt, daß es ihr gut geht und fragt, wie es Annika geht.
sagt, daß es ihr gut geht. Sagt, daß sie 2 Kilo Kartoffeln und zehn Eier haben möchte.	→	fragt, ob es noch etwas sein soll.
bejaht und fragt, ob der Salat frisch ist.	→	antwortet und sagt, daß der Salat sehr schön ist.
sagt, daß sie einen Salatkopf nimmt und fragt, ob die Brause im Angebot ist.	→	bejaht und sagt, daß eine Kiste 29:90 kostet.
sagt, daß sie eine Kiste nimmt und noch Streichhölzer braucht.	→	sagt, daß es 95,80 macht.

A: ______________________________

S: ______________________________

A: ______________________________

S: ______________________________

A: ______________________________

S: ______________________________

A: ______________________________

S: ______________________________

A: ______________________________

S: ______________________________

C3

I kassen här finns sju andra förpackningar. Vilka? Skriv även ut artikeln. [In der Tragetasche befinden sich sieben andere Verpackungen. Welche? Tragen Sie auch den Artikel des Wortes ein.]

1. ______________________
2. ______________________
3. ______________________
4. ______________________
5. ______________________
6. ______________________
7. ______________________

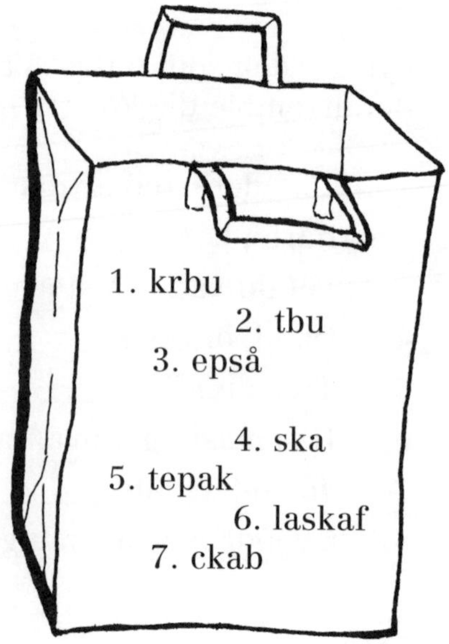

D4

Lös korsordet! [Lösen Sie das Kreuzworträtsel!]

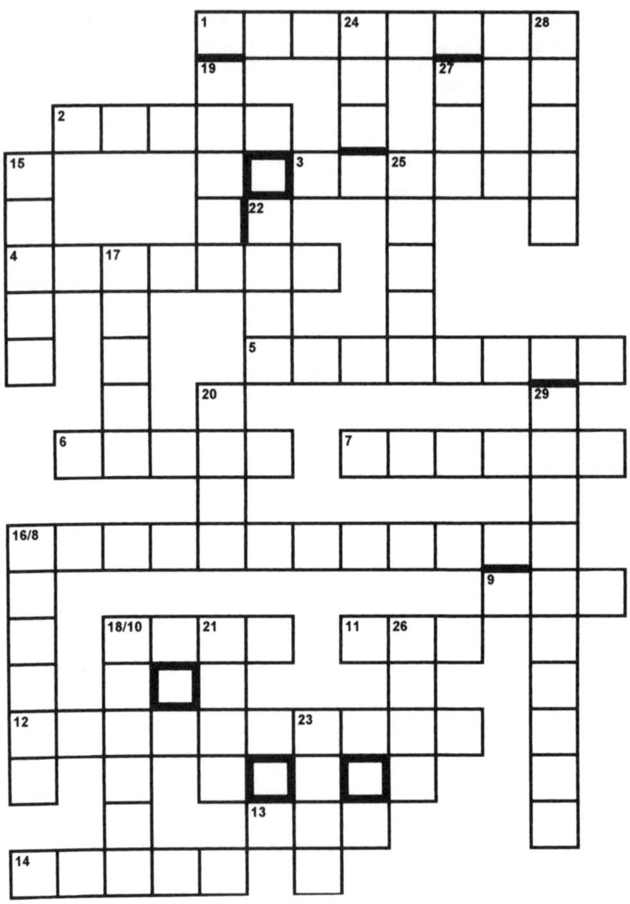

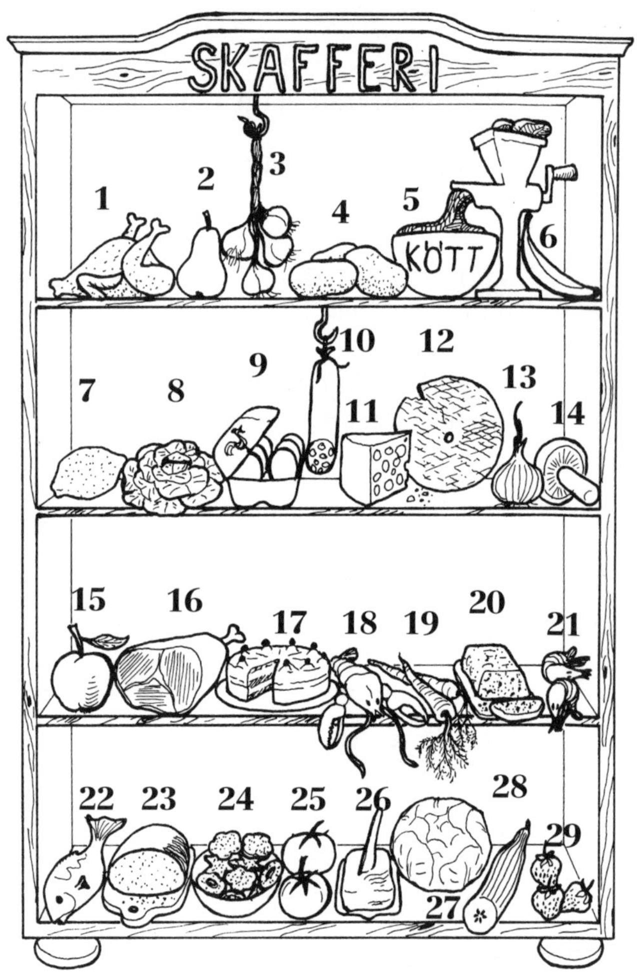

E4 Skriv orden i singular och plural! [Schreiben Sie die Wörter im Singular und Plural!]

1. 

Ett paket tvättmedel
Många paket tvättmedel

2. 

3. 

4. 

5. 

6. 

7. 

8. 

9. 

10. 

11. 

12. 

13. 

14. 

15. 

16. 

17. 

18. 

19. 

20. 

F5 

Det är lördag morgon. Liselott och Anders sitter vid frukostbordet och diskuterar vad de ska handla. Lyssna på samtalet och skriv upp inköpslistan.
[Es ist Samstagmorgen. Liselott und Anders sitzen am Frühstückstisch und besprechen, was sie einkaufen wollen. Hören Sie das Gespräch und schreiben Sie die Einkaufsliste.]
⇨ kylskåp [*Eisschrank*], hämta [*holen*], kartong [*Karton*]

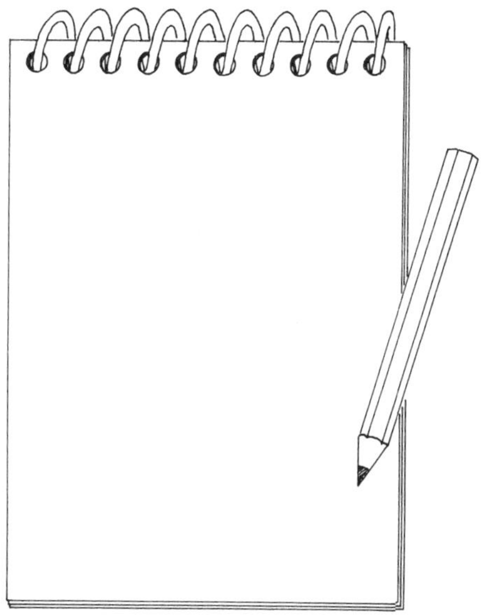

G6 Skriv ut förkortningarna! [Was bedeuten die Abkürzungen?]

1. g = ____________
2. dl = ____________
3. kg = ____________
4. l = ____________
5. msk = ____________
6. hg = ____________

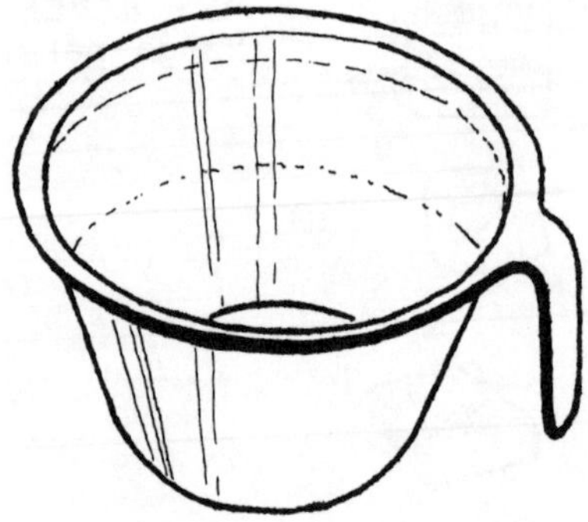

Ett decilitermått

H Fyll i *många* eller *mycket*! [Tragen Sie *många* oder *mycket* ein!]

1. Ida äter ____________ frukt och grönsaker.
2. Det finns ____________ affärer i Sverige som har öppet till klockan 19.00.
3. Det är ____________ folk på stan idag.
4. Du har verkligen ____________ recept!
5. Man behöver ____________ köttfärs när man lagar köttbullar för 8 personer.
6. Hur ____________ dagar är det kvar till midsommar?
7. Hur ____________ deciliter grädde behöver man för Janssons frestelse?
8. Hur ____________ pengar finns det i kassan?
9. Darins bageri bakar ____________ bullar varje dag.
10. Oj, vad ____________ läsk du dricker!

I Was sagen Sie in folgenden Alltagssituationen?

1. Sie sagen zu Lotta, daß der Supermarkt bis 19.00 Uhr geöffnet hat.
____
2. Sie fragen, wann Domus schließt.
____
3. Sie fragen, ob Sie es schaffen, zu Åhléns zu gehen.
____
4. Sie fragen, ob der Salat frisch ist.
____
5. Sie möchten wissen, was ein Kilo Hackfleisch kostet.
____
6. Sie fragen Lena, ob Sie Zucker braucht.
____
7. Sie hätten gerne zwei Tragetaschen.
____
8. Sie möchten wissen, ob der Kaffee im Angebot ist.
____

A1 I rutan finns tio substantiv ur dialogen "Ett restaurangbesök". Orden är gömda vågrätt och lodrätt och har minst tre bokstäver. Ringa in orden och skriv sedan pluralformen till varje ord! [In dem Buchstabenquadrat finden sich zehn Substantive aus dem Dialog "Ett restaurangbesök". Die Wörter sind waagerecht und senkrecht versteckt und haben mindestens drei Buchstaben. Markieren Sie diese und schreiben Sie dann die Pluralform für jedes Wort auf.]

A G M T C K Ö Z Ü V D G R J D L M V S ______________
B G H E B F K M Ä P K Å W J K V F X J ______________
F L J L O N Ä A Y G O E A S O P P A V ______________
P A H D R E S T A U R A N G Q O R J K ______________
B S M V D K Ö S Ü F V S A W Ä R S E W ______________
Q E T U O Ü Ä E J G D A M Å L T I D H ______________
K P Ü H U V U D R Ä T T Z T F I X D R ______________
Q A Å X S W E E C V F R T G B O H Z U ______________
Z K Ö T T B U L L E A Ö P Ü N N C F T ______________
D J L P U R S V N L Ö Å T S W B J O I ______________

B1 Lyssna på dialogen och fyll i orden som fattas. [Hören Sie den Dialog und setzen Sie die fehlenden Wörter ein.]

På restaurangen
T: Tanja J: Jan K: kyparen

Tanja och Jan går in på en trevlig restaurang.

J: Ska vi ____________(1) bordet här, Tanja?

T: Kan vi inte sitta här vid fönstret? Här är en underbar utsikt över ____________(2).

J: Javisst, det kan vi ____________(3).

T: Det ska bli gott att äta något. Jag är verkligen ____________(4).

K: Hej! Varsågoda, här är matsedeln.

J: Tack. Vad vill du ____________(5) Tanja?

T: Jag tar en ____________(6) som förrätt. Sedan skulle jag vilja ha en rumpsteak med champinjoner i ____________(7), ärtor och pommes frites. Och du då Jan?

J: Ja, då ska vi se. Som förrätt tar jag en ____________(8). Sedan skulle jag vilja ha spagetti med ____________(9) och sallad.

K: Ja tack. Något att dricka?

T: Ja. Kan jag få ett glas ____________(10), tack.

J: Jag tar en ____________(11).

K: Tack gärna. Maten kommer om en ____________(12) ungefär.

T: Tack. Hoppas nu att rumpsteaken är ____________(13) och fin.

C1 Sätt in ordet som passar till ordspråket! [Setzen Sie das passende Wort zum Sprichwort ein!]

smakar - äter - smulor - öl - mätt - vatten - fiskar - maten

1. Ingen är så __________ att han inte kan äta en plätt.
2. __________ och tidningar är bäst när de är färska.
3. Man __________ inte haren förrän man har en.
4. Låt __________ tysta munnen.
5. Allt __________ vill till havet.
6. __________ det, så kostar det.
7. __________ gör stora ord.
8. __________ är också bröd.

En plättpanna med plättar

D2 Skriv meningar och använd den hövliga imperativformen! [Schreiben Sie Sätze und gebrauchen Sie die höfliche Imperativform!]

1. ringa mamma — Ring mamma, är du snäll!
2. slå numret __________
3. stänga fönstret __________
4. sitta still __________
5. köra sakta __________
6. äta upp maten __________
7. svänga till höger __________
8. gå till hotellet __________
9. betala notan __________
10. åka till restaurangen __________
11. köpa mjölk __________
12. hjälpa Sabina __________
13. arbeta till klockan fyra __________
14. bestämma sig __________
15. tala långsamt __________

"Hjälp!"

E2 Ändra receptet! Skriv om alla verb till imperativ. Använd ordlistan i läroboken om du behöver.
[Ändern Sie das Rezept! Schreiben Sie die Verben in die Imperativform um! Benutzen Sie bei Bedarf die Wörterliste im Lehrbuch.]

Sill i senapssås
4 portioner
4 filéer (ca 450 g)
Sås:
1 msk (matsked) senap,
1-2 tsk (teskedar) socker,
1/2 msk vinäger, 3 msk olja,
1 dl gräddfil, 1 röd lök,
1 ättiks- eller saltgurka

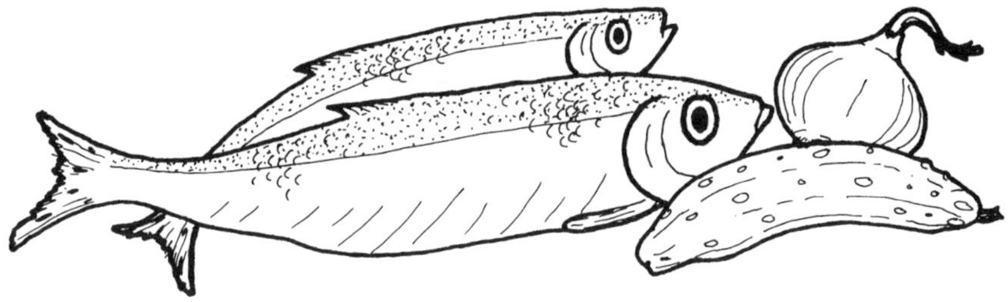

Man skär filéerna i bitar. Man blandar senap, socker och vinäger. Man tillsätter oljan och rör kraftigt. Man blandar sedan i gräddfilen. Man häller såsen över sillen. Man garnerar med finhackad lök och gurka. Man klipper över kryddgrönt. Man serverar med kokt potatis. Smaklig måltid!

____
____
____
____
____
____
____

F3 Eva dukar bordet. Hon hämtar ... [Eva deckt den Tisch. Sie holt ...]

1. En saltströare (salt)
2. ____________________
3. ____________________
4. ____________________
5. ____________________
6. ____________________
7. ____________________
8. ____________________
9. ____________________
10. ____________________
11. ____________________

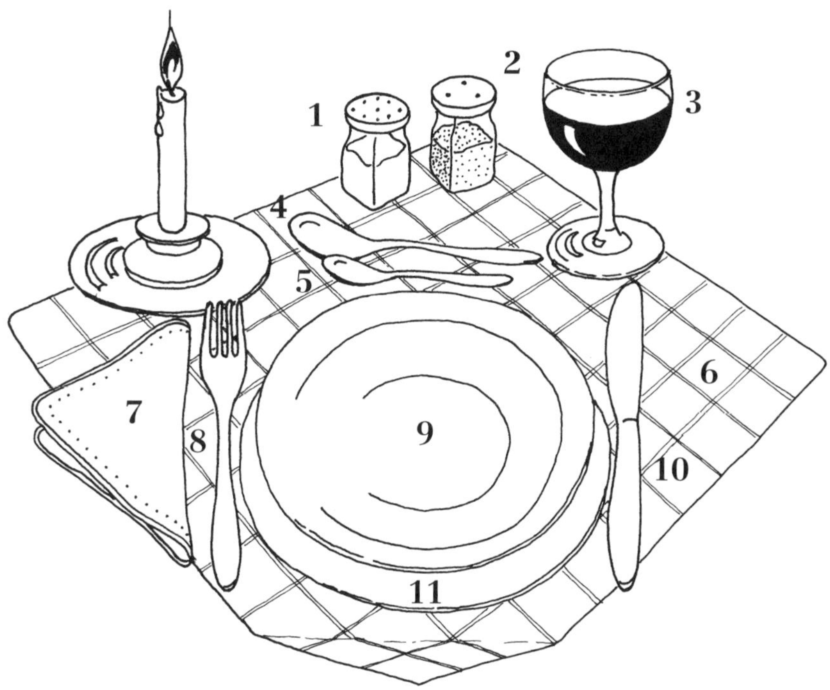

G4 Översätt! [Übersetzen Sie!]

1. Agneta ist auch zufrieden.

   ____

2. David kauft auch kein Eis.

   ____

3. Sara reserviert auch einen Tisch.

   ____

4. Tore ißt auch nicht so viel.

   ____

5. Alfred mag auch keine Krabben.

   ____

6. Carina möchte auch etwas trinken.

   ____

7. Der Ober empfiehlt auch Rumpsteak, Gemüse und Kartoffeln.

   ____

8. Gunilla kann sich auch nicht entscheiden.

   ____

H Was sagen Sie in folgenden Alltagssituationen?

1. Sie fragen, ob es Kinderportionen gibt.

   ____

2. Sie bedanken sich für das Essen.

   ____

3. Sie sehen, daß ein Löffel auf dem Tisch fehlt und sagen es dem Ober.

   ____

4. Sie sagen, daß Sie das Kotelett lecker und zart finden.

   ____

5. Sie können sich nicht entscheiden.

   ____

6. Sie möchten einen Tisch für Samstagabend reservieren.

   ____

7. Sie möchten zahlen und sagen es dem Ober.

   ____

8. Alvar fragt, ob Sie Eis haben möchten. Sie lehnen dankend ab.

   ____

A2 Titta i almanackan. Vilket datum och vilken veckodag? Skriv med bokstäver som i exemplet!

Juni					
M		3	10	17	24
T		4	11	18	25
O		5	12	19	26
T		6	13	20	27
F		7	14	21	28
L	1	8	15	22	29
S	**2**	**9**	**16**	**23**	**30**

1. **23** Per träffar kungen den tjugotredje. Det är en söndag.
2. **1** Åsa spelar handboll ________________. Det är en ____________.
3. **15** Göran reser till Stockholm ________________. Det är en ____________.
4. **4** Karin börjar sitt jobb ________________. Det är en ____________.
5. **26** Ullis åker till fjällen ________________. Det är en ____________.
6. **17** Jakob flyger till USA ________________. Det är en ____________.
7. **8** Monika gifter sig ________________. Det är en ____________.
8. **13** Marita har pianolektion ________________. Det är en ____________.
9. **7** Bertil fyller år ________________. Det är en ____________.
10. **11** Jörgen har matteprov ________________. Det är en ____________.
11. **28** Mia postar ett paket ________________. Det är en ____________.
12. **19** Jan har födelsedag ________________. Det är en ____________.

B2 Fyll i månadernas namn i den här ramsan [*Reim*]!
⇨ knopp [*Knospe*], hår [*Haar*],
framgå [*hervorgehen*].
Äro och *ha* är gamla pluralformer.

__________(1) börjar året,

__________(2) kommer näst,

______(3), _________(4) ha knopp i håret,

__________(5) och __________(6) blommar mest.

__________(7), __________(8) och __________(9)

rika, härliga framgå;

men__________(10) och __________(11)

och __________(12) äro grå.

C2

Lennart och David förhör [*abhören*] varandra i historia. Lyssna på samtalet och försök få fram när dessa svenska kungar regerade [*regierten*]. Dra streck till de rätta årtalen. ⇨ fel [*falsch*]

1. Birger Magnusson	1771 - 1792
2. Gustav Vasa	1697 - 1718
3. Erik XIV	1568 - 1592
4. Johan III	1950 - 1973
5. Gustav II Adolf	1290 - 1318
6. Karl XII	1560 - 1568
7. Gustav III	1611 - 1632
8. Gustav VI Adolf	1523 - 1560

Vaxfigur på Gustav Vasa

D4

Skriv ett eget litet födelsedagsbrev till en svensk väninna eller vän!

Kära !

E6 Översätt!

1. Ich schicke dir den Brief.

____

2. Grüß ihn von mir.

____

3. Bitte, denk morgen an uns.

____

4. Ich rufe dich am Dienstag an.

____

5. Ich radle mit ihr zum See um zu baden.

____

6. Das Spiel ist für euch.

____

7. Willst du morgen mit mir kommen?

____

8. Siehst du sie (*Pia und Göran*) auf der Geburtstagsfeier?

____

9. Ich hoffe, das Andreas es (*das Radio*) am Freitag repariert.

____

10. Wie du weißt, kann ich euch leider nicht besuchen.

____

F8 Ordna orden till en mening!

1. klär och löv gemensamt man blommor med midsommarstången	2. äter och sill med variationer många i man nypotatis dill
3. i har midsommartradition rik Dalarna man en	4. dansar logar tills går man och solen på bryggor upp
5. kransar kvinnor har håret och i barn	6. en högtid midsommar är som den runt infaller 24 juni
7. intar central midsommarstången plats en	8. jordgubbar äter alltid vi efterrätt till vispgrädde med

1. ______________________________

2. ______________________________

3. ______________________________

4. ______________________________

5. ______________________________

6. ______________________________

7. ______________________________

8. ______________________________

G9 Skriv i rutorna vad de speciella dagarna kallas! Sätt sedan in de rätta bokstäverna i rutorna vid pilen nedan så får du fram en annan viktig fras.

1. 24/12
2. 10/12
3. 1/1
4. 31/12
5. 1/5
6. 26/12
7. 1/11
8. 30/4
9. 5/1
10. 13/12
11. 6/6

⇨ 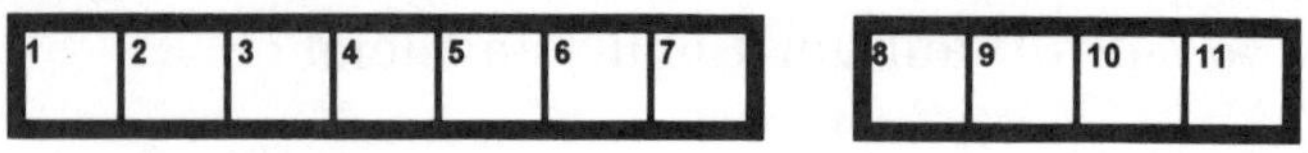 !

H Was sagen Sie in folgenden Alltagssituationen?

1. Sie wünschen Hans ein nettes Midsommerfest.

____

2. Sie gratulieren Alfred zum Geburtstag.

____

3. Sie wünschen Ella ein gutes Neues Jahr.

____

4. Sie wünschen Harald frohe Ostern.

____

5. Sie fragen Anna, wann Edvard Geburtstag hat.

____

6. Auf der Post: Sie möchten wissen, was ein Brief nach Deutschland kostet.

____

7. Sie möchten wissen, welche Postleitzahl Norrtälje hat.

____

8. Sie sagen einem Polizeibeamten, wann Sie geboren sind.

____

9. Sie wünschen Ihren schwedischen Freunden fröhliche Weihnachten.

____

10. Jemand wünscht Ihnen fröhliche Pfingsten. Was antworten Sie?

____

A1

I rutan finns tio substantiv ur dialogen “Kafferep hos Märta”. Orden är gömda vågrätt och lodrätt och har minst tre bokstäver. Ringa in orden och skriv sedan pluralformen till varje ord!

A	J	N	Ö	D	Ä	N	M	V	C	E	R	Z	U	I	R	G	D
H	G	Z	K	L	Ö	Ä	Ü	P	O	S	U	Z	T	R	Y	W	Q
Y	F	Å	B	L	O	M	M	A	Ä	Y	P	O	S	U	G	T	H
Q	O	C	E	F	B	Z	P	R	E	S	E	N	T	K	G	I	J
H	T	G	J	B	O	J	M	A	Ö	T	X	D	U	T	F	R	H
U	O	L	A	K	D	Ä	G	P	Z	E	K	G	G	H	S	E	B
D	Ü	G	K	B	C	M	S	L	J	R	O	F	A	E	T	C	K
L	P	B	I	A	Å	Y	R	Y	K	E	Å	F	O	V	U	E	M
F	T	Z	U	R	V	B	N	I	K	U	S	I	N	K	J	P	S
Z	U	B	J	N	D	H	P	F	S	G	T	D	T	Z	J	T	O

____
____
____
____
____
____
____
____
____
____

B2

Skriv rätt possessivt pronomen!

1. Bordet är ______________ (jag).
2. Huset är ______________ (han).
3. Nyckeln är ______________ (hon).
4. Telefonen är ______________ (de).
5. Vykortet är ______________ (vi).
6. Koppen är ______________ (jag).
7. Det är ______________ (hon) paraply.
8. Det är ______________ (de) vykort.
9. Det är ______________(ni) cyklar.
10. Det är ______________(jag) bror.
11. Är det ______________(ni) hatt, Herr Nilsson?
12. Är det ______________(du) nycklar?
13. Är det ______________(han) hotell?
14. Är det ______________(vi) pengar?
15. Är det ______________(hon) man?

C2

Översätt meningarna!

1. Der Junge auf dem Foto ist mein Bruder.

____

2. Ihre Eltern kommen aus Schweden.

____

3. Sind das deine Schlüssel, Eva?

____

4. Ihre (Plural) Enkelkinder wohnen in Lund.

____

5. Wir vermieten unser Haus im Juni.

____

6. Sind das eure Fotos?

____

D3 Fyll i *sin, sitt* eller *sina*?

1. Sture målar __________ stol.
2. Märta tar __________ paraply
3. Jan tvättar __________ bil.
4. Göran äter __________ smörgåsar.
5. Han bor i __________ hus i Västerås.
6. Märta hälsar på __________ släktingar.
7. Hon kammar __________ hår.
8. Charlott är mer lik __________ mamma.
9. Josefin tittar på __________ bröllopsfoto.
10. Kalle åker till __________ föräldrar.

E3 Sätt in *hans, hennes, deras, sin, sitt eller sina*!

1. Ulrika och __________ pappa bor i samma hus.
2. Märta hälsar på __________ barnbarn (singular).
3. Ulla, Jan och __________ barn åker på semester.
4. Ingrid träffar __________ son i Stockholm.
5. Erik åker till __________ sommarstuga.
6. Mats och __________ pappa tycker om kanelbullar.
7. Linda hälsar på __________ kusiner i Uppsala.
8. Karl renoverar __________ hus alldeles själv.

F4 Skriv rätt släktord i rutorna! De markerade rutorna bildar ett annat släktord.

1. Du är din mormors ....
2. Din mammas mamma är din ....
3. Två systrar är ....
4. Din pappas pappa är din ....
5. Har din moster barn så är det dina ....
6. Din mor och far är dina ....
7. Din mors far är din ....
8. Din mors syster är din ....
9 Din pappas syster är din ....
10. Din systers man är din ....
11. Din fars bror är din ....

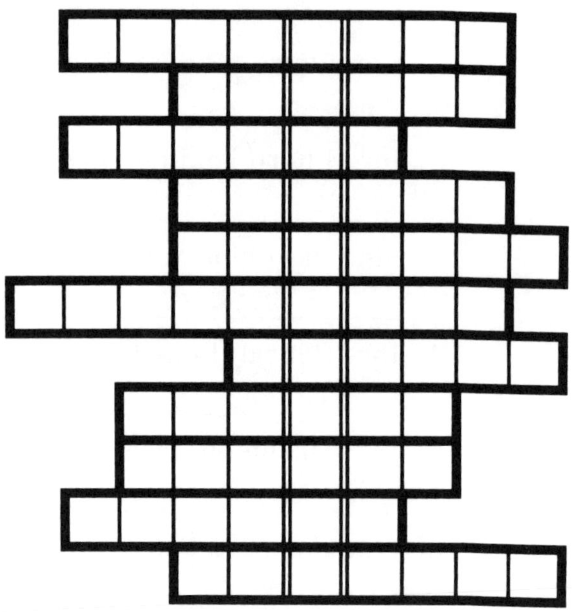

G5

Nu har du säkert lust att själv baka kanelbullar. Lyssna på CD:n och fyll i orden som fattas, så har du receptet! Titta en stund på teckningarna och läs igenom receptet. Slå upp orden du inte förstår innan du börjar.

När man bakar vetebröd behöver man jäst.

Man smälter smöret i en kastrull.

Man rör degspadet och degen i en bunke.

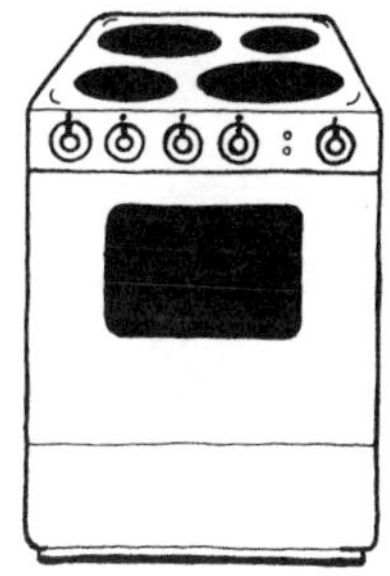

Man gräddar bullar i ugnen.

Recept på kanelbullar

Ingredienser:
50 g jäst
125 g ___________(1) eller margarin
5 dl mjölk
1/2 tsk ___________(2)
1 dl socker
1,4 - 1,5 l (ca 850 g) vetemjöl

Fyllning:
100 g smör eller margarin
3-4 msk kanel
3-4 msk ___________(3)
1 msk vaniljsocker
Pensling: ägg
pärlsocker
Ugn: ___________(4)

Gör så här:

1. Smula sönder ___________(5) i en bunke. Smält fettet i en kastrull, tillsätt ___________(6) och värm till ca ___________(7).
2. Rör ut jästen med ___________(8) av degspadet.
3. Tillsätt resten av degspadet och salt, socker och nästan allt ___________(9) och arbeta ihop till en smidig deg.
4. Jäs degen övertäckt i bunken ca ___________(10) min.
5. Blanda alla ingredienserna till ___________(11).
6. Ta upp degen på bakbordet och ___________(12) den smidig.
7. Dela ___________(13) i 2 delar och kavla ut varje del till en avlång ___________(14). Bred på fyllningen.
8. Rulla ihop kakan och ___________(15) varje rulle i ca ___________(16) bitar. Lägg dem i pappersformar.
9. Pensla med ___________(17), strö över pärlsocker och grädda ca ___________(18) min. i mitten av ugnen.

Lycka till!

H Skriv en liten berättelse till bilderna! Du har hjälp av stödorden.

natt - Olle - törstig - ropa - mamma - komma - glas - vatten

Olle - fortfarande - törstig - vilja ha - dricka - ropa - mamma - sova - pappa - komma

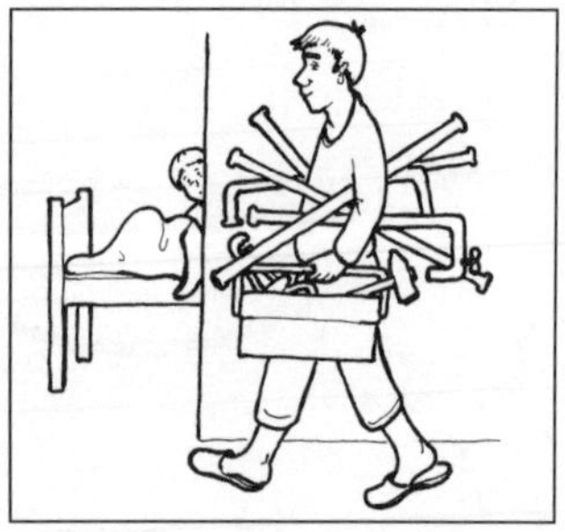

pappa - trött - ha - idé - hämta - rör - verktyg

installera - vattenledning - kök - Olles rum - nu - Olles föräldrar - sova - Olle - dricka - när [wenn] - törstig

I Was sagen Sie in folgenden Alltagssituationen?

1. Sie bitten Jens herein.
2. Sie sehen Ihre Freunde zum ersten Mal nach der Feier wieder und sagen ...
3. Sie bitten Karin, hereinzukommen und sich zu setzen.
4. Sie gehen vom Kaffeetisch und sagen...
5. Sie möchten wissen, ob das Märtas Tochter auf dem Foto ist.
6. Sie geben Nils recht.
7. Sie möchten wissen, wer das auf dem Foto ist.
8. Sie finden, daß Eva ihrer Mutter sehr ähnlich ist.

A1 Läs igenom dialogen "På bensinstationen" en gång till och fyll sedan i orden som saknas!

1. Anna råkade få ______________ på bilen i söndags.
2. Men tack vare att ______________ hade söndagsöppet, kunde hon få hjälp ändå.
3. - Hej, vad kan jag ______________ dig med?
4. - Gick det bra att ______________ hit bilen?
5. - Jag ska köra in bilen i ______________ och ta mig en ______________.
6. - Som jag ______________ var det fel på bränslepumpen.
7. - Men titta, är det inte väl lite ______________ i bakdäcket där?
8. - Jo, det är sant. Jag ska ______________ på lite åt dig.
9. - Så där ja, det ______________!
10. Anna tvättade ______________ och slängde allt godispapper.

B2 Översätt!

1. Anna tankte, ging zur Kasse und bezahlte.

____

2. Das Licht funktionierte nicht.

____

3. Es ging gut, das Auto abzuschleppen.

____

4. Wie ich vermutete, war die Zündung kaputt.

____

5. Axel nahm die Autobahn nach Stockholm.

____

6. Ich hatte Glück im Unglück, dachte Lena.

____

7. Es war kein Problem, an der Tankstelle Hilfe zu bekommen.

____

8. Henrik ist gestern mit seinem Auto in die Werkstatt gefahren.

____

9. Das ist nett!

____

10. Sie gingen zum Auto hinaus.

____

C2 Vad gjorde Birgitta i fredags? Skriv en liten berättelse!

D3 Vad heter bildelarna? Lös korsordet!

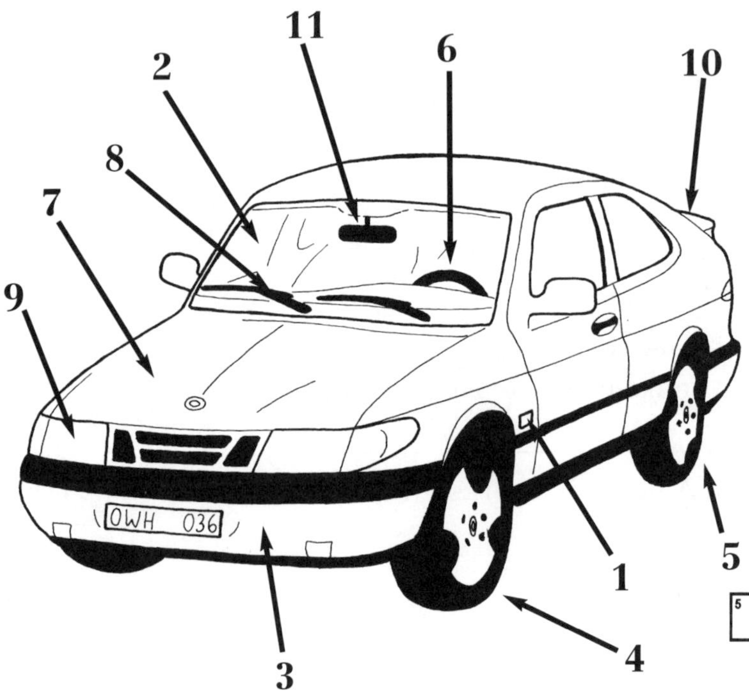

E4 Den här bilen måste verkligen köras till verkstaden! Vad har den för fel?

____

____

____

____

____

____

____

____

F5 Ändra tidsuttrycken till förfluten tid!

1. (sommar) Vi åkte till fjällen ______________.
2. (augusti) Stefan hälsade på sin mor ______________.
3. (i år) Vi hade semester i Spanien ______________.
4. (på morgonen) Eva och Jan tog bussen till arbetet ______________.
5. (lördag) Ulla fyllde år ______________.
6. (juli) Hade du semester ______________?
7. (vinter) Åkte du skidor ______________?
8. (tisdag) Lotta jobbade från 8.00 - 16.00 ______________.
9. (jul) Sven åkte hem ______________.
10. (påsk) Jag var i Grövelsjön ______________.

G6 Fyll i rätt ord i rätt form! Välj bland orden i rutan.

1. Stephanie ______________ i en språkkurs i Uppsala.
2. Uppsala är en intressant stad där det finns många ______________.
3. Det var så intressant att vi ofta kom för ______________ till lektionen.
4. Vi övade grammatik, läste texter eller ______________ med varandra.
5. Vi ______________ mycket svenska.
6. ______________ var bra och mycket rolig.
7. Stephanie fick ______________ att besöka ett mentalsjukhus.
8. Studentföreningarna kallas också ______________ .
9. Det fanns också kurser i ______________ och svensk matlagning.
10. Vi talade med andra ______________ från olika länder.

sent
tillfälle
diskutera
lärare
sevärdhet
delta
kursdeltagare
nation
lära sig
vävning

H6 Här får du veta lite om Carl von Linné. Lyssna på CD:n och kryssa för rätt svar. Läs igenom frågorna noga innan du börjar!

Carl von Linné

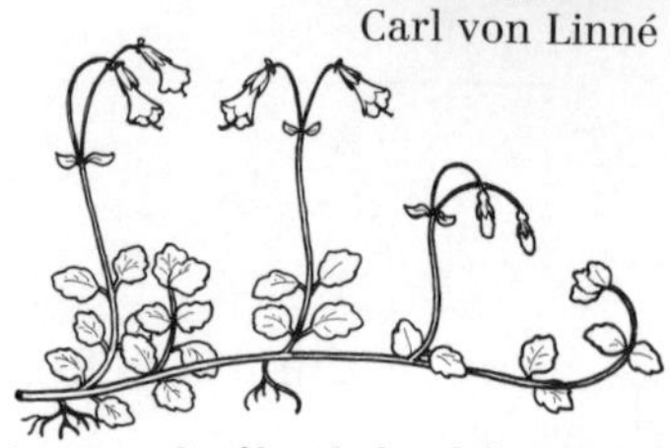

Linnea – Smålands landskapsblomma

1. När levde Carl von Linné?
   ❑ 1717 - 1778 ❑ 1707 - 1778 ❑ 1707 - 1728
2. Han kallas också för ...
   ❑ Växtkungen ❑ Blomsterkungen ❑ Medicinkungen
3. Linné var naturforskare men också bl.a. ...
   ❑ tandläkare ❑ zoolog ❑ apotekare
4. Var är Linné född?
   ❑ Småland ❑ Lappland ❑ Gotland
5. När blev Linné professor i Uppsala?
   ❑ 1740 ❑ 1741 ❑ 1771
6. Grundade Linné ett sexualsystem för djurriket?
   ❑ ja ❑ nej
7. Införde han släkt och artnamn för växter och djur?
   ❑ ja ❑ nej
8. När var Linné på gården Hammarby?
   ❑ på vintern ❑ på sommaren ❑ på hösten
9. Sätt kryss för de landskap som Linné gjorde forskningsresor till.
   ❑ Lappland ❑ Gotland ❑ Blekinge ❑ Halland ❑ Västergötland
   ❑ Öland ❑ Dalarna ❑ Skåne ❑ Norrbotten ❑ Småland
10. Hur länge bodde Linné i huset i Uppsala?
   ❑ 25 år ❑ 45 år ❑ 35 år

I Was sagen Sie in folgenden Alltagssituationen?

1 Sie fragen, wo die nächste Tankstelle ist.

____

2. Sie sagen dem Automechaniker, daß die Handbremse nicht in Ordnung ist.

____

3. Sie fragen, ob die Tankstelle auch sonntags geöffnet hat.

____

4. Sie sagen dem Tankwart, daß Sie vermuten, daß die Zündung kaputt ist.

____

5. Sie rufen von der Telefonzelle an und sagen, daß Ihr Auto einen Platten hat.

____

6. Der Münztankautomat ist defekt. Sie sagen es dem Tankwart.

____

7. Sie fragen den Tankwart, ob er Ihnen helfen kann, die Luft in Ihrem Reifen nachzufüllen.

____

8. Sie sagen Pelle, daß das Licht an seinem Fahrrad nicht in Ordnung ist.

____

A1 I rutan finns 10 verb i infinitiv ur dialogen "Att hyra stuga". Orden är gömda vågrätt och lodrätt och har minst tre bokstäver. Ringa in orden och skriv sedan presens- och preteritumformerna till dessa verb!

F	A	T	O	Q	G	A	K	L	V	Ö	Ä	A	S	D
A	U	I	V	A	S	S	E	G	L	A	D	A	T	M
L	O	T	Ü	Å	H	A	B	Ö	T	R	I	V	A	D
Y	C	T	H	K	J	K	P	R	F	E	S	A	N	F
Ö	H	A	V	A	N	D	R	A	I	U	K	T	N	A
L	Ä	V	J	D	A	Y	I	Z	Å	N	U	S	A	K
H	M	F	D	M	N	B	V	I	U	Z	T	Ö	L	P
A	T	I	L	L	B	R	I	N	G	A	E	G	T	B
R	A	T	G	B	H	A	J	A	H	Y	R	A	L	Å
A	I	O	Ö	L	K	J	Z	G	E	F	A	B	N	M

Presens	Preteritum

B1 Innan Marie och Jan Eriksson åkte till Kuossinjarka, diskuterade de om var och hur de ville semestra. Läs först igenom meningarna nedan. Lyssna sedan på samtalet och kryssa för vem som sa vad. ⇨ Det lär vara ... [*Es soll ... sein*]

Marie	Jan	
		1. Men då tycker jag vi gör det i sommar.
		2. Inte cykelsemestra nu igen!
		3. Är den inte i köket?
		4. Jaså, vad kul!
		5. Min cykel fick punktering 4 gånger.
		6. Bara skog och fjäll.
		7. Det var ju det jag sa! Lappland!
		8. Ja OK, men jag tycker vi cykelsemestrar på Gotland.
		9. Jaha. Och då skulle man kunna göra endagsturer till Kungsleden eller Padjelantaleden.
		10. Ja, och titta så söta stugor de har!

C2 Fyll i rätt form av adjektivet!

1. (brun) En ___brun___ hund. Många ___bruna___ hundar.
2. (stor) Ett ________ hus. Många ________ hus.
3. (gul) En ________ lök. Många ________ lökar.
4. (röd) Ett ________ paraply. Många ________ paraplyn.
5. (bra) En ________ resväska. Många ________ resväskor.
6. (svart) En ________ stol. Många ________ stolar.
7. (rolig) En ________ fest. Många ________ fester.

8. (söt)	Ett ________ barn.	Många ________ barn.
9. (lila)	En ________ bil.	Många ________ bilar.
10. (gullig)	Ett ________ paket.	Många ________ paket.
11. (grå)	En ________ elefant.	Många ________ elefanter
12. (vacker)	En ________ utsikt.	Många ________ utsikter.
13. (härlig)	En ________ dag.	Många ________ dagar.
14. (stor)	Ett ________ hotell.	Många ________ hotell.
15. (fantastisk)	En ________ semester.	Många ________ semestrar.
16. (trevlig)	En ________ kväll.	Många ________ kvällar.
17. (blå)	En ________ servett.	Många ________ servetter.
18. (fin)	Ett ________ vykort.	Många ________ vykort.

D3 Skriv vid siffrorna hur personerna semestrar. Vilken text passar till skämtteckningarna? Skriv rätt bokstav i rutorna!

a) - Vad letar du efter, Göran?
b) - Titta Lennart, vilken underbar utsikt!
c) - Oj, vad mycket folk det var här idag!
d) - Vi hyr en liten söt stuga.
e) - Den här semestern börjar bli lite jobbig, Åke!

1.________________ ☐

2.________________ ☐

3.________________ ☐

4.________________ ☐

5.________________ ☐

E4 Översätt!

1. Ich fuhr nach Jokkmokk, wo das Wetter warm und schön war.

____

2. Arne ging zur Rezeption, wo es viele gute Broschüren und hübsche Postkarten gab.

____

3. Letzten Sommer war Pernilla in Lappland, wo sie die Mitternachtssonne sah.

____

4. Uno zeltet auf einem Campingplats, wo man auch Boote mieten kann.

____

5. Schweden ist ein großes Land, wo man Fahrradurlaub machen kann.

____

F5 Berätta lite om stugan på bilden!

Svensköp, 2 rok, 29 m2

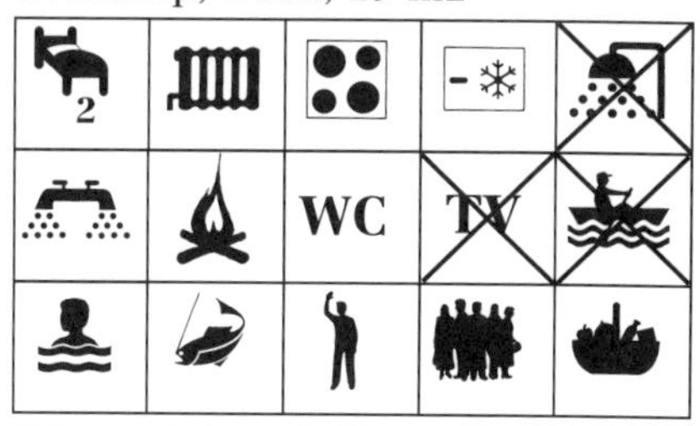

6 km   6 km   150 m   4km   1,5 km

`Den här stugan ligger ...`

____

____

____

____

____

____

____

____

G6 Skriv ett eget vykort till en vän eller väninna!

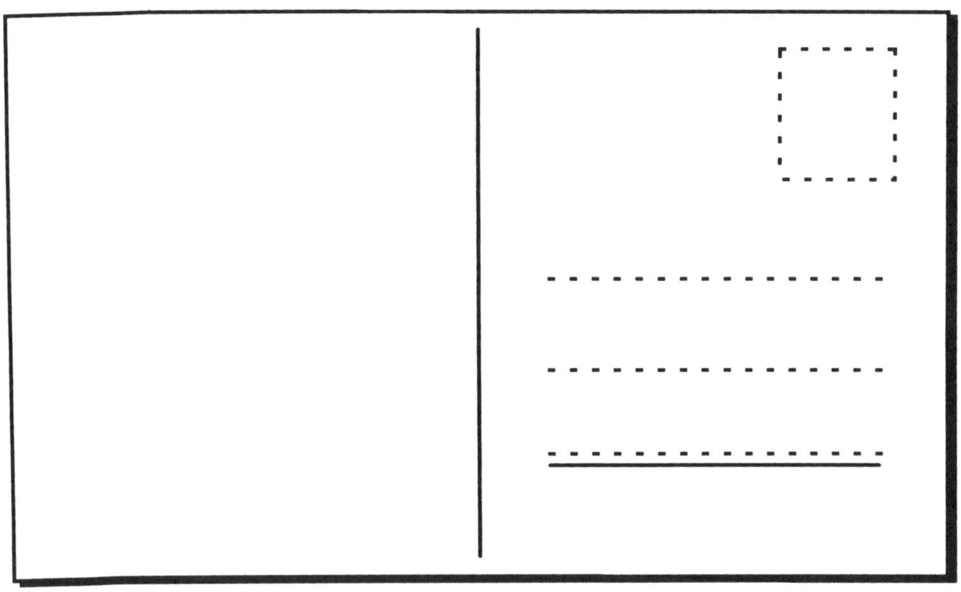

H7 Fyll i väderstrecken och lös sedan gåtan [*Rätsel*]!

En gåta

Två män var ute och rodde. Den ena rodde åt väst och den andra åt ost. Åt vilket håll kom de?

Svar: ______________________

I Was sagen Sie in folgenden Alltagssituationen?

1. Sie fragen, was das Häuschen in der Woche kostet.
____
2. Sie fragen, ob das Häuschen Strom und einen großen Kühlschrank hat.
____
3. Sie möchten wissen, wie weit es bis zum nächsten Geschäft ist.
____
4. Sie fragen, wo Sie den Schlüssel abholen können.
____
5. Sie fragen, ob das Häuschen fließend warmes und kaltes Wasser hat.
____
6. Sie möchten für zwei Erwachsene und zwei Kinder ein nettes Häuschen mieten.
____
7. Sie fragen, ob Sie gegen 16 Uhr kommen können.
____
8. Sie möchten wissen, wie viele Betten das Häuschen hat.
____
9. Sie sagen, daß Sie das Häuschen am See nehmen.
____
10. Sie fragen, ob man auch ein kleines Boot mieten kann.
____

A1 Följ pilarna och skriv en liten dialog!

receptionist (R)		**Tomas (T)**
heißt willkommen.	→	dankt, und fragt, ob man auf dem Campingplatz ohne Campingkarte zelten kann.
verneint und sagt, daß man eine Campingkarte braucht.	→	fragt, wie lange sie gültig ist.
antwortet, daß sie ein Jahr gültig ist.	→	sagt, daß er eine Campingkarte kauft und drei Nächte bleiben möchte.
sagt, daß Tomas ein Formular ausfüllen muß und bittet um die Unterschrift.	→	fragt, wo die Toiletten und die Waschräume sind.
antwortet, daß sie in dem Haus neben dem Geschäft sind.	→	dankt für die Hilfe.

R: ______________________________

T: ______________________________

R: ______________________________

T: ______________________________

R: ______________________________

T: ______________________________

R: ______________________________

T: ______________________________

R: ______________________________

T: ______________________________

B3 Fyll i bestämd form plural!

1. (blomma) ______________ står i en vas på bordet.
2. (stol) ______________ står i matsalen.
3. (tält) ______________ är på campingplatsen.
4. (svamp) ______________ plockade vi i skogen.
5. (uppehållsrum) ______________ finns i stugan där borta.
6. (toalett) ______________ finns här om hörnet.
7. (hotell) ______________ är trevliga här i Sverige.
8. (äpple) ______________ är röda och fina.

9. (blankett) __________________ ligger på bordet.
10. (hus) __________________ i Sverige är ofta av trä.
11. (sommar) __________________ i Sverige är ljusa.
12. (vykort) __________________ skrev jag redan i går.
13. (semesterstuga) __________________ är inte dyra.
14. (nyckel) __________________ glömde jag i affären.

C3 Översätt!

1. Wie komme ich zu den Affen? ____________________
2. Die Stromanschlüsse sind an den Pfählen. ____________________
3. Die Geschäfte haben bis 18.00 Uhr geöffnet. ____________________
4. Die Gaskartuschen kann man auch hier tauschen. ____________________
5. Die Wohnwagen stehen neben den Booten. ____________________

D3 Vad heter djuren? Lös korsordet!

E3

I Kolmårdens djurpark kan man bl.a. se många nordiska djur. Lyssna på CD:n så får du veta lite fakta om älgen, renen, lodjuret och järven. Kryssa för var djuren lever och vad de äter. Fyll i mankhöjden [Rückenhöhe]/längden, vikten och antal kalvar/ungar [*Junge*].

⇨ väga [*wiegen*], landdäggdjur [*Landsäugetier*], hona [*Weibchen*], mård [*Marder*], rådjur [*Reh*]

Älgen

1. Älgen lever i ...
2. Älgen äter ...

3. Mankhöjd: ____________
4. Vikt: ____________
5. Antal kalvar: ____________

Renen

1. Renen lever i ...
2. Renen äter ...

3. Mankhöjd: ____________
4. Vikt: ____________
5. Antal kalvar: ____________

Lodjuret

1. Lodjuret lever i ...
2. Lodjuret äter ...

3. Mankhöjd: ____________
4. Vikt: ____________
5. Antal ungar: ____________

Järven

1. Järven lever i ...
2. Järven äter ...

3. Längd: ____________
4. Vikt: ____________
5. Antal ungar: ____________

F4

Skriv meningar som i exemplet!

1. stuga/röd Stugan är röd.
2. de/vuxen ____________
3. husvagn/stor ____________
4. landskap/vacker ____________
5. bilar/bra ____________
6. sevärdheter/intressant ____________
7. affär/gammal ____________
8. äpple/grön ____________
9. blommor/vacker ____________
10. hunden/gullig ____________
11. hus/litet ____________
12. djurpark/stor ____________

G4 Beskriv vad du ser på bilderna! Låt fantasin flöda och använd adjektiven: *vit, blå, grön, liten, stor, vacker.*

Vid Vänern

Läckö slott

H6 Översätt!

1. Jeden Tag arbeite ich im Tierpark.
2. Auf vielen Campingplätzen braucht man eine Campingkarte.
3. Jedes zweite Jahr fahren Ulrika und Anders durch Schweden.
4. Sie treffen sich im Urlaub.
5. Ungefähr jede zweite Woche gehen wir ins Kino.
6. Wir kauften einen anderen Wohnwagen, der sehr gut ist.
7. Wir füllten alle Formulare aus.
8. Jede achte Übernachtung ist frei.

I7 Fyll i orden som saknas!

Sveriges ______________(1) står öppen för oss alla. Men: Du måste vara______________(2) mot naturen och visa ______________(3) mot människor och djur.

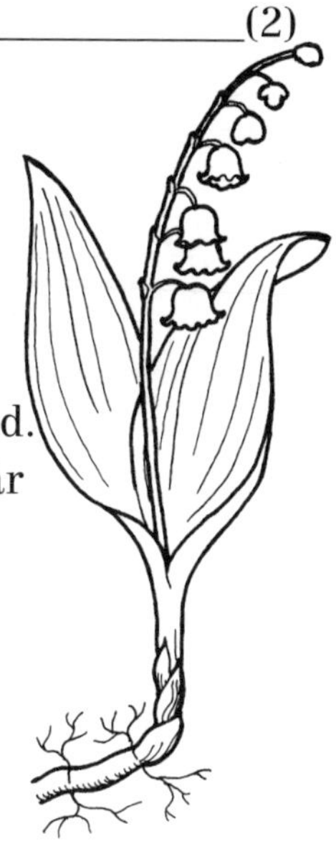

Liljekonvalj

Du får:
a) slå ______________(4) ett tält något ______________(5), om du håller ______________(6) från boningshus.
b) plocka blommor, ______________(7) och svamp.
c) göra upp ______________(8), där det inte är ______________(9) för brand.
d) gå, jogga, åka skidor, cykla och ______________(10) på vägar som inte går över annans ______________(11).
e) passera en ______________(12) om du stänger den efter dig.
f) bada överallt, utom vid annans tomt eller ______________(13).

Du får inte:
a) skada ______________(14) eller skogsplantering.
b) plocka blommor och växter som är ______________(15).
c) ta ______________(16), grenar, näver, bark, ollon och ______________(17) från träd och ______________(18).
d) låta hunden springa lös under tiden 1 ______________(19) till 20 ______________(20).

Som grundregel ______________(21) att vi inte får ______________(22) ner eller orsaka annan ______________(23), och att vi alltid ska visa hänsyn när vi är ute i skog och mark.

J Was sagen Sie in folgenden Alltagssituationen?

1. Sie heißen jemanden willkommen.

____

2. Sie möchten wissen, was eine Campingkarte kostet.

____

3. Sie möchten wissen, ob Sie die Formulare ausfüllen müssen.

____

4. Sie möchten wissen, wo die Toiletten sind.

____

5. Sie möchten wissen, wo der Stromanschluß ist.

____

6. Jemand bedankt sich bei Ihnen für die Hilfe. Was antworten Sie?

____

7. Sie möchten wissen, wo man Gaskartuschen kaufen kann.

____

8. Sie fragen, wo Sie die Plakette hinlegen sollen.

____

A1 Detta brev fick Anita av sin bror. Sätt ihop brevet! Numrera det 1-7.

◯ 10 pannkakor!
Kristina läser tyska på kvällskurs. Det verkar gå bra. Hur går det med dina

◯ konferens i Malmö. Det är klart att jag kommer över helgen. Hoppas ni har tid.
Här i Grövelsjön har vi

◯ längesedan jag var nere i Skåne.
I början av maj (3/5) måste jag på en

◯ studier?
Hälsa Klas, Per och Hanna.
Kram Kurt

◯ Grövelsjön den 14 april
Hej Anita!
Hur har du det? Jag mår ganska bra.
Det är verkligen

◯ hela dagarna. Men snart kommer våren med plusgrader hoppas jag.
Janne växer så det knakar! Tänk, igår åt han

◯ snö och is fortfarande. Men solen skiner åtminstone.
Ungarna åker skidor och skridskor

B3 Hur är vädret? (← = vindriktning)

1.

+20 ←

2.

+11 ↓

3.

+2 ↖

4.
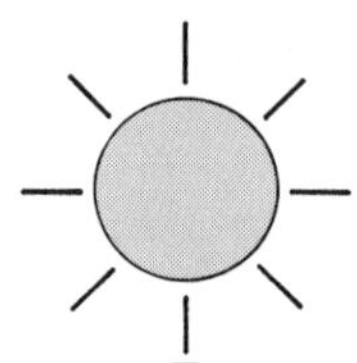
-7 ↗

5.

+5 ↑

6.

-3 ↙

7.

0 →

8.

+18 ↘

1. ______________________________
2. ______________________________
3. ______________________________
4. ______________________________
5. ______________________________
6. ______________________________
7. ______________________________
8. ______________________________

C3 Lyssna på väderleksrapporten (utsikter för lördagen) på CD:n och svara på frågorna!

Götaland:
1. Vad är det för vind? ____________
2. Är det klart, soligt eller mulet? ____________
3. Regnar det eller snöar det? ____________
4. Hur många grader är det? ____________

Norrland:
1. Vad är det för vind? ____________
2. Hur blåser vinden i fjällen? ____________
3. Regnar det eller snöar det? ____________
4. Hur många grader är det? ____________
5. Hur är vädret vid södra Norrlandskusten? ____________

Svealand:
1. Vad är det för vind? ____________
2. Är det klart, soligt eller mulet? ____________
3. Regnar det eller snöar det? ____________
4. Hur många grader är det? ____________
5. Hur är vädret i nordvästra Svealand? ____________

D4 Översätt!

1. Es schneite kräftig. ____________
2. Ulla holte schnell ihren Regenschirm. ____________
3. Kannst du bitte etwas langsamer sprechen. ____________
4. Es hagelte und gewitterte schrecklich. ____________
5. Greta ist alt und geht schlecht. ____________
6. Das Haus liegt sehr hübsch am See. ____________
7. Der Bus kam zu spät. ____________
8. Es weht kühl heute. ____________

E4 Adjektiv eller adverb? Fyll i rätt form!

1. (varm) Höstsolen sken ____________.
2. (snabb) Hon sprang mycket ____________.
3. (sen) Varför kommer du så ____________?
4. (tidig) De gick ____________.
5. (vacker) Huset är stort och ____________.
6. (underbar) Det doftar ____________!
7. (skön) Vi gjorde en ____________ paus.
8. (vacker) Huset ligger väldigt ____________ vid en sjö.
9. (lång) Pia har ett ____________ nattlinne på sig.
10. (nervös) Han springer ____________ hit och dit.
11. (försiktig) Eva gick ____________ uppför trappan.
12. (trevlig) Du har verkligen en ____________ syster!

F6 Fyll i adjektivet i rätt form!

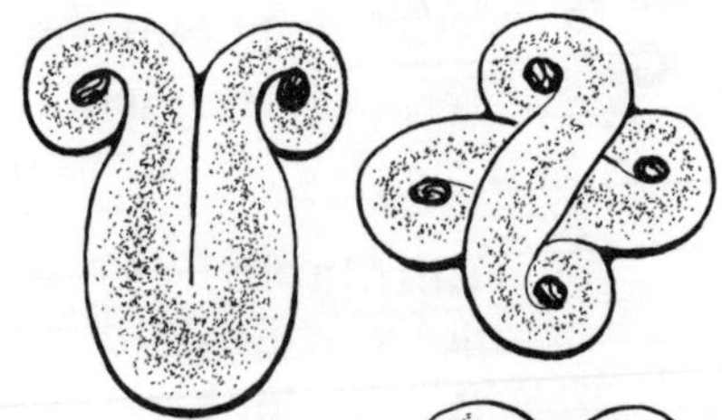

1. (god) Lussekatterna var verkligen ___________.
2. (söt) Pojkarna var så ___________ i sina tomteluvor.
3. (vit) Pia tog på sig ett ___________ nattlinne.
4. (fin) Lucia hade en ___________ luciakrona på huvudet.
5. (röd) Det låg ett ___________ sidenband på bordet.
6. (bred) Lucia hade ett ___________ sidenband om midjan.
7. (stor) Stjärngossarna hade ___________ stjärnor i handen.
8. (vacker) Adventsstaken som står i fönstret är mycket ___________.

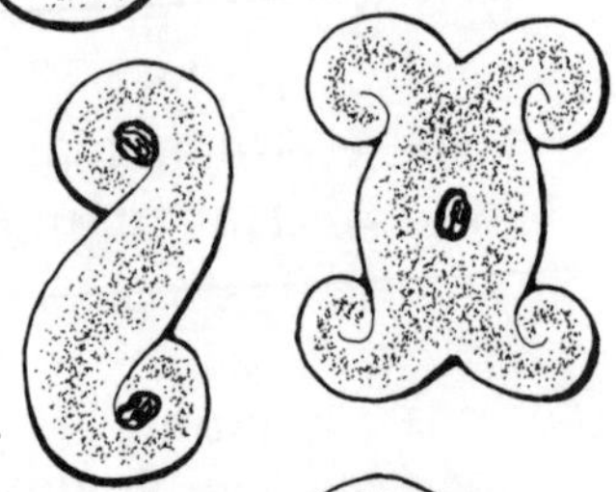

G6 Här är receptet på lussekatter. Ändra presensformerna av verben till imperativ!

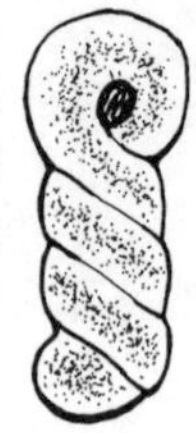

Lussekatter

Du behöver: 50 g jäst, ca 1,5 l mjöl, 150-175 g smör eller margarin, 1 g saffran, 5 dl mjölk, 1,5 dl socker, 1/2 tsk salt, 1 ägg, russin

(Du delar) ___________(1) jästen i bitar i en skål. (Du smälter) ___________ (2) smöret eller margarinet i en kastrull och (tillsätter) ___________ (3) mjölken. (Du värmer) ___________ (4) smöret och mjölken till 37°C. (Du rör) ___________ (5) sedan ut jästen i spadet. (Du tillsätter) ___________ (6) saffran, socker, salt och mjöl. (Du arbetar) ___________ (7) sedan ihop degen. (Du låter) ___________ (8) degen jäsa under en handduk 30-45 minuter. (Du knådar) ___________ (9) sedan degen tills den är blank och smidig. (Du formar) ___________ (10) lussekatter. (Du smörjer) ___________ (11) en plåt och (lägger) ___________ (12) lussekatterna på den för att jäsa i 30 minuter. (Du sätter) ___________ (13) sedan i russin som prydnad. (Du vispar) ___________ (14) till sist upp ett ägg och (penslar) ___________ (15) lussekatterna. (Du gräddar) ___________ (16) lussekatterna mitt i ugnen på 250 grader. Lycka till!

H7 Här är en sida ur en 12-årig tjejs dagbok. Rumsadverben har med flit [*mit Absicht*] ändrats och skrivits fel. Leta rätt på rumsadverben och rätta till dem!

> 13 december
>
> Kära dagbok!
> I dag lussade vi i skolan så jag steg uppe tidigt idag. Karin kom här och hämtade mig. Det var kallt ut när vi gick hemma och det snöade lite. Vi gick uppe till gymnastiksalen och tog på oss våra lucialinnen. Eftersom Kattis var bort i Spanien var Lotta Lucia. Lotta är snäll, tycker jag. Jag hade stoppat nerifrån massor av glitter i skolväskan. Alla tjejer fick lite var. Sedan gick vi inne i gymnastiksalen och började sjunga luciasången. Eleverna satt dit och lyssnade. Längst framifrån satt Kent. Han är verkligen söt! Till slut tog vi framme lussekatter och pepparkakor och bjöd eleverna på. Sedan gick vi nere till klassrummet och hade lektioner som vanligt.
> När jag kom hemma från skolan hade mamma lagat choklad.

I

Vad heter motsatsen?
Lös uppgifterna 1-18. Bokstäverna i de markerade rutorna (uppifrån och ner) bildar en liten vers som man ofta finner i svenska poesialbum.

1. liten <=>
2. ung <=>
3. ledig <=>
4. börja <=>
5. trevlig <=>
6. kort <=>
7. dag <=>
8. ful <=>
9. regnigt <=>
10. låg <=>
11. mörk <=>
12. vän <=>
13. kallt <=>
14. dålig <=>
15. stadig <=>
16. giltig <=>
17. nordlig <=>
18. ute <=>

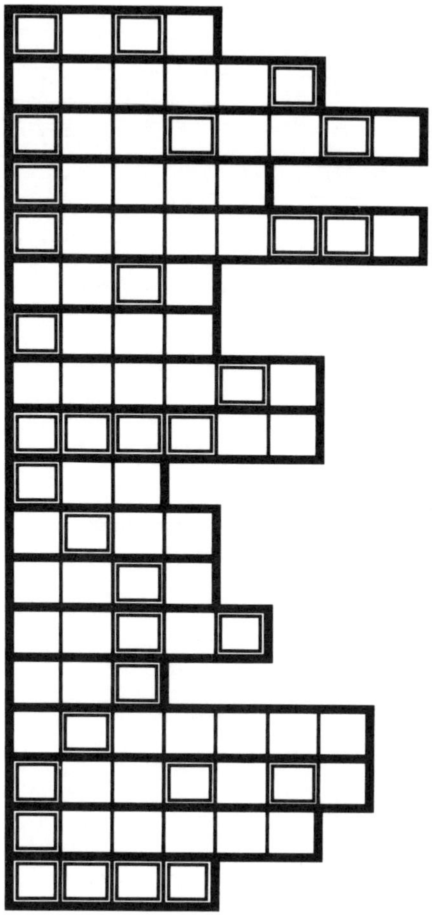

Här kan du skriva versen:

J

Was sagen Sie in folgenden Alltagssituationen?

1. Jemand spricht Sie sehr schnell auf schwedisch an. Sie bitten darum, daß die Person langsam und deutlich redet.
2. Sie haben in den Nachrichten gehört, daß es in Göteborg fürchterlich stürmt. Was sagen Sie?
3. Sie wünschen Svea ein schönes Wochenende.
4. Was antworten Sie, wenn jemand Ihnen ein schönes Wochenende wünscht?
5. Sie beklagen sich über das schlechte Wetter.
6. Sie sagen, daß es laut Wetterbericht sonnig und warm werden sollte.
7. Sie fragen, wieviel Grad es heute sind.

A1 Bilda verb av följande substantiv!

1.	en träff	______	7.	en vilja	______
2.	ett jobb	______	8.	en upptäckt	______
3.	en övning	______	9.	ett fotografi	______
4.	en gratulation	______	10.	en student	______
5.	ett arbete	______	11.	en dans	______
6.	ett spel	______	12.	en tjänst	______

B2 Skriv vad personerna brukar göra!

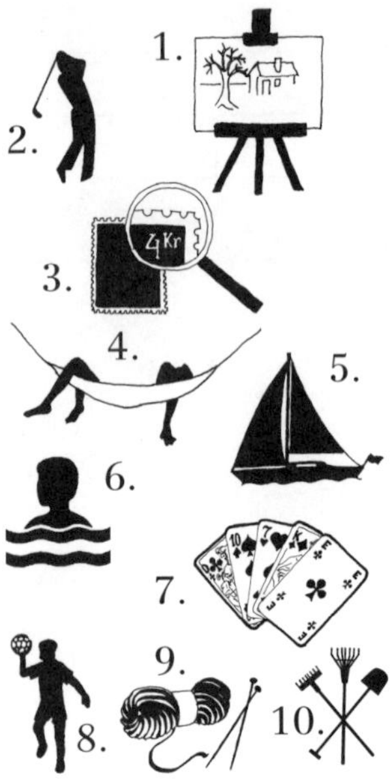

1.	Eva	brukar måla	på kvällarna.
2.	Sven	______	på helgen.
3.	Sten	______	.
4.	Katarina	______	på semestern.
5.	Lotta	______	på fritiden.
6.	Karl	______	varje onsdag eftermiddag.
7.	Pia	______	med kompisarna.
8.	Lasse	______	på lördagarna.
9.	Åsa	______	framför TV:n.
10.	Lennart	______	när det är fint väder.

C4 Översätt!

1. Es ist sehr schwer, Geige zu spielen.

______

2. Ich bin ein wenig müde. Sonst geht es mir gut.

______

3. Leider schaffe ich es nie, Fußball zu spielen.

______

4. Ich schaffe es kaum, Trompete zu üben.

______

5. Du bist jetzt sicherlich verheiratet!

______

6. Ich bin in der Tat zufrieden mit meiner Ausbildung.

____

7. Andreas ist ziemlich tüchtig. Er studiert und arbeitet auch noch am Abend.

____

8. Ich endeckte glücklicherweise, daß ich Lehrer werden wollte.

____

9. Nein im Gegenteil. Das ist toll!

____

10. Es ist kein Traumjob, aber ich habe zumindest eine Arbeit.

____

D4 Fyll i *ja*, *ju* eller *jo*!

1. Jag arbetar __________ på kvällarna.
2. Är inte du bonde? __________ det är jag.
3. Jag är __________ gift nu och har två barn.
4. Är det inte jobbigt att vara arbetslös? __________ det är det verkligen.
5. Jobbar du på Domus? __________ det gör jag.
6. Det var __________ jättekul att du fick jobb. Grattis!
7. Har inte du praktik i Vällingby? __________ det har jag.

E6 Vilket yrke passar till beskrivningen? Lös korsordet!

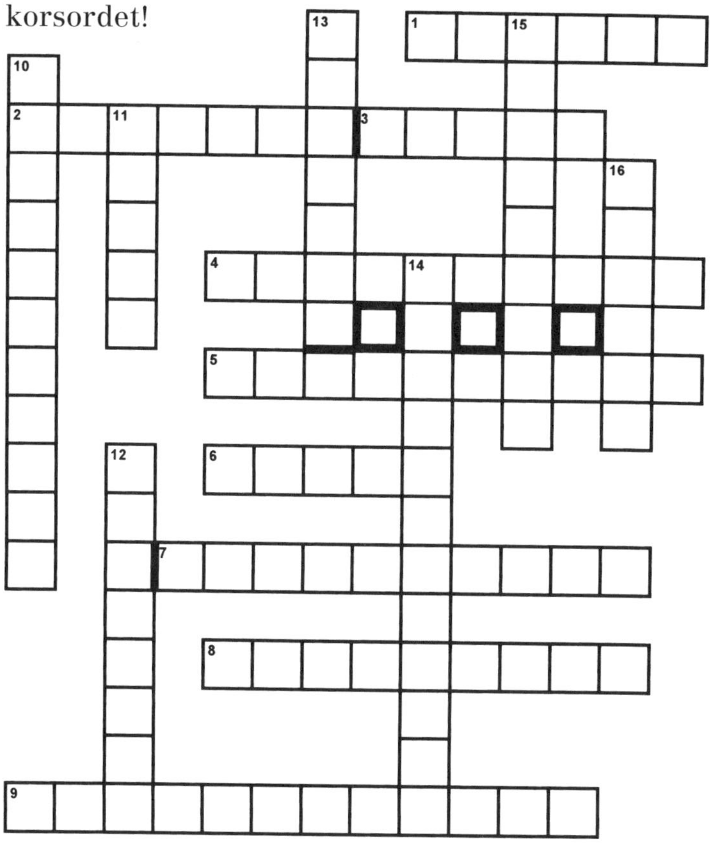

Vågrätt:
1. En ... skriver ut medicin.
2. En ... arbetar i en kiosk.
3. En ... predikar i kyrkan.
4. En ... delar ut posten varje morgon.
5. En ... hjälper dig när du har tandvärk.
6. En ... mjölkar kor och kör traktor.
7. En ... arbetar på en tidning.
8. En ... serverar på en restaurang.
9. En ... klipper en snygg frisyr.

Lodrätt:
10. En ... skriver mycket maskin på kontor.
11. En ... vill se ditt körkort ibland.
12. En ... konstruerar en maskin.
13. En ... hjälper dig att få glasögon.
14. En ... reparerar bilar.
15. En ... sitter i kassan.
16. En ... undervisar barn i skolan.

F7 Erik Svanberg söker ett nytt jobb. Läs hans platsansökan och fyll i de ord som fattas. Välj bland orden i rutan!

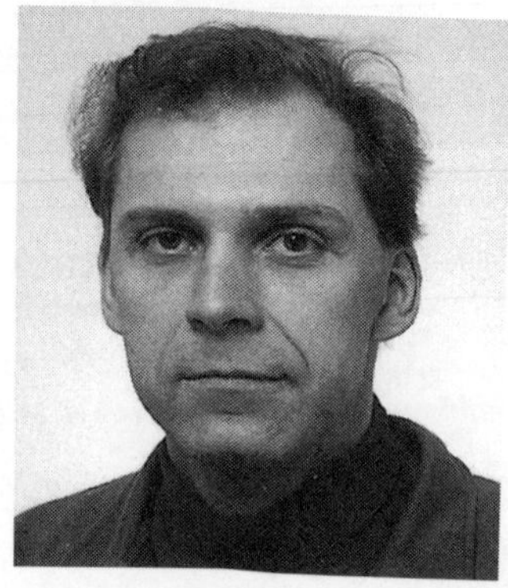

Svenssons Bygg AB
Södra vägen 54
435 78 Göteborg

Hej!

Jag heter Erik Svanberg, är 41 år och står på två stadiga ben här i ________________(1). Jag är intresserad av ett eventuellt ________________(2) på ert företag. Efter min ________________(3) med ekonomisk ________________(4) och tvåårig datautbildning började jag jobba som ekonomiassistent. Sedan 1989 arbetar jag som lönekontorist på en speditionsfirma.
Den erfarenhet jag har inom ________________(5) och data är en bra ________________(6) för en vidare utveckling på ett företags ________________(7).
Eftersom ett annat stort intresse är ________________(8), har jag naturligtvis inget emot att arbetet medför internationella ________________(9) i någon form.
Jag är en ________________(10) och glad person och har ________________(11) att anpassa mig. Dessutom är jag tolerant och ________________(12) med teamwork.
Jag hoppas på ett positivt ________________(13) och en chans att visa vem jag är och vad jag går för.

Göteborg 1997 - 05 - 31

Erik Svanberg
Skolgatan 37
413 02 Göteborg

lätt
inriktning
livet
svar
ekonomiavdelning
trivs
språk
gymnasieutbildning
positiv
ekonomiarbete
kontakter
bas
företagsekonomi

G7

Gudrun Arvidsson är inte nöjd med sitt jobb. Hon vill söka nytt arbete. Eftersom hon vill ha personlig service skriver hon in sig på Arbetsförmedlingen. Lyssna på samtalet och skriv in de uppgifter [*Daten*] som fattas i meritförteckningen [*Lebenslauf*].

MERITFÖRTECKNING

Personuppgifter:

Namn: ____________________

Adress: ____________________

____

Tel. bostad: ____________________

Personnummer:*1 ____________________

Civilstånd: ____________________

Utbildning: (årtal)

Skolor: ____________________ __________

____________________ __________

____________________ __________

Kurser: ____________________ __________

Yrkeserfarenhet: (årtal)

Praktik: ____________________ __________

Arbeten: ____________________ __________

____________________ __________

Övrigt: ____________________

Referenser:*2			
	Karin Knutsson,	AB Metall,	0411 - 111 11
	Klas Ahlgren,	Olofssons Maskin AB,	08 - 666 66

Vidimeras:
Härmed intygas att meritförteckningen överensstämmer med originalhandlingarna och av oss kända förhållanden.

Sven Törnkvist
0411 - 333 33

Ulla Jakobsson
0411 - 555 55

*1 Om du inte bor i Sverige kan du naturligtvis inte ange något personnummer. Ange då i stället ditt medborgarskap [Nationalität].

*2 En "referens" är en person som kan berätta hur du fungerade i arbetet eller utbildningen eller som känner dig väl. Det är viktigt att du talar med din referensperson innan du skickar iväg din ansökan. Vidimera betyder "beglaubigen".

H

Skriv en liten "tidningsartikel" till teckningen!
Du har hjälp av stödorden.

präst - 40-årsåldern - Italien - falla - bryta fot - måndag morgon - gå - Strandgata- kyrka - blåsa kraftigt - åska - präst - inte se - sten - ligga - mitt på trottoar - falla - polis - komma förbi - se - präst - ligga - gata - ringa efter - läkare - undersöka - fot - bygg-nadsarbetare - förklara - situation - präst - nu - ligga - Uddevalla sjukhus

I

Was sagen Sie in folgenden Alltagssituationen?

En sluss på Göta kanal

1. Sie treffen einen alten Freund wieder. Was sagen Sie?
2. Sie beglückwünschen jemanden.
3. Es freut Sie, Siv kennenzulernen.
4. Sie wünschen Sven gutes Gelingen.
5. Sie sagen, daß Sie immer im Urlaub mit Ihrem Motorboot durch den Göta kanal fahren.
6. Sie fragen Peter, was er in seiner Freizeit macht.
7. Sie sagen, daß Sie am Mittwoch einen Termin beim Arzt haben.
8. Sie möchten Olle einem Onkel von Ihnen vorstellen.
9. Sie sagen, daß Sie arbeitslos sind, und einen Job suchen.
10. Sie sagen, daß Sie sich in Ihrer Arbeit wohlfühlen.

A1 Bilda tio substantiv med mer än en stavelse [*Silbe*] ur dialogen "En fredageftermiddag" och skriv ut pluralformerna!

ans - bio - cka - dag - de - de - dé - ef - en - film - graf - hu - i - la - le - lång - mid - nist - ny - pia - re - roll - skå - spe - ter - ve - vud

singular	plural	singular	plural
________	________	________	________
________	________	________	________
________	________	________	________
________	________	________	________
________	________	________	________

B2 Laila vill gå på bio eller göra något annat trevligt på fredag kväll. Hon ringer till Katarina. Lyssna på CD:n och fyll i luckorna! ⇨ pjäs [*Theaterstück*]

En trevlig komedi
L: Laila K: Katarina

L: Hejsan Katarina, det är Laila!
K: Nejmen hej! ___________(1) är det?
L: Tack, ___________(2)! Har du lust att ___________(3) med på bio?
K: Nja... på bio... jag vet inte. Vad går det för ___________(4) just nu?
L: Jag ska titta i ___________(5). Alltså, vi kan antingen se *Metro* med Eddy Murphy i ___________(6) på Biopalatset eller *Jerry Maguire* med Tom Cruise som har Sverigepremiär idag. Den filmen ska vara så ___________(7)! *Den engelske patienten* med Juliette Binochet verkar också vara ___________(8). Den går på Astoria.
K: Är det en ___________(9)?
L: Ja, det är en riktig kärlekshistoria.
K: Nej, det är jag inte intresserad av. Jag skulle hellre vilja gå på ___________(10)? De uppför Mozarts "Requiem" i Vallentuna kyrka.
L: Men Mozarts "Requiem" ___________(11) inte jag lyssna på ikväll. Men vad säger du om att gå på ___________(12)? Det kanske går någon komedi.
K: Ja, det är en bra idé! Det vore faktiskt ___________(13). Det var längesedan jag såg en bra pjäs.
L: Jag ska se. Här är en komedi som heter *Sylvia*. Men det står inte vilka ___________(14) som medverkar.
K: Men det spelar ju ingen roll. Det blir säkert ___________(15). Ska jag hämta dig?
L: Ja tack, om du hinner så vore det___________(16). Du vet ju hur det är med bussarna här på landet.
K: Fint, då ___________(17) jag dig klockan 19.00. Hoppas nu inte att det är ___________(18) ikväll!
L: Nej det vore ___________(19)! Vad bra, då ses vi ikväll!
K: Hej så länge!
L: Hejdå!

C3 Kombinera stödorden och skriv meningar som exemplet visar!

1. Ulla - gå på teater på fredag kväll	köpa biljetterna - idag
2. Lasse - byta jobb	gå till arbetsförmedlingen - nästa vecka
3. Det - regna i eftermiddag	Karin - ta med sig paraplyet
4. Kalle - visa diabilder i morgon	sortera diabilderna - ikväll
5. Lotta - gå och dansa i Folkets Park på lördag	köpa ny blus - i morgon
6. Per - åka utomlands i juni	boka hotellet - på onsdag
7. Nilla - se på TV ikväll	köpa chips i eftermiddag
8. Janne - klippa gräsmattan i eftermiddag	laga gräsklipparen - genast
9. Eva - gå på bio med Janne kl. 19.00	träffas kl. 18.30 utanför Grand

1. Ulla ska gå på teater på fredag kväll, så hon tänker köpa biljetterna idag.
2.
3.
4.
5.
6.
7.
8.

D3 Översätt!

1. Göran und Britta wollen am Samstag heiraten.
2. Morgen früh werden Karin und Olle nach Kreta fahren.
3. Katja will Freitag abend ins Theater gehen.
4. Laut Wetterbericht wird es morgen regnen und gewittern.
5. Ulla und Lasse wollen am Nachmittag im Garten arbeiten.
6. Klas möchte nächste Woche mit seinen Freunden Karten spielen.
7. Nächstes Jahr will Niklas durch Amerika reisen.
8. Maj und Gunnar werden sich morgen verloben.

E5 Lös filmkrysset!

Vågrätt:
1. Ingrid Bergman väckte ... med filmen *Intermezzo.*
2. I början av sin karriär spelade Ingrid Bergman ... för Ufa i Berlin.
3. Greta Garbos första viktiga film var *Gösta ... saga.*
4. Greta Garbo arbetade först som expedit och uppträdde i ... .
5. År 1919 grundade man Svensk ... .
6. Några andra svenska ... är Bibbi Andersson, Max von Sydow och Ingrid Thulin.
7. Svensk film hade en gyllene epok med bl.a. regissören Viktor ...
8. Ingmar Bergman var ... för Dramaten i Stockholm 1963-1966.
9. Greta Garbo slutade sin ... vid krigsutbrottet.
10. Svensk film har sin vagga i ... .
11. Allt som allt spelade Ingrid Bergman i 46 spelfilmer, 10 ... och 4 TV-filmer.
12. I USA var Ingrid Bergman typexempel för en lyckligt gift ... .
13. Greta Garbo hette egentligen Greta ... .

Lodrätt:
14. Man kan säga bio eller ... .
15. Det var Mauritz ... som tog med Greta Garbo till Hollywood.
16. Ingmar Bergmans första stora framgång var som ... och regiassistent till filmen *Hets.*
17. Ingmar Bergman har en fri ... på sexualitet.
18. Ingmar Bergman är en svensk ... .
19. Ingrid Bergman spelade ... i filmen *Casablanca.*

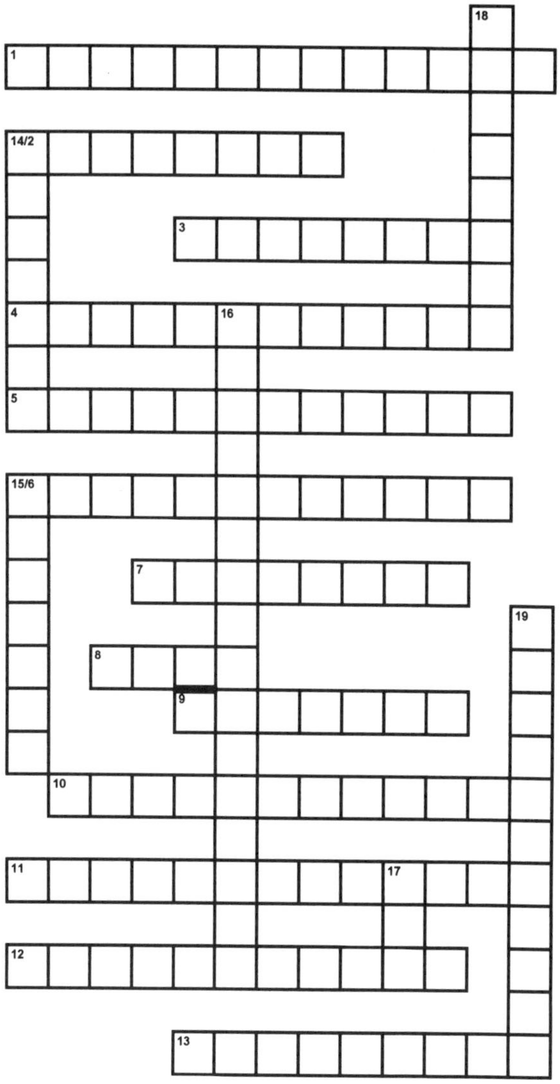

F6 Skriv ut presens particip!

1. Barn som leker är ________________________.
2. En film som fängslar är en ________________________.
3. En tid som passar är en ________________________.
4. Ett väder som växlar är ett ________________________.
5. En medicin som lugnar är en ________________________.
6. Män som skrattar är ________________________.
7. En kvinna som ler är en ________________________.
8. En skådespelerska som fascinerar är en ________________________.
9. En vän som förstår är en ________________________.
10. En läkare som hjälper är en ________________________.
11. Ett barn som sjunger är ett ________________________.
12. Ett arbete som stimulerar är ett ________________________.

G6 Bilda infinitiv-, presens- och preteritumformen av följande verb som står i presens particip!

	infinitiv	presens	preteritum
1. fascinerande	______	______	______
2. skrattande	______	______	______
3. leende	______	______	______
4. stående	______	______	______
5. fängslande	______	______	______
6. lekande	______	______	______
7. producerande	______	______	______
8. motsvarande	______	______	______
9. gående	______	______	______
10. värmande	______	______	______

H7 Skriv och berätta vad den här "äventyrsfilmen" handlar om! Du har hjälp av stödorden.

man - Australien - åka - på lyxkryssning - kryssare - hamna - fruktansvärt - oväder - vatten - tränga in - skepp - sjunka - man - kämpa - överleva - till sist - få tag på - räddningsbåt - hamna - öde - ö - man - varje dag - hoppas - någon - upptäcka - till slut - komma - liten fiskebåt - rädda - man

____

____

____

____

____

____

____

____

____

I Skriv ut förkortningarna!

kl. = klockan

obs. osv. dvs. t.ex.
t.o.m. m.m. s.k.
fr.o.m. bl.a.

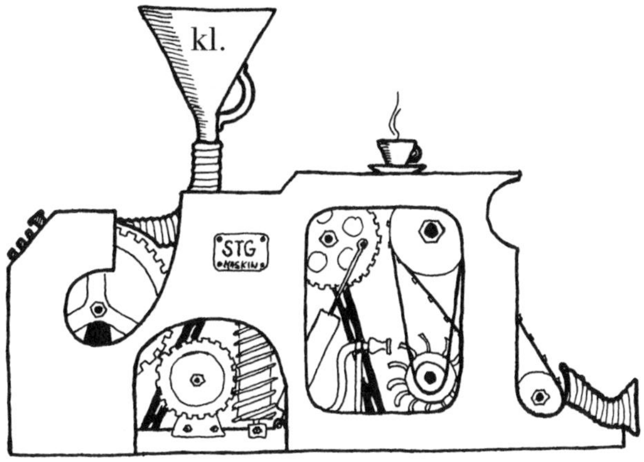

J Was sagen Sie in folgenden Alltagssituationen?

1. Sie sagen zu Arne, daß er versprechen soll, Sie um 17.00 Uhr anzurufen.
2. Sie fragen Ove, ob er auch Lust hat, den Spielfilm mit Ingrid Bergman zu sehen.
3. Sie geben Göran recht.
4. Sie sind sehr müde und schaffen es nicht, mit Eva ins Kino zu gehen.
5. Sie fänden es schade, wenn es heute Abend ausverkauft wäre.
6. Es ist Ihnen egal, wann Sie abgeholt werden. Sie sagen es Kjell.
7. Sie sagen Lotta, daß Sie ihrer Meinung sind.
8. Sie fragen Paul, wo Sie sich treffen wollen.
9. Sie fragen, welche Filme gerade im Kino laufen.
10. Sie finden die Idee ausgezeichnet.

AVSNITT 18

A1 I rutan finns tio adjektiv ur dialogen "Annika köper en blus". Orden är gömda vågrätt och lodrätt och har minst tre bokstäver. Ringa in orden!

```
T L P K N B F L A G O M B P S D G F N
V U D W Ü Ä K N H A Z T I N N K V L Z
U N D E R B A R U C S A L Q Y R Å O J
N J Y G B V F F C R D E L E G A N T L
V P R I C K I G P Ü V U I T G R D T H
D F G H J K N T J U S I G U Z T R E W
```

B2 Översätt!

1. Das grüne Baumwollhemd hat eine gute Qualität.
   ____
2. Der schwarze Anzug steht dir wirklich!
   ____
3. Magst du die grünen Schuhe nicht?
   ____
4. Die Seidenbluse soll zu dem schwarzen Samtrock passen.
   ____
5. Ich mag die braune Lederjacke, die im Schaufenster hängt.
   ____
6. Den gestreiften Wollpullover haben sie leider nicht in meiner Größe.
   ____
7. Die kleinen Blümchen auf dem Kostüm sind niedlich.
   ____
8. Willst du dir wirklich die alten Turnschuhe anziehen, Sven?
   ____

C2 Fyll i rätt form av adjektivet!

1. (liten) Jan vill ha en __________ kattunge. Men hans mamma säger att __________ kattungar är jobbiga att ha i lägenheten. "Dessutom har du ju din __________ hamster", säger hon.
2. (vacker) Vädret är __________ idag. Vi har haft många __________ dagar nu och vi hoppas att det __________ vädret stannar.
3. (gammal) I __________ Stan i Stockholm kan man se många intressanta byggnader. Jag har sett ett __________ slott och en __________ kyrka. Snart ska vi vandra genom de __________ gränderna.
4. (blå) Lotta har en __________ kjol. Nu skulle hon gärna vilja ha ett par __________ skor också. Det kommer att se snyggt ut till den __________ kappan.
5. (billig) På rean köpte Karin en __________ jumper. Hon letade efter ett __________ skärp också. Men __________ saker har ju inte alltid bra kvalité. Så Karin köpte aldrig det __________ skärpet hon såg på varuhuset.

D4 Arne provar kläder. Tyvärr passar de inte så bra. Vad kan du säga om dem?

1. ______________________________
2. ______________________________
3. ______________________________
4. ______________________________
5. ______________________________
6. Vilken tur! Skjortan är precis ____________!

E4 Lös korsordet!

Vågrätt:

1. Skor man har på sig på sommaren.
2. *Kleid* på svenska heter ... .
3. Ett annat ord för tröja.
4. Har två ben.
5. Män tar inte på sig en blus utan en ... .
6. Både vuxna och barn har ... på fötterna.
7. Är ofta långt och av läder.
8. Har man på huvudet.

Lodrätt:

9. Har kvinnor på sig i stället för byxor.
10. Affärsmän har ofta ... på sig.
11. Kvinnor bär ofta ... av nylon.
12. I stället för en jacka kan man ta på sig en ... .
13. Bär man under blus eller skjorta.
14. Jacka och kjol tillsammans är en ... .
15. Behöver man när man fryser om händerna.
16. Många män bär ... till skjortan.
17. Har man på fötterna på vintern.

F4 Sara som tycker om att sy kläder köpte fyra olika tyger. Vad har de för mönster?

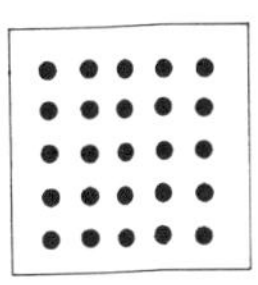
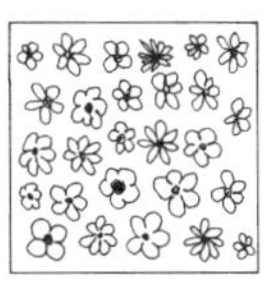
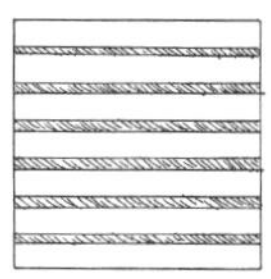
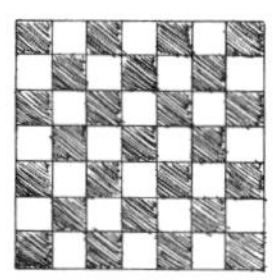

1.______________ 2.______________ 3.______________ 4.______________

G6 Fyll i verben som saknas. Välj bland verben i rutan (använd rätt form av verbet!). Observera att verbet *vara* förekommer två gånger!

Stockholm den 23/6

Kära Ann!

Hur __________(1) du det? För tre veckor sedan __________(2) Sune och jag vår Sverigeresa och nu __________(3) vi i Stockholm. I morse __________(4) vi en promenad genom Gamla Stan. Vi __________(5) genom de små gränderna, __________(6) på slottet, __________(7) gott på en liten restaurang, __________(8) uppe i Katarinahissen och __________(9) Gamla Stan uppifrån! Dessutom __________(10) vi. Jag __________(11) en snygg klänning och Kalle __________(12) absolut ha en ny kamera. Vi __________(13) på ett underbart hotell mitt i stan. I morgon ska vi __________(14) till Drottningholm och på fredag __________(15) vi hem igen.

Kram

Sandra

se
titta
äta
åka
ha
ströva
börja
resa
shoppa
köpa
vara
vilja
bo
ta

Drottningholms slott i miniatyr från Miniland i Halmstad

H6 Läs igenom texten om Stockholm en gång till och svara på frågorna!

1. Var ligger Stockholm? __________
2. Vad brukar man kalla Stockholm? __________
3. Varför växte staden så snabbt? __________
4. Vem grundade Stockholm enligt traditionen? __________
5. När får Stockholm funktion som huvudstad? __________
6. Hur är det i Stockholm på 1700-talet? __________
7. Hur utvecklar sig staden på 1800-talet? __________
8. Hur många invånare har Stockholm idag? __________
9. Stockholm är en betydelsefull stad. Varför? __________
10. Vad kan man se i Gamla Stan? __________
11. En byggnad är symbol för huvudstaden. Vilken? __________
12. Varför är tunnelbanan så intressant? __________
13. Vart kan man åka med Djurgårdsfärjan? __________
14. Vad är det som är så bra med Stockholmskortet? __________

16  Om man är i Stockholm lönar det sig att göra en utflykt till Kaknästornet. Lyssna på CD:n och kryssa för rätt svar så får du veta lite om Kaknästornet. Läs igenom frågorna innan du börjar!

1. Var ligger Kaknästornet?
   ❑ på Skärgårdsgärdet ❑ på Ladugårdsgärdet ❑ på Stengärdet
2. Stämmer det, att Kaknästornet i första hand är ett utsiktstorn?
   ❑ ja ❑ nej
3. Spelar man in radio- och TV- program i Kaknästornet?
   ❑ ja ❑ nej
4. Vad heter arkitekterna bakom Kaknästornet?
   ❑ Bengt Lindvall och Hans Sundström
   ❑ Bengt Ekroos och Hans Broström
   ❑ Bengt Lindroos och Hans Borgström
5. När invigde man Kaknästornet?
   ❑1976 ❑1967 ❑1977
6. Hur högt är Kaknästornet?
   ❑135,5 m ❑125,5 m ❑155, 5 m
7. Hur många våningar har tornet?
   ❑ 34 ❑ 44 ❑ 24
8. Hur är sikten en klar dag?
   ❑ Man kan se upp till 16 mil ❑ Man kan se upp till 5 mil ❑ Man kan se upp till 6 mil
9. Vad serverar “Restaurang Kaknästornet”?
   ❑ skandinavisk mat ❑ kinesisk mat ❑ italiensk mat
10. När har Kaknästornet öppet mellan 09.00 - 22.00?
    ❑ övriga året ❑ maj-augusti ❑ maj - september

J Was sagen Sie in folgenden Alltagssituationen?

1. Sie fragen, ob Kaj die Bluse mag.

   ____
2. Sie stehen vor dem Schaufenster und sehen einen Anzug, den Sie schick finden.

   ____
3. Sie sagen Eva, daß das Kleid ihr steht.

   ____
4. Sie sagen, daß der Rock zu roten Schuhen passen soll.

   ____
5. Sie fragen, wo die Umkleidekabine ist.

   ____
6. Sie finden etwas genau richtig.

   ____
7. Sie sagen der Verkäuferin, daß Sie Größe 42 haben.

   ____
8. Sie sagen dem Verkäufer, daß Sie einen blauen Pullover suchen.

   ____

AVSNITT 19

A1 Skriv synonymerna till orden! De finns i dialogen "Att tappa något".

1. förlora ____________
2. gullig ____________
3. telefonera ____________
4. lasarett ____________
5. prata ____________
6. arbete ____________
7. upplysning ____________
8. besöka ____________
9. komma tillbaka ____________
10. finna ____________

B2 Skriv på linjerna vad de olika sakerna heter i singular och i plural!

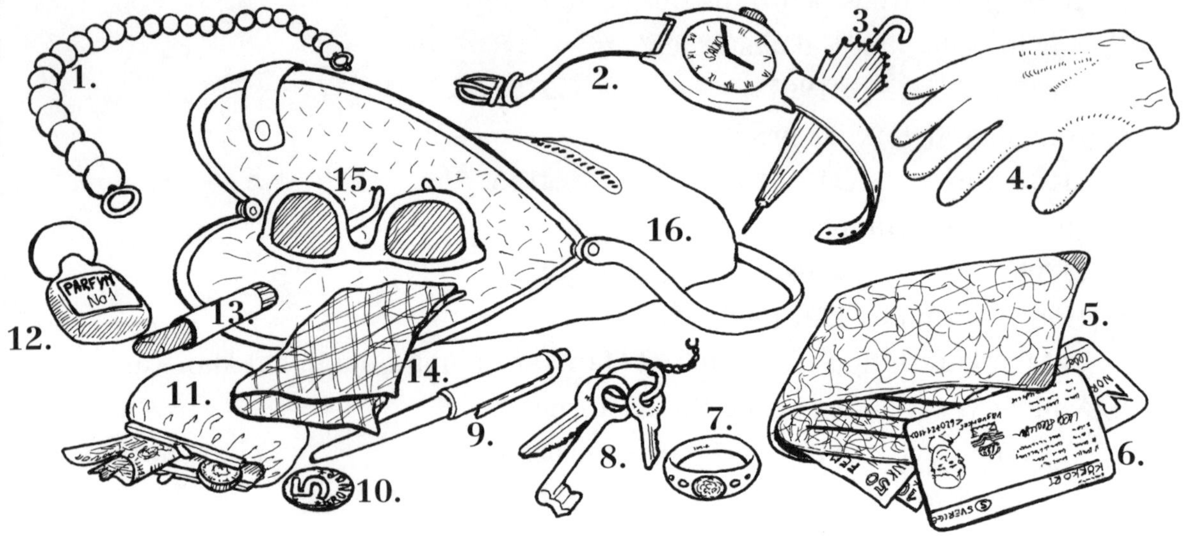

	singular	plural		singular	plural
1.	ett halsband	halsband	9.	____________	____________
2.	____________	____________	10.	____________	____________
3.	____________	____________	11.	____________	____________
4.	____________	____________	12.	____________	____________
5.	____________	____________	13.	____________	____________
6.	____________	____________	14.	____________	____________
7.	____________	____________	15.	____________	____________
8.	____________	____________	16.	____________	____________

C3 Skriv ut supinumformen av följande ord!

1. ta ____________
2. fiska ____________
3. läsa ____________
4. komma ____________
5. arbeta ____________
6. ha ____________
7. gå ____________
8. blåsa ____________
9. få ____________
10. börja ____________
11. växa ____________
12. hyra ____________
13. handla ____________
14. upptäcka ____________
15. köpa ____________

D3 Skriv om meningarna och ändra verben till perfekt!

1. Jag var på banken. ______________________
2. Hittade du ringen? ______________________
3. Malin tappade sina nycklar. ______________________
4. Vi får inte in någonting i den vägen. ______________________
5. Ringde du hittegodsavdelningen? ______________________
6. Svea glömde sin handväska på tåget. ______________________
7. Jag funderar hela dagen. ______________________
8. Kanske lämnar någon in plånboken. ______________________
9. Lena och Kent fick en söt pojke. ______________________
10. Jag gjorde ingenting på hela dagen. ______________________

E3 Översätt!

1. Malin hat das Fundbüro angerufen und hat ihre Schlüssel wiederbekommen.

____

2. Ich habe Maria besucht und bin auf der Bank gewesen.

____

3. Es ist so ärgerlich! Ich habe nichts gefunden!

____

4. Lena hatte ihre Tasche im Bus vergessen.

____

5. Signe hatte keine Ringe gekauft.

____

6. Das tut mir leid. Wir haben nichts in der Art hereinbekommen.

____

F3 Gör meningar efter följande mönster! (Tänk på ordföljden i bisatsen.)

1. De/äta/dricka saft
   `När de hade ätit, drack de saft.`
2. Gunilla/vara på banken/handla mat på Domus

   ____
3. Prinsessa/somna/komma trollet

   ____
4. Stefan/läsa saga/gå och lägga sig

   ____
5. Prinsessan/bli sjutton år/bestämma sig för att rymma

   ____

6. Ann/lussa/äta pepparkakor

7. Vi/vandra i fjällen några timmar/göra en paus

8. Ulrika/köra genom hela Närke/bestämma sig för att tälta

G Skriv en liten berättelse till bilderna! Använd preteritum och pluskvamperfekt!

Lars - gå - kontor - måndag morgon - inte märka - tappa - dyr klocka

Lars - komma - kontor - titta - klocka- upptäcka - tappa - fin klocka - förargad - fundera - göra

Lars - gå - väg - tillbaka - titta - överallt - tyvärr - inte - hitta - klocka

Lars - gå - hittegodsavdelning - fråga - någon - hitta klocka - tjänsteman - ta fram - fin klocka - visa - vara - Lars - klocka - lycklig - få tillbaka - klocka

H5 Nu ska du få höra en gammal svensk ramsa som heter "Pojken som inte ville gå i skolan". Börja övningen med att skriva rätt ord ur rutan under varje teckning. I vilken ordning passar teckningarna du ser här nedan till ramsan du hör. Skriv siffror (1- 10) i ringarna.

rep
katt
oxe
gumma
vatten
ris
råtta
pojke
slaktare
eld

I5 Skriv ut rätt preposition!

1. Sagan handlade __________ tomtar och troll.
2. På grund __________ att Esmeralda somnade, kunde trollgubben stjäla prinsessan.
3. Trollprinsessan tyckte __________ sin hertig i början.
4. Prinsessan var rädd __________ trollet.
5. Trollgumman var inte så förtjust __________ Bianca Maria.
6. Trollgubben tittade förtjust __________ den lilla prinsessan.
7. Den olydiga flickan räckte ut tungan __________ sin mamma.
8. Han drömde __________ henne.
9. Drottningen skrek __________ när hon tittade in under sidengardinerna.
10. Man får nöja sig __________ det man har, sa trollgumman.
11. Drottningen vande sig så småningom __________ Svartöga.
12. Hovet kunde inte lita __________ Svartöga.
13. Den vackra prinsessan trivdes inte __________ att leva hos trollen.
14. Prinsessorna bestämde sig __________ att rymma.

J Was sagen Sie in folgenden Alltagssituationen?

1. Sie haben Ihre Handtasche im Bus vergessen und rufen das Fundbüro an.

   ____

2. Sie sagen Eva, daß sie es mit der Ruhe nehmen soll.

   ____

3. Sie schlagen vor, die Bank und die Bibliothek zuerst anzurufen.

   ____

4. Sie sind erstaunt darüber, was Pia Ihnen erzählt.

   ____

5. Sie fragen Olle, was Sie jetzt machen sollen. Alle wichtigen Papiere sind weg.

   ____

6. Sie bitten Katja, einen Augenblick zu warten.

   ____

7. Sie sagen, daß es Ihnen leid tut.

   ____

8. Sie sagen Hans, daß er zuerst überlegen soll, wo er gewesen ist.

   ____

A1 Fyll i de bokstäver som fattas för att få fram rätt ord! Orden hittar du i dialogen "Att svara på en annons".

1. annat ord för kontrollera
2. en färg
3. säger man när det kommer gäster
4. en billig sak
5. totalt, fullständigt
6. hård vilstol
7. annat ord för beträffande
8. inte borta
9. annat ord för ännu
10. erbjudande på betald plats i tidning

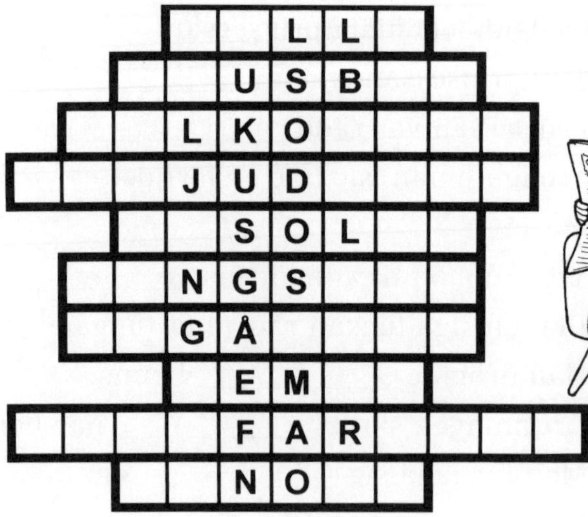

B2 Skriv en egen annons! Läs igenom annonsen nedan först och slå upp orden du inte förstår innan du börjar.

Din annons

SAKER & TING

Införes lördagar, ej helgaftnar. Varuvärdet tillsammas högst 3000:-
Endast privatpersoner. Annonstexten får vara högst 15 ord inkl tel nr.
Sista manusdag är torsdag kl 16.00. Kostar 60:-

❑ Säljes ❑ Köpes ❑ Bytes ❑ Skänkes ❑ Loppis
❑ Förlorat ❑ Upphittat Införingsdag /

ANNONSTEXT: (Var god texta) ....
....
....
....
....Tel......................

Namn ....
Adress...
Postadress ....
Tel ....

C3 Sätt in de rätta vokalerna och bilda sammansatta substantiv!

1. kk + brd ______
2. gt + kk ______
3. vrdg + rm ______
4. brn + vgn ______
5. hrn + sff ______
6. vck + dg ______
7. kvll + tdnng ______
8. vr + hs ______
9. bk + hll ______
10 mkr + vg + gn ______

D4 Skriv ut verbformerna som fattas!

	infinitiv	presens	preteritum	supinum
1.	måla	______	______	målat
2.	______	gör	______	______
3.	______	______	växte	______
4.	ärva	______	______	______
5.	______	______	______	inrett
6.	______	läser	______	______
7.	______	______	lyste	______
8.	bli	______	______	______
9.	______	______	______	byggt
10.	______	ligger	______	______
11.	______	______	tecknade	______
12.	stå	______	______	______

E5 Översätt!

1. Als Carl Larsson in Frankreich war, traf er Karin.
______
2. Während Carl aus einem Buch vorlas, stopfte Karin Strümpfe.
______
3. Bevor die Larssons nach "Lilla Hyttnäs" zogen, wohnten sie in Stockholm.
______
4. Obwohl Karin wenig Zeit hatte, schuf sie den sog. "Carl-Larsson-Stil".
______
5. Larssons hatten sowohl alte als auch neue Möbel.
______
6. Sie hatten Petroleumlampen, weil es keine Elektrizität gab.
______
7. Da es regnete, konnte Carl Larsson draußen weder malen noch zeichnen.
______
8. Wollen wir mit dem Auto oder mit dem Bus nach Sundborn fahren?
______

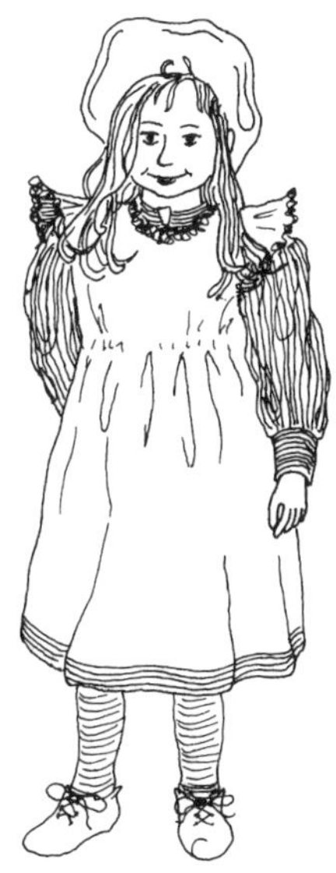

F5 Stryk under rätt konjunktion!

1. Han heter inte Inge *men / medan / utan* Pontus.
2. Olle går till tandläkaren *därför att / innan / fastän* han har tandvärk.
3. Eva - Lena badar *och / men / eftersom* vattnet är varmt.
4. Jakob målade *för att / medan / samt* Sara tapetserade.
5. Göran tvättar händerna *innan / medan / om* han äter mat.
6. Kalle gick *eller / att / när* Stefan kom.
7. Sven köpte en dalahäst *eller / fastän / sedan* plånboken nästan var tom.

G5 Bilda meningar med konjunktionerna *både - och/varken - eller*!

1. Jakob har varit i Stockholm. Sven har också varit i Stockholm

   ____

2. Ann cyklar inte till jobbet. Göran cyklar inte heller till jobbet.

   ____

3. Torsten och Ulla talar bra svenska.

   ____

4. Annika tycker inte om gamla möbler. Det gör inte Kristina heller.

   ____

5. Jessica läser historia och engelska på universitetet.

   ____

H7 Här ser du Åsas och Torstens lägenhet. Lyssna på CD:n och jämför beskrivningen du hör med planritningen nedan. Det är åtta påståenden som inte stämmer. Vilka?
⇨ garderob [*Kleiderschrank*], hatthylla [*Garderobe, Hutablage*], nattduksbord [*Nachttisch*]

____
____
____
____
____
____
____
____
____
____
____
____
____
____

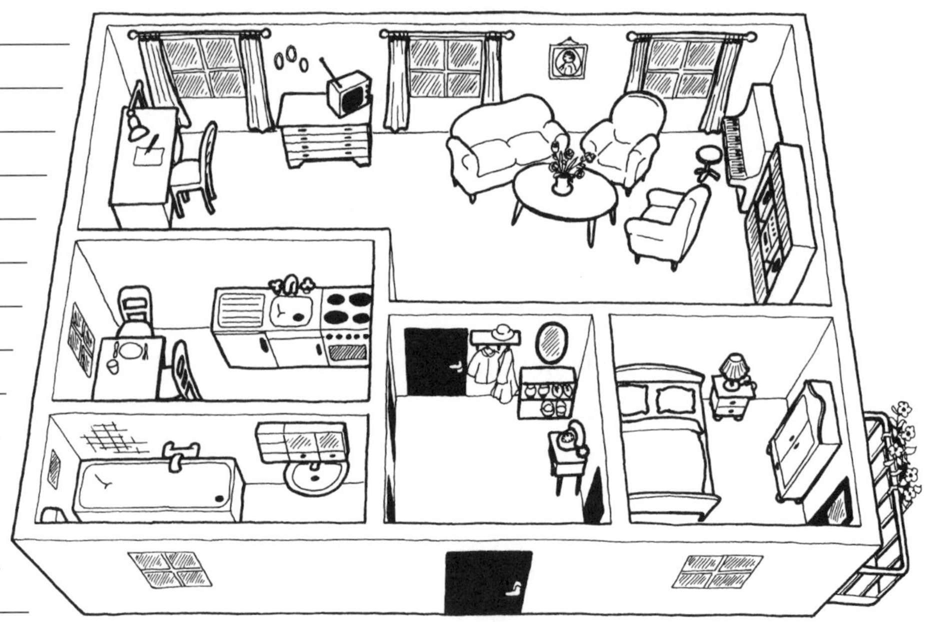

I7 Vad heter möblerna?

1. __________ från Blekinge.

2. Karin Larssons __________ från Lilla Hyttnäs (Sundborn)

3. __________ från Mårbacka - Selma Lagerlös hem.

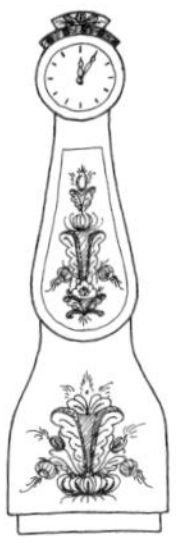

4. __________ från Dalarna.

5. __________ från Kalmar slott

6. __________från Orsnäsloftet där Gustav Vasa sökte skydd.

7. __________ från Skåne.

8. __________ från Österlens museum.

9.__________ från Ikea.

10. __________ från Svenstorps slott.

J Was sagen Sie in folgenden Alltagssituationen?

1. Sie rufen Lars Svensson hinsichtlich eines in der Zeitung annoncierten Eßtisches an.
____
2. Sie fragen, ob der Tisch noch gut erhalten ist.
____
3. Sie fragen, wie der Stuhl, für den Sie sich interessieren, aussieht.
____
4. Sie sagen, daß Sie gegen 15:00 Uhr vorbeikommen.
____
5. Sie sagen, daß an Ihrem Ecksofa wirklich nichts auszusetzen ist.
____
6. Sie sagen Linda, daß Sie das Angebot interessant finden.
____
7. Sie fragen Peter, auf welcher Seite die Annoncenseite ist.
____
8. Sie sagen, daß schwarz nicht Ihrem Geschmack entspricht.
____

A1 Vad ser du för en sevärdhet på diabilderna?

1. ___________

2. ___________

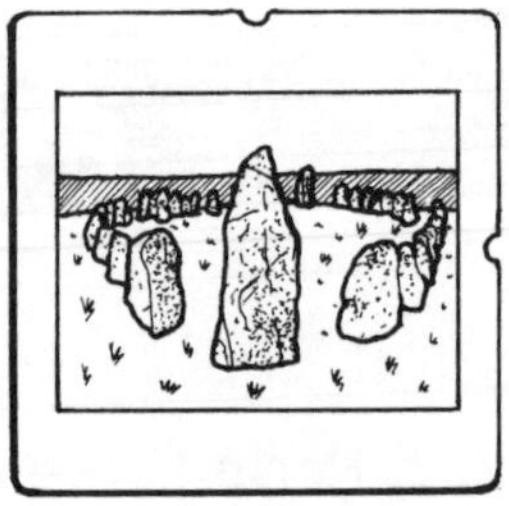
3. ___________

4. ___________

5. ___________

6. ___________

7. ___________

8. ___________

9. ___________

B1 Tage och Ulla-Britt talar om Gamla Linköping, ett utflyktsmål som Ulla-Britt tycker är särskilt intressant. Läs igenom påståendena innan du börjar. Lyssna sedan på samtalet och kryssa för om påståendena är rätt eller fel. Vad vet ni nu om Gamla Linköping? Berätta för varandra!

		rätt	fel
1.	Gamla Linköping är en stadsdel.	❑	❑
2.	Gamla Linköping är en landsortsstad från början av 1800 -talet.	❑	❑
3.	Det finns ett skolmuseum i Gamla Linköping.	❑	❑
4.	Alla hus har flyttats till Gamla Linköping.	❑	❑
5.	Gamla Linköping är ett friluftsmuseum.	❑	❑
6.	I Carin Nilssons villa finns en chokladbod.	❑	❑
7.	De har en omfattande programverksamhet på våren.	❑	❑
8.	En av programpunkterna är gatuteater.	❑	❑
9.	I Mariaboden kan man få information om båtuthyrning.	❑	❑
10.	Det finns butiker och hantverksbodar i Gamla Linköping.	❑	❑
11.	Man kan göra guidade rundvandringar.	❑	❑
12.	De har ingen hantverksmässig tillverkning i bodarna utan bara utställningar.	❑	❑
13.	Det finns ett bankmuseum i Gamla Linköping.	❑	❑
14.	Carin Nilssons villa är från 1913.	❑	❑

C2

Här är ett recept på semlor. Det är en traditionell bakelse som äts under fastan. Sätt in rätt verb i passiv form! Observera att verbet *lägga* förekommer två gånger.

Semlor- recept på en typisk svensk bakelse med tradition:
Det här behövs för ca 12 st: 50 g jäst, 100 g margarin, 3 dl mjölk, 1/2 tsk salt, 1 dl sirap, 1/2 tsk hjorthornssalt
Fyllning: inkråm, 200 g mandelmassa, 1 dl socker, ca 1 dl het mjölk

1. Jästen ____________(1) ner i en degbunke. Margarinet ____________(2) i en kastrull och mjölken ____________(3). Spadet ____________(4) tills det är ca 37 °C och ____________(5) över jästen. Rör om så att den löser sig ordentligt.
2. Tillsätt salt, sirap och nästan allt mjöl. Degen ________(6) ihop tills den är blank och smidig. Den måste jäsa under duk ca 30 min.
3. Degen __________(7) upp på bakbordet och__________(8) smidig. Sedan ____________(9) den i 12 lika stora bitar. Så ____________(10) runda bullar. Lägg dem på en plåt. Låt jäsa ca 30 min.
4. Vispa upp ett ägg. Bullarna ____________(11) och ____________(12) mitt i ugnen ca 8-10 min. Låt bullarna kallna. Skär sedan av ett lock på bullarna.
5. Fyllning: Inkråmet __________(13) ut. Blanda inkråmet, mandelmassan, den heta mjölken och sockret. Fyllningen ska vara ganska lös! Nu ____________(14) fyllningen i bullarna. Grädden ___________(15) och __________(16) över bullarna. Locket ____________(17) på och florsocker ____________(18) över semlorna.

Lycka till!

smula	smälta
tillsätta	vispa
spritsa	värma
lägga	sikta
hälla	arbeta
knåda	dela
forma	pensla
grädda	fördela
ta	

D2

Översätt!

1. Das erste Diabild wird gezeigt.
____
2. Das Licht wurde ausgemacht.
____
3. Die Fluchtburg wird angelegt.
____
4. Der Dom wurde 1425 eingeweiht.
____
5. Es ist viel über Öland geschrieben worden.
____
6. Die alte Windmühle ist rekonstruiert worden.
____
7. Die Burg wurde von einem Verein gekauft und renoviert.
____

E3 På fotot ser du en annan sevärdhet. Det är borgen Glimmingehus. Skriv ett vykort till en vän eller väninna och berätta om Glimmingehus! Använd orden i faktarutan.

Läge: Skåne, 10 km väster om Simrishamn
Byggdes: 1499 av Jens Holmgersen Ulfstand
Byggmästare: Adam von Düren
Höjd: 26 meter
Murarnas tjocklek: 2,5 m med skottgluggar och kastgluggar
Omges av vallgrav
Ägs sedan 1924 av staten
Borgen tjänade som bostad och försvarsanläggning

____

____

____

____

____

F4 Svara på frågorna och skriv rätt tidsprepositioner!

1. (en gång/veckan) Hur ofta spelar Eva piano? ______________
2. (två gånger/året) Hur ofta reser familjen Nilsson till Spanien? ______________
3. (fyra år) Hur länge har Jonas bott i Umeå? ______________
4. (två timmar) Hur lång tid tog det för Sven att laga bilen? ______________
5. (två gånger/dagen) Hur ofta måste Emma ta tabletterna? ______________
6. (en månad) När tar Lotta studenten? ______________
7. (en gång/timmen) Hur ofta går bussen till Järfälla? ______________
8. (en vecka) När flyttade Sven till Malmö? ______________
9. (fjorton dagar) Hur länge tänker Greta stanna i Uppsala? ______________
10. (två minuter) Hur lång tid tog det för Daniel att springa till affären? ______________

G5

Lös Vasakrysset!

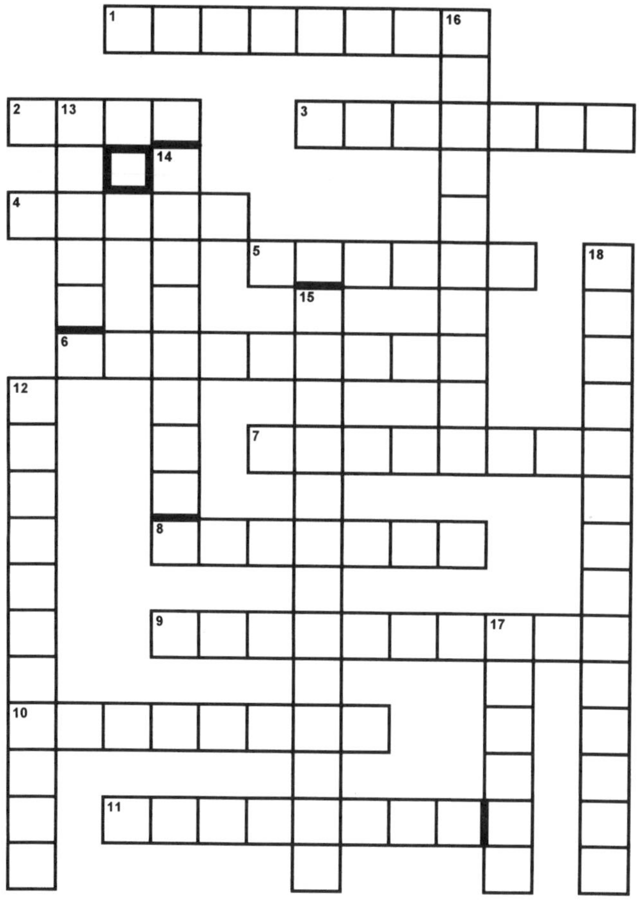

Vågrätt:
1. Vasa ... 1627.
2. För att bygga Vasa avverkade man 1000 ... .
3. Vasa sjönk den 10 ... 1628.
4. Vasa ... efter 1300 meters seglats.
5. Gustav Adolf behövde en stark ... .
6. Orsaken till katastrofen berodde på bristande ... .
7. År 1625 skrivs ett ... om att Vasa ska byggas.
8. Vasa lyfts i sexton ... .
9. Vasamuseet ligger på ... .
10. Unikt är att Vasa är ... till 95 procent.
11. Det nya skeppet hade byggts för att ... .

Lodrätt:

12. På 1600 - talet försökte man bärga Vasa med en ... .
13. På ... stod folk som önskade god tur.
14. Det var ... Anders Franzén som hittade Vasa.
15. Vattnet rusade in genom ... .
16. På Vasa fanns ett överflöd av ... .
17. Anders Franzéns ... hette Per Edvin Fälting.
18. Ett hundratal ... , kvinnor och barn hade gått ombord.

H

Was sagen Sie in folgenden Alltagssituationen?

Skoklosters slott i Uppland

1. Sie finden etwas unglaublich.

___

2. Sie entschuldigen sich.

___

3. Sie finden etwas sehr interessant.

___

4. Sie erkennen das Schloß auf dem Dia wieder.

___

5. Sie bitten Ylva, das Licht auszuschalten.

___

6. Sie zeigen Diabilder. Ein Diabild ist falsch einsortiert.

___

7. Sie fragen, wo das Heimatmuseum ist.

___

8. Sie bitten Eskil um Hilfe beim Installieren des Diaprojektors und der Leinwand.

___

AVSNITT 22

A1 I rutan finns tolv substantiv ur dialogen "Hos läkaren". Orden är gömda vågrätt och lodrätt och har minst tre bokstäver. Ringa in orden och skriv sedan pluralformerna!

E	R	T	A	B	L	E	T	T	P	Ü	M	N	H	G	B	V
F	Z	M	O	G	Z	X	S	A	Y	T	U	N	G	A	D	F
B	P	F	Ü	J	D	Y	G	N	D	A	E	T	W	Q	C	Y
A	L	E	G	Ä	H	Z	T	F	R	Å	J	G	O	P	V	D
K	O	S	J	U	K	S	K	Ö	T	E	R	S	K	A	Ä	N
T	J	T	L	Ö	P	Ä	O	I	V	U	Z	N	R	T	N	D
E	W	F	E	G	Å	H	T	J	Ä	K	Å	A	J	I	T	V
R	P	M	U	P	E	R	S	O	N	N	U	M	M	E	R	Ä
I	H	S	C	D	W	A	X	F	Z	U	K	N	Å	N	U	F
E	J	A	O	B	Å	A	R	T	B	V	C	F	L	T	M	Ö
G	T	Z	J	K	R	Ä	F	T	A	H	G	T	Z	N	F	G

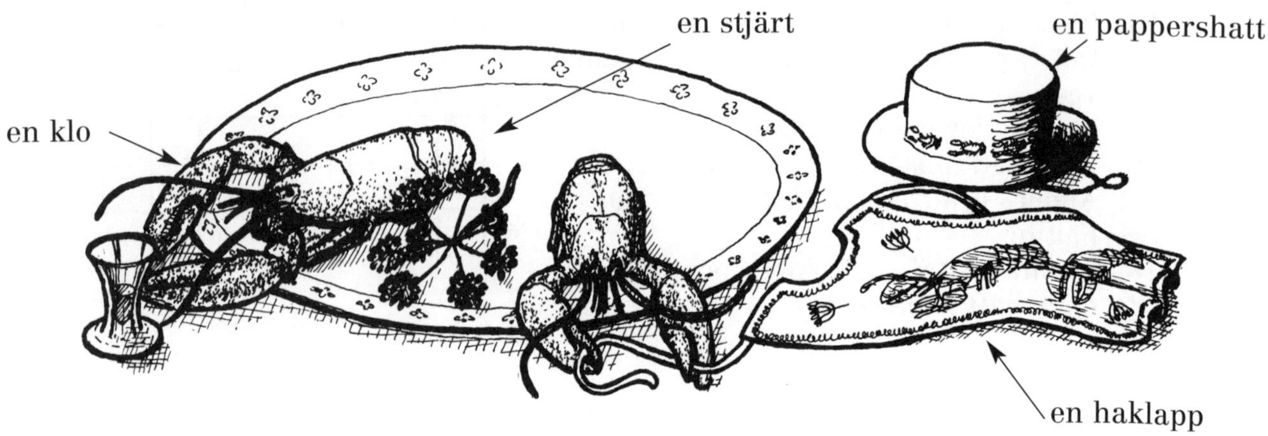

B1 I den här övningen ska du få veta lite om kräftskivetraditionen i Sverige. Lyssna först på samtalet några gånger och svara sedan på frågorna.

1. När har man kräftskiva? ______
2. Varför måste man importera kräftor till Sverige? ______
3. Varför ser gästerna så roliga ut? ______
4. Med vilken kryddört kokar man kräftorna? ______
5. Det finns ett annat ord för snaps. Vilket? ______
6. Varför sjunger man så mycket på en kräftskiva? ______
7. Hur äter man kräftor? ______
8. Äter man bara kräftor på en kräftskiva? ______

C2

Vad heter kroppsdelarna?

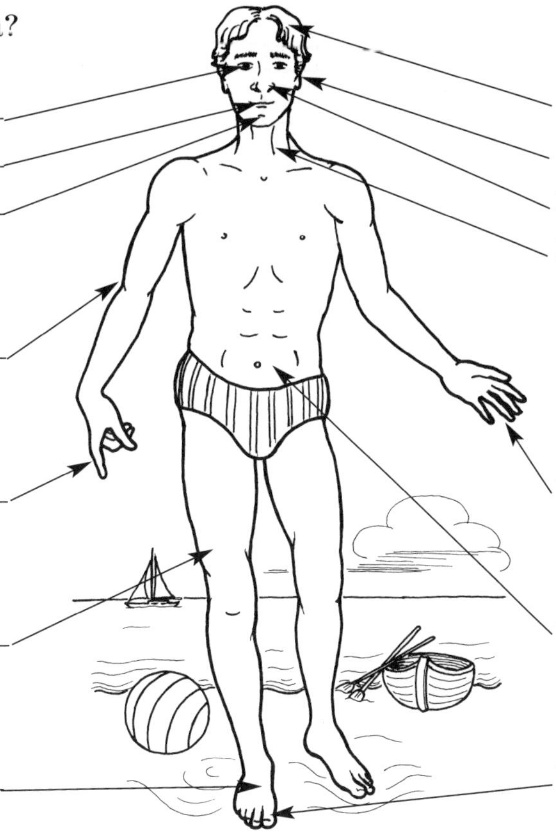

1. ett öga
2. ______
3. ______
4. ______
5. ______
6. ______
7. ______
8. ______
9. ______
10. ______
11. ______
12. ______
13. ______
14. ______

D3

Stryk under ordet som passar!

1. Jag brukar *märkas / vistas / mötas* i sommarstugan på semestern.
2. Pojkarna *trivs / slåss / saknas* ofta på skolgården.
3. Olle *låtsades / svettades / kändes* vara sjörövare.
4. Anton *andades / hoppades / föddes* i augusti 1993.
5. Sara *mindes / lyckades / låtsades* med sina studier.
6. Det är så varmt! Oj, vad jag *kräks / svettas / minns* !
7. Vi *fanns / hjälptes åt / vistades* att städa köket.
8. Jan och Sten *känns / fattas / umgås* på helgerna.
9. Det *känns / finns / märks* inte alls bra.
10. Vi *möttes / skildes / hoppades* därför att vi inte förstod varandra längre.

E3

Översätt!

1. Eva und Lars trennten sich.______
2. Camilla wurde am 22. April geboren.______
3. Åke und Lisa begegneten sich in Paris.______
4. Es gibt viele Häuschen in Småland zu mieten.______
5. Ich fühle mich in meinem Job wohl.______
6. Wir hoffen, daß es dir gut geht, Jonas.______
7. Wir halfen einander, Essen zu kochen.______
8. Auf dem Tisch fehlt eine Gabel.______

F4

Lös korsordet!

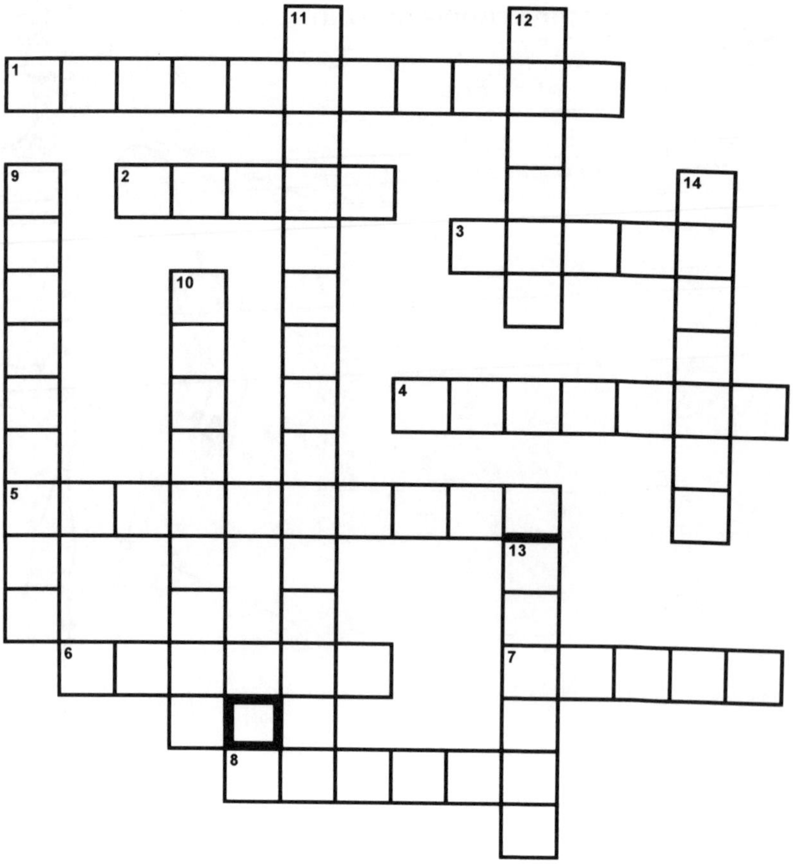

Vågrätt:

1. behövs när man hostar för mycket
2. hög kroppstemperatur
3. förlorad orienteringsförmåga
4. litet läkemedel som man suger eller sväljer
5. behövs när näsan är täppt.
6. används vid injektion
7. katarr i näsans slemhinna
8. skakningar förenade med köldkänsla

Lodrätt:

9. smittsam virussjukdom
10. annat ord för *ont i huvudet*
11. instrument som man mäter kroppstemperaturen med
12. tarmavföring i lösare form
13. ytlig hudförändring
14. behövs när man har skurit sig.

G4

Skriv en liten berättelse!

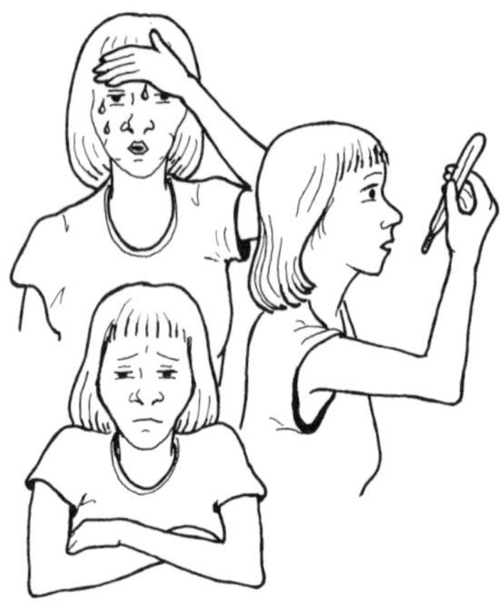

H6 Hitta ord ur dikterna som rimmar [*reimen*] på orden här nedan.

1. vinden ______
2. torg ______
3. nå ______
4. kalla ______
5. hinner ______
6. hus ______
7. grädda ______
8. tänder ______
9. pool ______
10. gunga ______
11. smärta ______
12. flod ______

I Was sagen Sie in folgenden Alltagssituationen?

1. Sture niest und Sie sagen ...
______
2. Sie sagen dem Arzt, daß Sie Fieber und Kopfschmerzen haben.
______
3. Sie sind in der Apotheke und möchten Pflaster und Nasentropfen haben.
______
4. Sie sagen dem Arzt, daß Sie empfindlich gegen Mückenstiche [myggbett] sind.
______
5. Sie wünschen Carina gute Besserung.
______
6. Sie fragen den Arzt, worauf die Symptome deuten.
______
7. Kalle bietet Ihnen bei einer Feier einen Schnaps an. Sie sagen Kalle, daß Sie Alkohol nicht vertragen und lieber ein Glas Apfelsinensaft hätten.
______
8. Sie rufen den Arzt an und sagen, daß es Ihnen sehr schlecht geht. Sie frösteln und haben Bauchschmerzen.
______
9. Sie bitten Arne, sich zu setzen.
______

A1 Vilka verb (i infinitiv) ur dialogen "En diskussion om miljöfrågor" finns i "livsträdet"? Skriv tempusformen till varje verb!

	infinitiv	preteritum	supinum
1.	________	________	________
2.	________	________	________
3.	________	________	________
4.	________	________	________
5.	________	________	________
6.	________	________	________
7.	________	________	________
8.	________	________	________
9.	________	________	________
10.	________	________	________
11.	________	________	________
12.	________	________	________

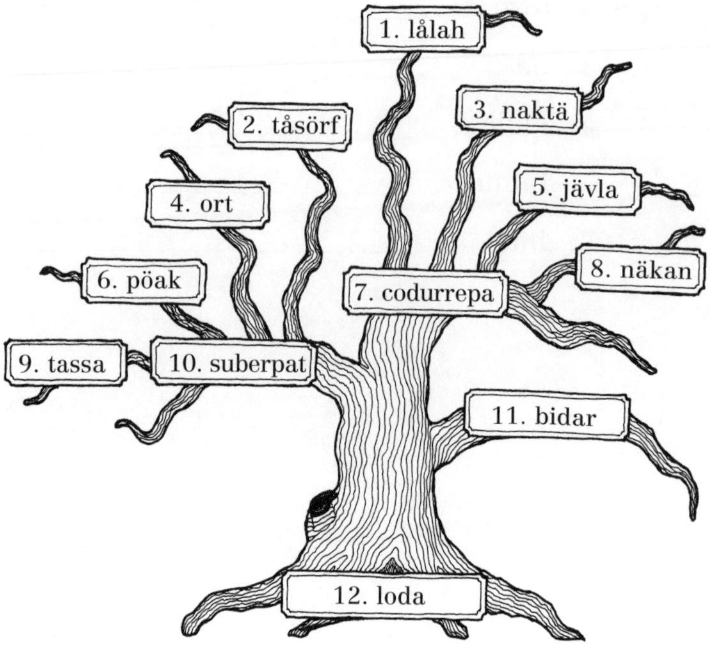

B1 Läs igenom dialogen "En diskussion om miljöfrågor" en gång till och svara på frågorna!

1. Sara tycker att tomaterna är så aromatiska. Vad svarar Bodil på det?

   ____

2. Vad innebär KRAV-märket?

   ____

3. Vad anser Sara om livsstilen vi har idag?

   ____

4. Vad gör Lennart för att vara miljövänlig?

   ____

5. Varför tycker Lennart att han inte har råd att köpa ekologiskt odlade livsmedel?

   ____

6. Varför tycker Bodil att det är bättre att äta sund kost?

   ____

7. Jörgen försvarar Lennart i diskussionen. Vad är Jörgens argument?

   ____

8. Varför litar Lennart inte på miljöorganisationerna?

   ____

9. Varför är Bodil så säker på att ekologiskt odlade produkter verkligen inte är besprutade?

   ____

C2 I soptunnan här finns en del adjektiv.
Skriv upp motsatsen och komparera!

	positiv	komparativ	superlativ
1.			
2.			
3.			
4.			
5.			
6.			
7.			
8.			
9.			
10.			
11.			
12.			
13.			
14.			

D2 Översätt!

1. Im Februar ist es draußen schon heller als im Januar.

2. Johann ist müder als Anna.

3. Lottas Haus ist größer als Jörgens.

4. Malena ist älter als ihre Schwester.

5. Ulrik hat ein flotteres Auto als Uno.

6. Das Wetter in Uppsala ist besser als in Malmö.

7. Die Tasche ist leichter als der Koffer.

8. Die Schnellstraße ist breiter als die Landstraße (landsvägen).

E2

Jämför hur det var förr och hur det är nuförtiden. Använd stödorden i rutan och skriv meningar som i exemplet!

liv	- lugnt
levnadsstandard	- hög
läkarvård	- bra
fordon	- långsam
luftkvalitet	- dålig
producera avfall	- lite
människor	- många
medellivslängd	- låg
utföra kroppsarbete	- mycket
grundvatten	- smutsig

förr	**nuförtiden**
Livet var lugnare förr.	Livet är stressigare nuförtiden.

F3

De svenska kommunerna diskuterar och beslutar om miljöfrågor. Lyssna på CD:n och fyll i luckorna så får du veta vad Hässleholms kommun har för huvudmål för att förbättra miljön.

Hässleholms kommuns huvudmål för bättre miljö:

✓ All kommunal planering ska ske utifrån en ____________(1) grundsyn.

✓ Vid allt utnyttjande av ____________(2), vatten och luft ska ____________(3) verka för hushållning med naturresurserna. De må brukas men ska inte ____________(4)!

✓ Sjöar och ____________(5) ska ha så bra ____________(6) att ett naturligt djur- och ____________(7) kan bevaras eller återskapas.

✓ Kommunens ____________(8) ska ha vattenkvalitet som medger ____________(9).

✓ Grundvatten är en viktig ____________(10) som ska skyddas både vad gäller kvalitet och mängd. Grundvattnet ska i första hand användas som ____________(11).

✓ Kommunen ska ____________(12) för att nå en så god luftkvalitet att inga ____________(13) miljö- eller hälsoeffekter förekommer.

✓ Kommunen ska verka för att ____________(14) ska få bo i en ____________(15) fri från besvärande buller.

✓ Användningen av ____________(16) produkter ska minska.

G5 Lös Sverigekrysset!

Norrtälje

Vågrätt:

1. Sveriges ... är kung Carl XVI Gustaf.
2. Sverige är en ... monarki och en parlamentarisk demokrati.
3. En miljon av Sveriges befolkning är ... .
4. Det ligger många ... längs med älvarna.
5. I norra delen av landet bor ... .
6. Sverige verkar för en ... zon i Norden.
7. Alla svenska ... som fyllt 18 år har rätt att rösta.
8. Svenskarna är ett ... folk.
9. En femtedel av samerna ägnar sig åt ... .
10. För att bevara vissa områden har man inrättat 18 ... .
11. Sverige är ett ... och neutralt land i krig
12. Det svenska ... är känt i hela världen.
13. Sverige har ca 8,8 miljoner ... .

Lodrätt:

14. Sverige är till hälften täckt av ... .
15. Sverige satsar mycket på ... .
16. Sveriges ... är 449 964 km^2.
17. Kungaparet har ingen politisk ... .
18. Ca 50% av Sveriges ... går på export.
19. Riksdagen har 349 ledamöter som väljs vid allmänna ... .
20. Den skandinaviska fjällkedjan heter ... .
21. Kungaparet är Sveriges främsta ... .
22. Det kan anordnas rådgivande ... i Sverige.
23. EU-länderna har en gemensam ... .
24. Sveriges högsta topp är ... .

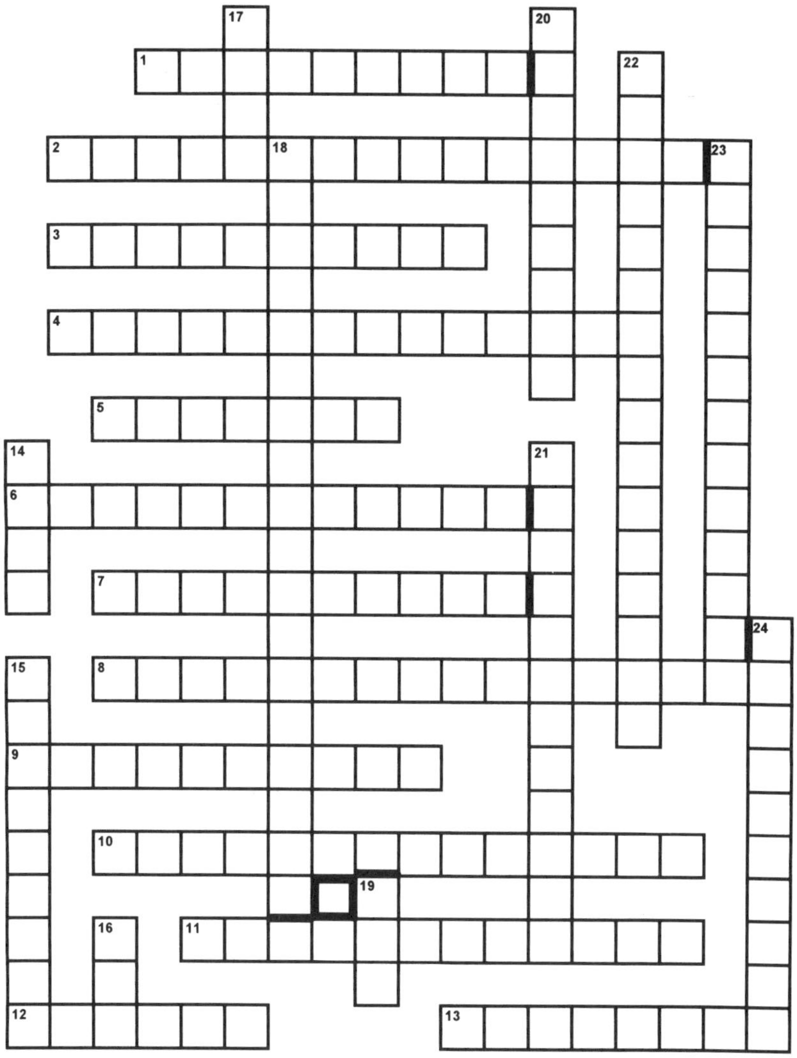

H Vad heter dessa djur? Skriv rätt namn under teckningarna!

en daggmask
en fluga
en spindel
en nyckelpiga
en mygga
en gräshoppa
en geting
en fjäril
en skalbagge
en myra

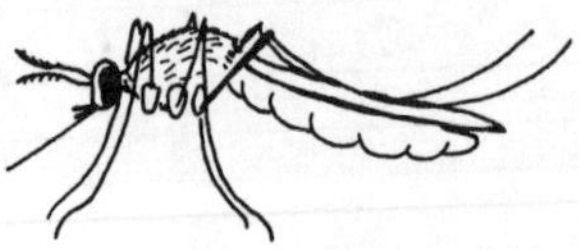

1.________________

2.________________

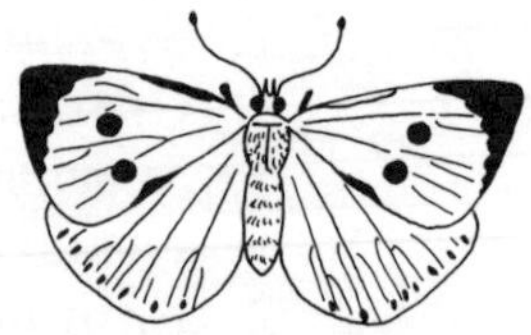

3.________________

4.________________

5.________________

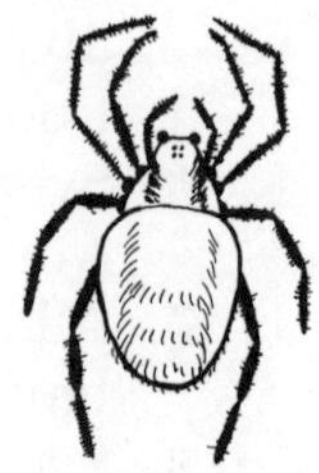

6.________________

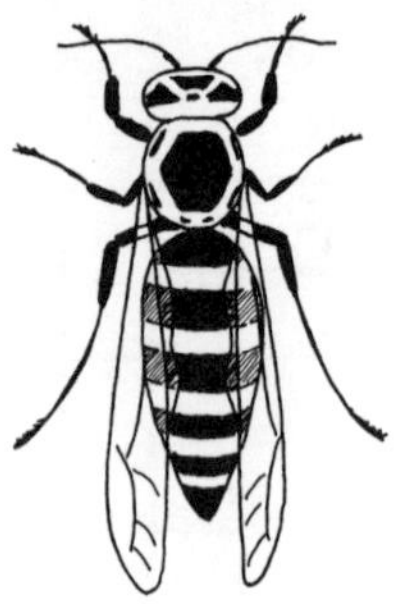

7.________________

8.________________

9.________________

10. ________________

Försök nu att säga den här tungvrickaren [*Zungenbrecher*] så snabbt du kan!

Flyg fula fluga, flyg! Och den fula flugan flög.

I Was sagen Sie in folgenden Alltagssituationen?

1. Sie sagen Lisa, daß Sie es wichtig finden, daß die Umweltproblematik ernst genommen wird.
   ____
2. Sie fragen, ob das Gemüse bespritzt ist.
   ____
3. Sie finden es besser mit Mehrwegflaschen.
   ____
4. Sie geben Sven recht.
   ____
5. Sie sagen Pelle, daß man in dem Raum, wo Sie gerade sind, nicht rauchen darf.
   ____
6. Sie möchten wissen, ob am Wochenende in Tollarp Flohmarkt ist.
   ____
7. Sie fragen eine Verkäuferin, ob das Waschmittel umweltfreundlich ist.
   ____
8. Sie sagen, daß Sie sich munterer fühlen, wenn Sie morgens Obst essen.
   ____

A1

Dagmar Pettersson har fått ett inbjudningskort av Hillevi Nilsson. Hon är bjuden på middag en lördagkväll. Tyvärr har Dagmar fått influensa och måste tacka nej. Sätt ihop replikerna till ett telefonsamtal mellan Dagmar och Hillevi! Observera att även två meningar kan bilda en replik.

H: Hillevi Nilsson   *D: Dagmar Pettersson*

H: ______________________

D: ______________________

H: ______________________

D: ______________________

____

H: ______________________

____

D: ______________________

H: ______________________

D: ______________________

____

H: ______________________

D: ______________________

H: ______________________

D: ______________________

Hejsan Hillevi, det är Dagmar.
Vi hörs!
Det var verkligen synd.
Det får vi göra.
Nilsson!
Inget vidare!
Hejdå!
Tack ska du ha, och ha det så roligt på lördag.
Det menar du inte.
Hej, hej!
Krya på dig!
Ja, vi får ses en annan gång.
Hur har du det?
Ja, det blir säkert trevligt.
Tack för att du ringde
Hej Dagmar, vad roligt att du ringer.
Jag har influensa och kan tyvärr inte komma på lör dag.

B1

Bilda meningar med orden i glöggkopparna så får du fram ett glöggrecept.

Det här behöver du:
2 1/2 dl vatten
1 litet pomeransskal
1 bit ingefära
2 bitar hel kanel
8 kryddnejlikor
1 tsk kardemummakärnor
1 flaska (0,75 l) rödvin
1 dl socker

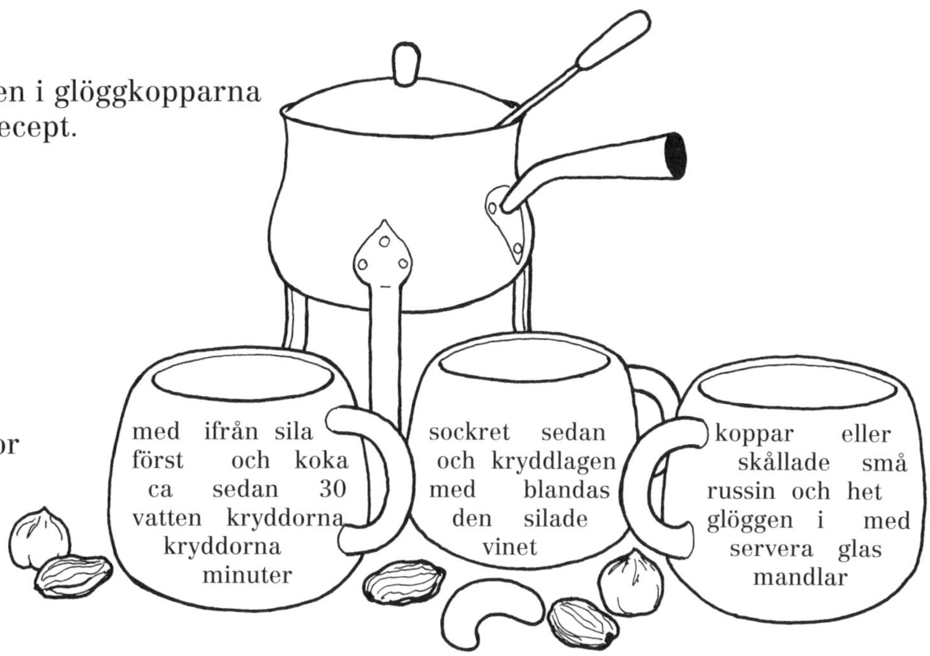

____

____

____

____

C2 Sätt dig in i följande situation: Inbjudningskortet till höger fick du en dag i våras av dina svenska vänner. Du tackade ja eftersom du lyckligtvis skulle vara i Sverige just den veckan. Det blev en mycket trevlig kväll. Skriv ett litet "tackkort" (ett par meningar) och tacka för den trevliga bjudningen! Stödorden i rutan hjälper dig:

tack	senast	gott	tacka	passa på
minnas	härligt	semester	koppla av	ses
sommarstuga	njuta av	roligt	trevligt	

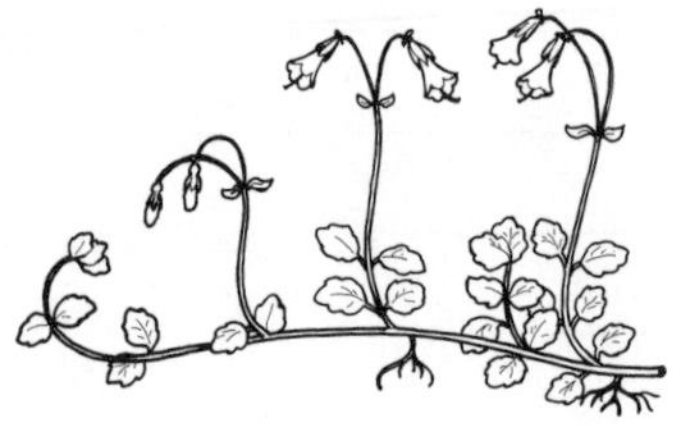

Välkommen

till...Carina och Tord.......
lör.dagen den..15/8...1998
kl.19.00 på kräftskiva...
Vi ser fram emot en trevlig kväll!

o.s.a.

D4 Bilda meningar som exemplet visar!

1. Kebnekaise/hög berg/Sverige Kebnekaise är det högsta berget i Sverige.
2. Vänern/stor sjö/Sverige ______
3. Ölandsbron/lång bro/Europa ______
4. Blekinge/litet landskap/Sverige ______
5. Lappland/stort landskap/Sverige ______
6. Mamma/köttbullar/god/världen ______
7. tunnelbanan/"lång konstutställning/världen" ______
8. *Stora gatan* i Sigtuna/gammal levande affärsgata/Sverige ______
9. Jannes prylbod/bra/presentbutik/stan ______
10. "Mathörnan"/trevlig/restaurang/Skåne ______

E4 Översätt!

1. Der Geschenkartikelladen hat die hübschesten Weihnachtskarten.

   ____

2. Der größte Weihnachtsbaum steht auf dem Marktplatz.

   ____

3. Åhléns hat die billigsten Hemden.

   ____

4. Gamla Linköping ist das netteste Freilichtmuseum, finde ich.

   ____

5. Dein Glühwein ist der leckerste!

   ____

6. Eva hat den besten Schlitten.

   ____

7. Die ältesten Häuser im Dorf sind aus dem 18. Jahrhundert.

   ____

8. Die neuste Mode kommt aus Paris.

   ____

F5 Kan du glosorna? Lös korsordet!

Vågrätt:
1. Mond
2. Garbe zu Weihnachten
3. Sack
4. Sonne
5. Augen
6. Apfelsinen
7. Stern
8. Herd
9. Paket
10. Kinder
11. Tür
12. Tanne
13. Kaminfeuer
14. Hyazinthe
15. Weihnachtsgeschenk
16. Tag

Lodrätt:
17. Hand
18. Mütze
19. Pfefferkuchen
20. Kerze
21. Weihnachtsmann
22. Nüsse
23. Schlitten
24. Dose
25. Skier
26. Rücken
27. Dach
28. Spatzen

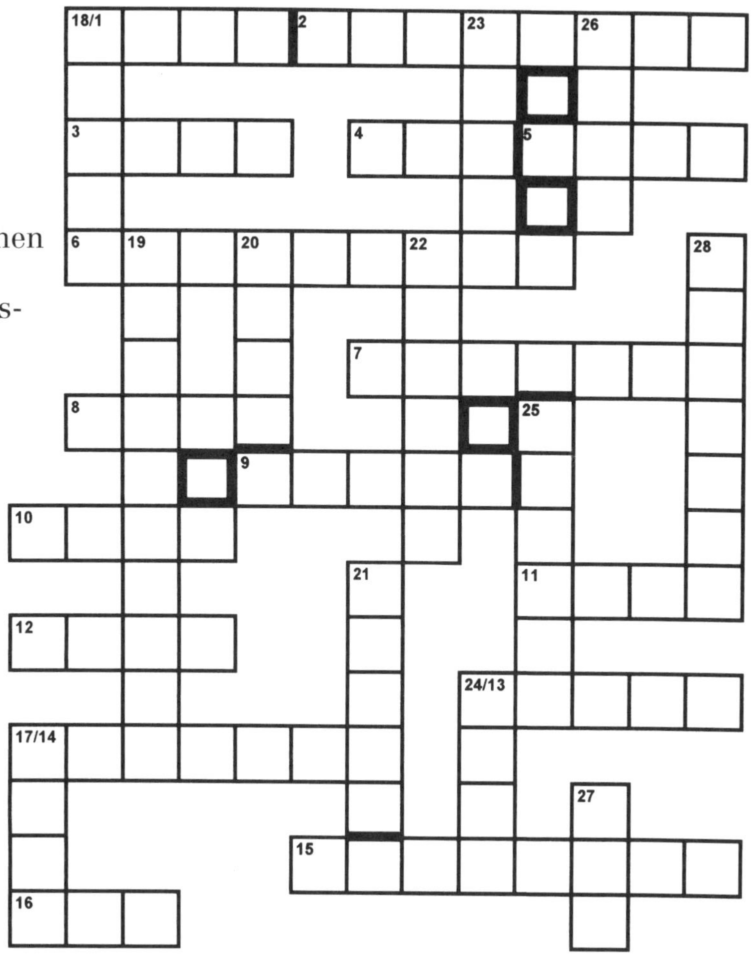

G5

När Siv och Gunnel träffades sist pratade de om hur de tänker fira jul i år. Läs först igenom frågorna nedan. Lyssna sedan på samtalet några gånger och svara på frågorna! ⇨ Kalle Anka [*Donald Duck* (Fernsehprogramm am Heilig Abend)]

1. Hur tänker Gunnel fira jul?

    ____

2. Varför har Gunnel mer vegetarisk mat på julbordet?

    ____

3. Hur lång tid tar det att koka skinkan enligt Sivs metod?

    ____

4. Varför har Siv lagt av med lutfisk?

    ____

5. Vad finns på Sivs julbord? Nämn några rätter!

    ____

6. Gunnel tycker att det är svårt att låta bli att titta på *Kalle Anka* på julafton. Varför?

    ____

7. När kommer tomten till Siv och hennes familj?

    ____

H6

Skriv om meningarna till indirekt tal!

1. Liselott: - Kommer jultomten i år?

    ____

2. Sten: - Hinner Lotta med bussen?

    ____

3. Karin: - Det är den godaste glöggen i världen!

    ____

4. Erik: - Jag önskar mig en klocka i julklapp.

    ____

5. Ingrid: - Ska vi träffas på lillejulafton?

    ____

6. Hans: - Jag tycker väldigt mycket om lutfisk.

    ____

7. Frida: - Har någon ringt idag?

    ____

8. Tomten: - Finns det några snälla barn här?

    ____

I7 Hur firar familjen Jansson jul? Skriv en liten berättelse med hjälp av bilderna!
(I stället för en kälke har barnen i Sverige nuförtiden ofta en pulka.)

J Was sagen Sie in folgenden Alltagssituationen?

1. Sie wünschen Ann fröhliche Weihnachten und ein gutes Neues Jahr.
2. Sie sind zum Krebsessen eingeladen, können aber nicht kommen. Was sagen Sie?
3. Sie bedanken sich für den Anruf.
4. Sie bedanken sich für die Einladung.
5. Sie bedauern, daß Sie nicht mitkommen können.
6. Sie schlagen vor, am Tag vor Heiligabend "julbord" zu essen.
7. Was sagt man zu einander zwischen Weihnachten und Neujahr?
8. Sie sind sehr erstaunt über das, was Kalle Ihnen sagt, und sagen...
9. Sie wünschen Hanna viel Spaß.
10. Sie finden, daß die Idee sehr gut klingt und sagen ...

AVSNITT 25

A1 Fyll i de bokstäver som fattas för att få fram rätt ord. Orden hittar du i dialogen "En trafikolycka".

1. för bort bilar som krockat
2. annat ord för notera
3. skriver polisen om en olycka
4. annat ord för bedrövad
5. ordnar med försäkringar
6. måste man ha när man vill köra bil
7. varnar bilister vid vägkanten
8. är den som ser en olycka
9. ställe där flera vägar möts
10. annat ord för kollidera
11. inte nödvändigt
12. man som cyklar

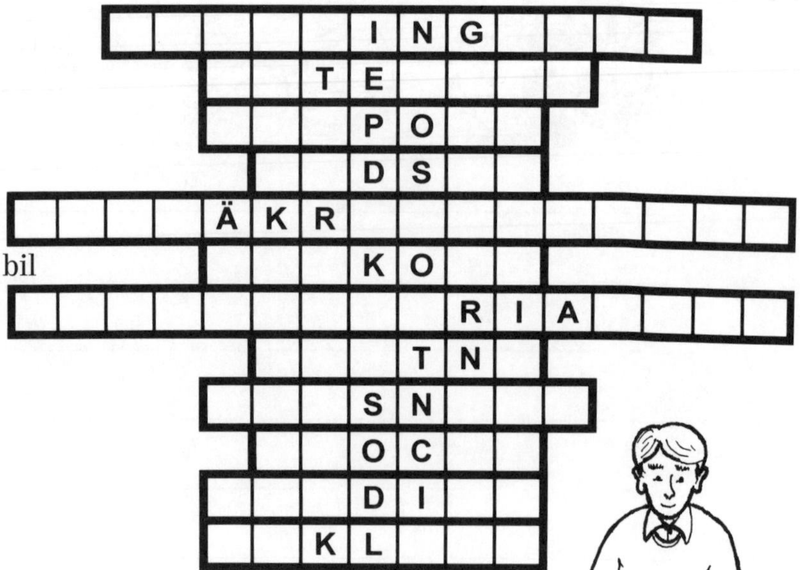

B2 Ändra verben till perfekt particip!

1.	trycka in	Rutorna är intryckta.
2.	krossa	Motorhuven är __________.
3.	spilla	Mjölken är __________.
4.	längta efter	Körkortet var __________.
5.	ställa upp	Varningstrianglarna är __________.
6.	krossa	Strålkastarna var __________.
7.	smutsa ner	Byxorna är __________.
8.	laga	Mopeden är __________.
9.	besiktiga	Bilarna är __________.
10.	köra på	Bilen är __________.
11.	bryta	Läkaren säger att armen är __________.
12.	sälja	Är Evas hus redan __________?
13.	varna	De blev __________.
14.	bebo	Är det här huset verkligen __________.
15.	kritisera	Radioprogrammet är mycket __________.

C2 Kombinera stödorden och bilda meningar som exemplet visar!

1. jacka	guld	Jackan är gjord av läder.
2. spis	porslin	______________
3. skjorta	järn	______________
4. bord	glas	______________
5. kasse	bomull	______________
6. kopp	stål	______________
7. ring	ull	______________
8. bildörr	papper	______________
9. fönsterruta	trä	______________
10. tröja	läder	______________

D2 Översätt!

1. Das Licht ist ausgemacht. ______________
2. Die Scheinwerfer sind zerschlagen. ______________
3. Das Auto ist repariert. ______________
4. Die Motorhaube war eingedrückt. ______________
5. Keiner war verletzt. ______________
6. Die Autos sind in Japan gekauft. ______________
7. Die Warndreiecke sind aufgestellt. ______________
8. Die Registriernummer ist notiert. ______________

E4 När Anders körde till jobbet i måndags råkade han krocka. Skriv en liten berättelse!

____

____

____

____

____

F5 I rutan här finns tio adjektiv. Ringa in dem, skriv utropssatser och ändra dessa sedan till konjunktiv!

W	S	N	K	O	P	L	M	B	G	F	D	Å	S
R	K	Z	H	Å	T	R	E	V	L	I	G	B	H
Ä	O	P	O	I	U	Z	T	R	G	N	K	U	L
K	J	L	M	U	H	T	F	C	S	Q	Å	Ä	S
Z	I	T	I	N	T	R	E	S	S	A	N	T	S
U	G	H	Ü	D	M	Ä	B	Å	N	W	B	E	A
Y	O	P	M	E	Z	B	G	F	Ä	D	E	R	K
L	M	Ö	B	R	A	D	V	F	L	E	S	F	L
J	Ü	Ä	Ö	B	M	J	Å	V	L	D	C	E	O
L	M	Å	B	A	C	V	Ä	N	L	I	G	B	K
D	T	G	U	R	O	K	Ü	Ö	M	Q	C	A	Ü

Vad trevligt!	Det vore trevligt!

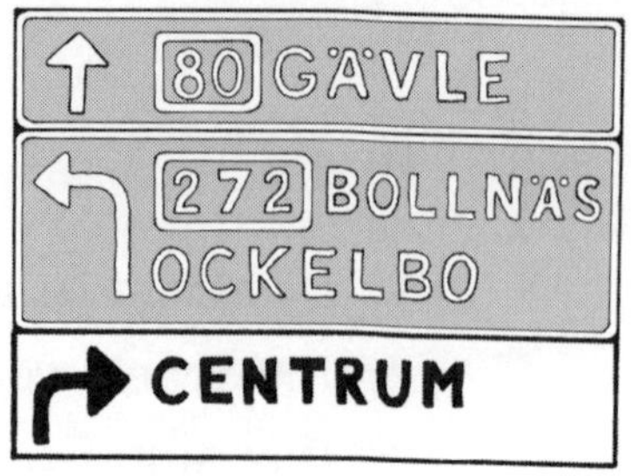

G5 Bilda nya meningar som exemplet visar!

1. Kalle kör rätt. Han känner till vägen.
   a) Om Kalle hade känt till vägen skulle han kört rätt.
   b) Kalle skulle kört rätt om han hade känt till vägen.
2. Signe vinner 20 000. Hon köper nya kläder.
   a) ______
   b) ______
3. Anders har råd. Han köper en sommarstuga.
   a) ______
   b) ______
4. Mannen kör försiktigt. Olyckan händer inte.
   a) ______
   b) ______
5. Charlott har tid. Hon skriver en roman.
   a) ______
   b) ______
6. Det är bra sikt i korsningen. Lars krockar inte.
   a) ______
   b) ______
7. Olle var förstående. Historien blir inte trasslig.
   a) ______
   b) ______

H7 Läs igenom artikeln om Annas körkort en gång till och svara på frågorna!

1. Varifrån kommer Anna? ______________________
2. Hur gammal är hon? ______________________
3. När får man börja övningsköra i Sverige? ______________________
4. Har Anna övningskört i trafikskola? ______________________
5. Hur många mil har Anna övningskört? ______________________
6. Vad kostade Annas körkort? ______________________
7. Vad menas med "godkändlapp" ______________________
8. Hur lång är prövotiden i Sverige? ______________________
9. Anna är rädd om sitt körkort. Vad anser hon?______________________

Länsförsäkringar

I7 Här följer ett utdrag ur broschyren *Bilförsäkring* som det svenska försäkringsbolaget *Länsförsäkringar* ger ut. Läs först igenom påståendena nedan och slå upp orden du inte förstår. Lyssna på CD:n och kryssa för om påståendena är rätt eller fel. Samtala sedan i gruppen. Vad vet ni nu om den svenska *trafikförsäkringen*?
⇨ lag [*Gesetz*]

	rätt	fel
1. Trafikförsäkringen ersätter personskador upp till 300 miljoner kr.	❑	❑
2. Enligt trafikskadelagen är trafikförsäkringen frivillig för bilägare.	❑	❑
3. Den som struntar i att betala premien krävs på en ännu högre avgift.	❑	❑
4. Alla som skadas i trafiken har enligt trafikskadelagen rätt till ersättning.	❑	❑
5. Den som drabbas får bara ersättning om han/hon inte haft skuld till olyckan.	❑	❑
6. Bara föraren har rätt till ersättning.	❑	❑
7. Både fotgängare och cyklister som skadas av bil får ersättning.	❑	❑
8. Trafikförsäkringen ersätter skador som du själv orsakar på din bil.	❑	❑
9. Om du krockar med en annan bil kan du få betalt från det fordonets försäkring om du bevisar att det var den andre förarens fel.	❑	❑
10. Du får då inte betalt för skador på saker som du transporterat i bilen.	❑	❑
11. Om det var ditt fel att olyckan inträffade får du ingen ersättning.	❑	❑
12. Försäkringen ersätter aldrig skador som bilen orsakar på annan egendom.	❑	❑
13. Är du yngre än 20 år gäller trafikförsäkringen med en självrisk på 1000 kr.	❑	❑

J8 Vad innebär vägmärkena du ser här nedan?

1. 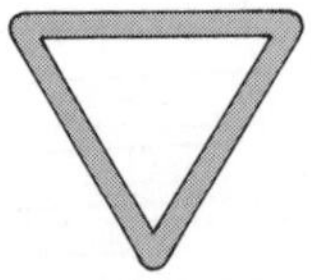

2. 

3. 

4. 

5. 

6. 

7. 

8. 

1. ______________________
2. ______________________
3. ______________________
4. ______________________
5. ______________________
6. ______________________
7. ______________________
8. ______________________

K Was sagen Sie in folgenden Alltagssituationen?

1. Sie finden etwas unnötig und sagen ...

____

2. Sie fragen, ob jemand verletzt ist.

____

3. Sie sagen, daß die Warndreiecke aufgestellt werden müssen.

____

4. Sie sind empört darüber wie Staffan Auto fährt. Was sagen Sie?

____

5. Sie beklagen sich über die schlechte Sicht an der Kreuzung.

____

6. Sie sagen Per, daß er den Abschleppwagen rufen soll.

____

7. Die Situation tut Ihnen leid. Was sagen Sie?

____

8. Sie sagen, daß Sie erst mit Ihrer Versicherung sprechen müßen.

____

A1 I rutan finns tolv substantiv ur dialogen "I stjärnornas tecken". Orden är gömda vågrätt och lodrätt och har minst tre bokstäver. Ringa in orden och skriv sedan pluralformen.

U E T B V F E D F L I C K R U M O P S
M K J N J I B H U V G Z C F T Å D R T
Ü L E N B P E R S O N Å E S F D K A J
T U J I R O G P W Ü A Ö S F D L I K Ä
M Y N X Å C E D F S G A H J U E L W R
Ü M O B U C N Y W C R B Z U I L L V N
Å F Ö D E L S E D A G S P R E S E N T
J U V I Å E K A Ö R O M A N G F R L E
I J B S G B A N D Q B Ü P O L M U G C
Ö M I C U S P W G R O N V O H Ü K Å K
F T Z O D Å S B E S K R I V N I N G E
Ö M U V I D J T G U S V E H L A E C N

B1 Gå igenom dialogen "I stjärnornas tecken" och skriv upp alla adjektiv du kan hitta. Bilda sedan komparativformen till dessa adjektiv!

1. pigg ____ piggare
2. ____ ____
3. ____ ____
4. ____ ____
5. ____ ____
6. ____ ____
7. ____ ____
8. ____ ____
9. ____ ____
10. ____ ____
11. ____ ____
12. ____ ____
13. ____ ____
14. ____ ____
15. ____ ____
16. ____ ____
17. ____ ____
18. ____ ____
19. ____ ____
20. ____ ____
21. ____ ____
22. ____ ____
23. ____ ____
24. ____ ____

C2 Beskriv mannen på bilden. Vilka karaktärsdrag kan passa på honom? Läs upp beskrivningarna för varandra och jämför!

D2

Per har skrivit en kontaktannons. Innan han skickar iväg den läser han den högt för sig själv. Lyssna på CD:n och svara på frågorna!

1. Varifrån kommer Per?

   ____

2. Hur gammal är han?

   ____

3. Vad ska kvinnan han söker ha för egenskaper?

   ____

4. Hur gammal ska kvinnan han söker vara?

   ____

5. Hur beskriver han sitt utseende?

   ____

6. Vad säger han om sig själv?

   ____

7. Vad har Per för egenskaper?

   ____

8. Vad har Per för intressen?

   ____

9. Vad har Per valt för signatur till sin annons?

   ____

E3

Bilda perfekt particip i obestämd och bestämd form!

	obestämd form	bestämd form
1. måla/tavla	en målad tavla	den målade tavlan
2. låna ut/böcker		
3. köpa/födelsedagspresent		
4. läsa ut/bok		
5. anpassa/personer		
6. omsvärma/präst		
7. stänga/dörrar		
8. stjäla/väska		
9. spela in/band (singular)		
10. släcka/lampor		
11. tycka om/person		
12. köra på/bil		
13. skala/lökar		
14. skriva/novell		

F4 Vad heter de olika sakerna? Skriv rätt nummer vid orden i rutan!

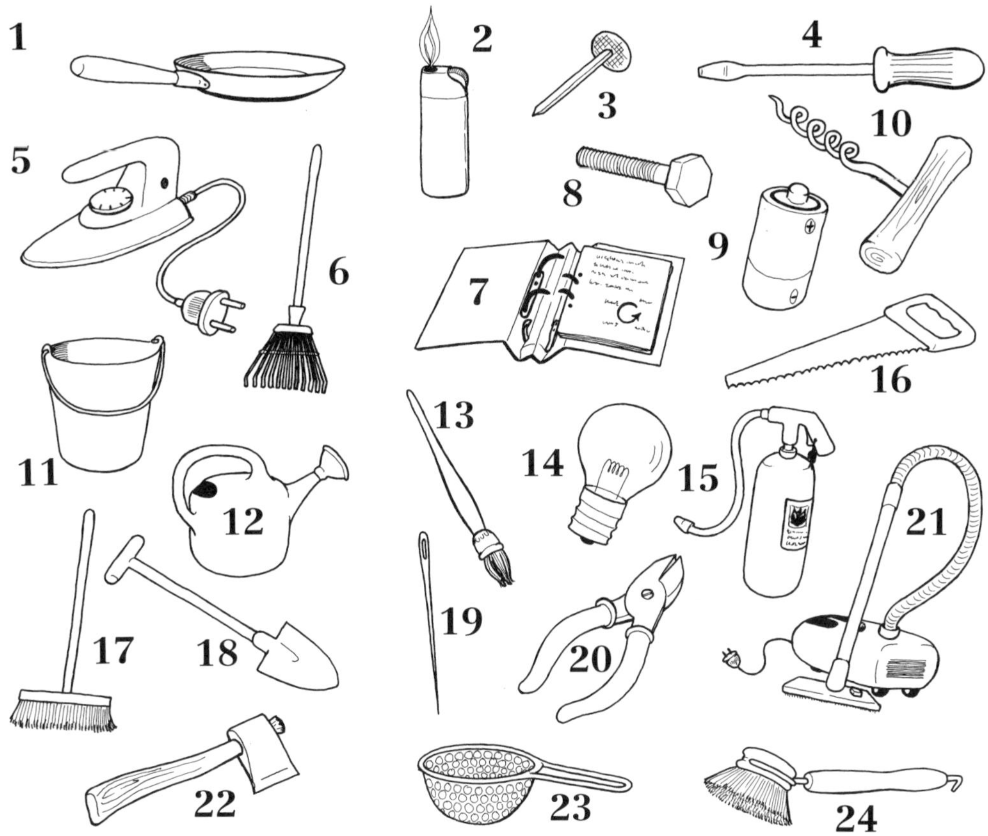

- ◯ en dammsugare
- ◯ en pärm
- ◯ ett strykjärn
- ◯ en såg
- ◯ en glödlampa
- ◯ en hink
- ◯ en stekpanna
- ◯ en skruv
- ◯ en sil
- ◯ ett batteri
- ◯ en diskborste
- ◯ en kratta
- ◯ en vattenkanna
- ◯ en yxa
- ◯ en korkskruv
- ◯ en skruvmejsel
- ◯ en tång
- ◯ en sopborste
- ◯ en eldsläckare
- ◯ en nål
- ◯ en spik
- ◯ en tändare
- ◯ en pensel
- ◯ en spade

G5 Fyll i orden som saknas i luckorna! Välj bland orden i rutan.

1. Staffan hade ________________ i sitt jobb som journalist.
2. Sara skriver romaner och är en ________________ berättare.
3. Sintram var en ________________ typ.
4. Lena har många ________________ i ansiktet.
5. Lilla Lotta var alltid snäll och ________________.
6. Under sin resa ________________ Nils och blir en bättre människa.
7. Ulla blev ________________ när hon hörde att Jan hade köpt ny bil.
8. Pojken hade blivit förvandlad. Var det en dröm eller ________________ tänkte han.
9. Nils var ________________ och orkade aldrig göra något.
10. Tack för att du köpte mjölk! Det var ________________ !
11. Inne i huset gick Totte alltid i ________________.
12. Det är ________________ att det är så varmt så här års?
13. - Du är så ________________! Titta, vad du har gjort! Vasen är sönder.
14. Egentligen går det inte men vi ska göra ett ________________ för den här gången.

lydig
mognar
skicklig
klumpig
strumpsockor
fräknar
undantag
märkvärdigt
förvånad
elak
inbillning
lat
omtänksamt
framgång

H7 Bilda meningar som exemplet visar!

1. Man/häkta (perfekt) Mannen har blivit häktad.
2. Kvinna/operera (preteritum) ______
3. Ungdomar/konfirmera (presens) ______
4. Stol/måla (preteritum) ______
5. Området/drabba (perfekt) ______
6. Jens/acceptera (presens) ______
7. Nils/förvandla (perfekt) ______
8. Möte/skjuta upp (preteritum) ______

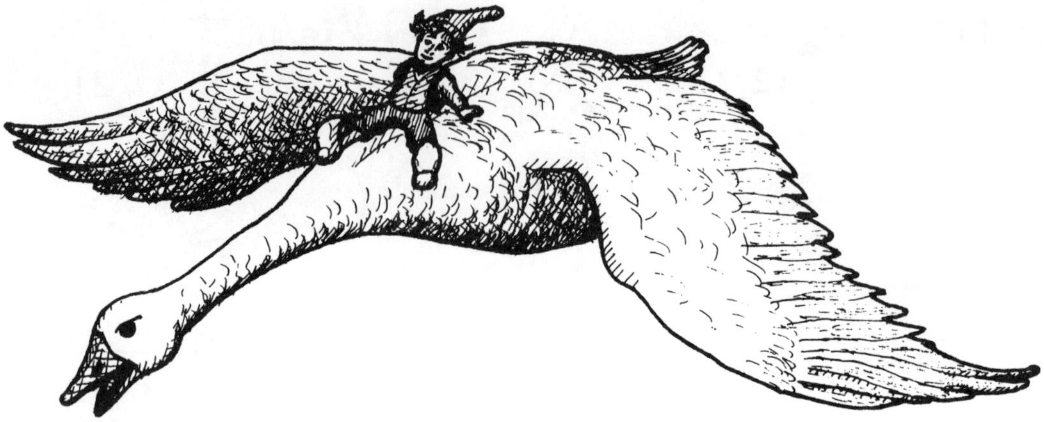

I7 Översätt!

1. Nils Holgersson ist in einen Zwerg verwandelt worden.
2. Kristina wurde zum Essen eingeladen.
3. Die Taschen wurden gestohlen.
4. Ich bin operiert worden und liege im Krankenhaus.
5. Das Theaterstück ist sehr geschätzt worden.
6. Lena wurde im Mai konfirmiert.
7. Der böse Sintram wurde sehr umschwärmt.
8. Das neugebaute Haus ist verkauft worden.
9. Die Autos wurden von der Polizei angehalten.

J8 Dra streck till rätt djur!

1. From som ett ...	get
2. Listig som en ...	björn
3. Flitig som en ...	oxe
4. Stark som en ...	räv
5. Lat som en ...	uggla
6. Dum som en ...	lamm
7. Tyst som en ...	myra
8. Envis som en ...	bi
9. Klok som en ...	åsna
10. Arg som ett ...	mus

K Was sagen Sie in folgenden Alltagssituationen?

1. Sie geben eine geliehene Sache zurück und bedanken sich.

 ____

2. Sie fragen Susann, in welchem Sternzeichen sie geboren ist.

 ____

3. Sie sagen, daß Sie Charlott nett und sympathisch finden.

 ____

4. Sie können nicht begreifen, warum Harald so sauer ist und sagen ...

 ____

5. Sie sagen, daß es genau stimmt.

 ____

6. Sie fragen, was über den Steinbock geschrieben steht.

 ____

7. Sie fragen, ob Sie das Buch leihen dürfen.

 ____

8. Sie finden, daß es interessant klingt und sagen ...

 ____

9. Sie sagen, daß Ulla es schwer hat, ihren Willen durchzusetzen.

 ____

10. Sie sagen, daß Sie das Buch bald durchgelesen haben.

 ____

A1 Vilka ord ur dialogen "På stationen" finns i resväskan? Skriv även ut artikeln och bilda pluralformen till varje ord!

	singular	plural
1.	______	______
2.	______	______
3.	______	______
4.	______	______
5.	______	______
6.	______	______
7.	______	______
8.	______	______
9.	______	______
10.	______	______

B1 Algot ska åka till Stockholm och stiger på tåget. Han går in i kupén och börjar samtala med tjejen som sitter vid fönstret. Följ pilarna och skriv en liten dialog!

A: Algot	**B: Britta**
Grüßt und fragt, ob der Platz frei ist. →	Antwortet ja.
Dankt und fragt, ob Britta auch nach Norrköping fährt. →	Verneint und sagt, daß sie nach Stockholm fährt. Fragt, ob Algot weiß, warum der Zug Verspätung hat.
← Glaubt, daß der Bahnhof in Växjö umgebaut wird. →	Ist erstaunt.
← Findet, daß es zieht und fragt, ob er das Fenster zu machen kann. →	Sagt selbstverständlich. Bietet Bonbon an.
← Algot lehnt dankend ab. Fragt Britta wann der Zug in Stockholm ist. →	Sagt, daß sie in den Fahrplan gucken muß. Gegen 22 Uhr.
← Dankt. Fragt ob der Zug einen Speisewagen hat. →	Bejaht.

A: ______________________
B: ______________________
A: ______________________
B: ______________________
A: ______________________
B: ______________________
A: ______________________
B: ______________________
A: ______________________
B: ______________________
A: ______________________
B: ______________________

C3 Bilda meningar som exemplet visar!

1. Vem har glömt resväskorna? (Ulla) Det är Ulla som har glömt resväskorna.
2. Vem köpte biljetterna? (Nisse) ______
3. Vem ringde? (Kalle) ______
4. Vilket tåg var försenat? (Stockholmståget) ______
5. Vem slängde tidtabellen? (Karin) ______
6. Vem brukar Heinz hälsa på? (Sten) ______
7. Från vilket spår avgår tåget? (spår 4) ______
8. Var måste Eva byta tåg? (Göteborg) ______

D4 Bilda meningar som exemplet visar!

1. Linus/äta fisk/aldrig Linus äter aldrig fisk.
2. Karin/dricka kaffe/alltid ______
3. Ulla/tycker om/laga mat/inte ______
4. Jöns/åka till Stockholm/antagligen ______
5. Gun/måste flytta/troligen ______
6. Anders/ vill spela tennis/inte ______
7. Katja/ska flyga till Mallorca/möjligtvis ______
8. Olof/vill gå på bio/absolut ______
9. Ingrid/skriva brev/ofta ______
10. Per/kan komma/nog ______

E4 Svea är en riktig "skvallertant" [*Klatschtante*]. Nedan kan du läsa några saker hon påstått om olika personer. Skriv vad Svea har sagt! Börja meningarna så här: Svea har sagt, att ...

1. Linda cyklar alltid till sin pojkvän på kvällarna.

______

2. Anna ska troligtvis opereras.

______

3. Erik får aldrig spela trumpet för sin mamma.

______

4. Britta städar åtminstone på tisdagarna.

______

5. Carina ska kanske åka till Kanarieöarna.

______

6. Pernilla och Jan kommer förmodligen att förlova sig.

______

F4 Översätt!

1. Paul hat auch in Kiruna ein Haus. ____________________
2. Eigentlich ist es schade, daß wir uns nicht öfter sehen. ____________________
3. Ich trinke ungern Alkohol. ____________________
4. Anscheinend will der Staat mehr Geld haben.
____
5. Das ist zweifelsohne richtig.
____
6. Es ist sicher gut, daß Lotta sich im Urlaub entspannt.
____
7. Das war wie gewöhnlich sehr nett.
____

G5 Vad heter nationalitetsuttrycken och vilket språk talas i respektive land?

		land	språk	kvinna	man
1.	S	Sverige	svenska	svenska	svensk
2.	D	______	______	______	______
3.	N	______	______	______	______
4.	F	______	______	______	______
5.	DK	______	______	______	______
6.	GB	______	______	______	______
7.	A	______	______	______	______
8.	GR	______	______	______	______
9.	E	______	______	______	______
10.	FIN	______	______	______	______
11.	I	______	______	______	______
12.	IS	______	______	______	______

H6 Kan du glosorna? Lös korsordet! Orden hittar du i texten "De första timmarna i Sverige".

Färjeterminalen i Limhamn

Vågrätt:
1. raten
2. Teller
3. weich
4. Hügel
5. Messer
6. Paßkontrolle
7. nichts
8. Wurst
9. hoch
10. Kartoffel
11. geborgen
12. anders
13. endlich
14. selbst
15. Dorf
16. ferngesteuert
17. Sprache
18. pfiffig
19. Gabel

Lodrätt:
20. Kartoffelpüree
21. schmutzig
22. trocknen
23. komisch
24. Tankstelle
25. Farbe
26. Geruch
27. Münze
28. Gefühle
29. Menschen
30. Meer
31. Pappbecher

I7 En gång om året brukar Marita vandra i fjällen. Lyssna på CD:n och fyll i luckorna så kan du läsa om en stor upplevelse Marita hade på en av sina fjällturer.

Marita Thiel bor i Lübeck och har läst svenska i 10 år. Hon är en van fjällvandrare och tänker fortsätta både med att läsa svenska och vandra i fjällen.

Lappland i september

Det var i början av september i Lappland. Jag ________(1) vid högfjällsdalens mynning. Jag tänkte ________(2) den dagen därpå och läste ________(3) minst för tionde gången. Författaren skrev att det alltid finns en risk att halka och glida iväg vid ________(4). Man måste vara skärpt. Jag var faktiskt ________(5). Jag, som tycker det är konstigt att folk som dagligen riskerar ________(6) på tyska motorvägar anser att en fjälltur är ________(7). Men regn är normalt här uppe i Lappland. Och är man ensam måste man vara ännu mer ________(8).

Innan jag la mig läste jag dessutom ett kapitel ur en bok som jag lånat av min _________(9): "Upptäckten av långsamheten" av Sten Nadolny.

Nästa dag regnade det inte, annars hade jag _________(10) inte vågat gå. Men nu gick det ganska bra. Det var inget _________(11) att vada över en tvärbäck, för så här års brukar bäckarna ha lågvatten.

Så småningom blev det brantare. Trots att jag bara hade _________(12) kilo packning kvar, _________(13) jag sakta som vanligt. Jag steg betänksamt över mer eller _________(14) vacklande stenar och stenblock och satte mig ofta _________(15) för att titta på den fantastiska utsikten med _________(16) och snöfält, ta ett foto eller dricka lite _________(17).

Jag var inte alls rädd nu och _________(18) när jag skulle komma till det farliga _________(19). Men var fanns egentligen faran som den erfarne _________(20) skrev om?

Jag fortsatte att vandra _________(21) och försiktigt och funderade. Plötsligt kom jag att tänka på en _________(22): Javisst, för den som vill gå fort och _________(23) på är det jättefarligt. Men för mig som gick så långsamt ... . Då blev jag så _________(24) som aldrig förr. Jag hade _________(25) långsamheten! I nästan 40 år hade jag skämts för det och betraktat det som ett _________(26). Men nu visste jag att det fanns ett _________(27) där långsamheten kunde _________(28) liv.

Marita Thiel

Simrishamn

J Was sagen Sie in folgenden Alltagssituationen?

1. Sie möchten eine einfache Fahrt nach Simrishamn lösen.

   ____

2. Sie fragen, ob es Rabatt gibt.

   ____

3. Sie fragen, wie lange Sie in Stockholm Aufenthalt haben.

   ____

4. Sie steigen in den Bus ein und möchten wissen, ob der Platz frei ist.

   ____

5. Sie hätten gerne eine Fahrkarte nach Jönköping, hin und zurück, zweiter Klasse, Nichtraucher.

   ____

6. Sie fragen, von welchem Gleis der Zug abfährt.

   ____

7. Sie wünschen Lilian eine gute Reise.

   ____

8. Sie möchten wissen, ob Sie umsteigen müssen.

   ____

9. Sie möchten wissen, wann der Zug in Stockholm ankommt.

   ____

10. Sie bekommen Ihren Koffer nicht auf das Gepäckfach (bagagehylla) und bitten um Hilfe.

    ____

AVSNITT 1

1 Hej!

Hej!/Hejsan!	Hallo!
Goddag!	GutenTag!
Hej då!	Tschüß!
Adjö!	Auf Wiedersehen!
God morgon!	Guten Morgen!
God natt!	Gute Nacht!

2 Jag heter ...

jag heter	ich heiße

3 Ett samtal i Malmö

ett samtal	ein Gespräch
i	in
en pojke	ein Junge
en man	ein Mann
Vad ... ?	Wie ... ?
du	du
och	und
du heter	du heißt
jaså	ach so
ja	ja
kommer du	kommst du
från	von
varifrån	von wo
jag är	ich bin
också	auch
vi	wir
Vi fiskar.	Wir fischen.

6 Det här är Lotta

det	das/es
här	hier
Åh!	Oh!
vad söt	wie süß
är	ist
en flicka	ein Mädchen
nej	nein
han	er
ni	ihr
två	zwei

AVSNITT 2

1a På flygplatsen

på	auf
flygplats -en	Flughafen
tjänsteman -nen	Angestellter
Förlåt?	Wie bitte?
hur	wie
var	war
efternamn -et	Nachname
förnamn -et	Vorname
tack	danke
varsågod	bitte
boardingkort -et	Bordkarte
utgång -en	Ausgang
12 (tolv)	zwölf

6a På turistbyrån i Laholm

turistbyrå -n	Fremdenverkehrsbüro
receptionist -en	Empfangsdame
Finns det...?	Gibt es...?
campingplats -en	Campingplatz
i närheten	in der Nähe
vi har	wir haben
men	aber
bra	gut
restaurang -en	Restaurant
där	dort
nej	nein
tyvärr	leider
jag rekommenderar	ich empfehle
fisk -en	Fisch
strand -en	Strand
jaha	ach so
det låter	es klingt
kart/a -an	Karte
över	über
bukt -en	Bucht
javisst	selbstverständlich
broschyr -en	Broschüre
långt	weit
till	nach, zu
stad -en	Stadt
mil (10 kilometer)	Meile
kilomet/er -ern	Kilometer
inte	nicht
med	mit
bil -en	Auto
vi tågluffar	wir fahren mit Interrailkarte
genom	durch
det går	es geht
buss -en	Bus
linje	Linie
Var ... ?	Wo ... ?
busshållplats -en	Bushaltestelle
vid	an, am
för	für
information -en	Information
Trevlig semester!	Schönen Urlaub!
trevlig	nett, schön
semest/er -ern	Urlaub

OBS!

Beachten Sie bitte:

1. Oft wird im Schwedischen die Vergangenheitsform benutzt, obwohl die Gegenwart gemeint ist z.B. **Hur var namnet?** [*Wie ist Ihr Name, bitte?*] **Det var bra!** [*Das ist gut!*]
2. Das schwedische **förlåt** hat zwei Bedeutungen: a) **Förlåt?** *Wie bitte?* b) **Förlåt!** *Entschuldigung!*
3. **semester** *Urlaub*
   termin *Semester (bei der Volkshochschule oder Universität)*
   tid *Termin (beim Arzt)*
4. **finns** Das Wort **finns** gehört zu den Deponentien (passives Wort mit aktiver Bedeutung). Es wird in Abschnitt 22 weiter behandelt.

AVSNITT 3

1a Ett telefonsamtal

telefonsamtal -et	Telefongespräch
telefon -en	Telefon
vara, är	sein
på	auf
konferens -en	Konferenz
köp/a -er	kaufen
telefonkort -et	Telefonkarte
ring/a -er	anrufen
affärsvän -nen	Geschäftsfreund
telefonkiosk -en	Telefonhäuschen
först	zuerst
titt/a -ar	schauen
telefonkatalog -en	Telefonbuch
telefonnum/mer -ret	Telefonnummer
adress -en	Adressse
gat/a -an	Straße
slå -r	wählen
num/mer -ret	Nummer
fru -n	Ehefrau
svar/a -ar	antworten
träff/as -as	hier: antreffbar sein
ögonblick -et	Augenblick
Vem ... ?	Wer ... ?
veta, vet	wissen
någon	jemand
Tyskland	Deutschland
Hallå!	Hallo!
Det var längesedan.	Das ist lange her.
Hur mår du?	Wie geht es dir?
må -r	sich fühlen
Hur står det till?	ungefähr: Wie geht's?
stå -r	stehen
själv	selbst
bara	nur
Vad trevligt!	Wie nett!
lust -en	Lust
att	zu
komm/a -er	zu kommen
kopp -en	Tasse
kaffe	Kaffee
gärna	gerne
bo -r	wohnen
egentligen	eigentlich
ligg/a -er	liegen
av	von
stor	groß
torg -et	Marktplatz
Jaha!	Ach so!
lätt	einfach
hitt/a -ar	finden
fint	fein, gut
då	dann
om en stund	bald
välkommen	willkommen
länge	lange

6a Sanna berättar

berätt/a -ar	erzählen
år -et	Jahr
gammal	alt
arbet/a -ar	arbeiten
institut -et	Institut
gift	verheiratet
med	mit
konst -en	Kunst
musik -en	Musik
teat/er -ern	Theater
son -en	Sohn
dotter -n	Tochter
gå -r i skolan	zur Schule gehen
gå -r	gehen
skol/a -an	Schule
dagis -et	Tagesstätte
varje	jeden
dag -en	Tag
katt -en	Katze
trerumslägenhet -en	Dreizimmerwohnung
lägenhet -en	Wohnung
centrum -et	Zentrum
daghem -met	Tagesstätte
sommarstug/a -an	Sommerhaus
land -et	Land
åk/a -er	fahren
stug/a -an	Häuschen, Ferienhaus

OBS!

Beachten Sie bitte:
1. Das Wort **dagis** ist die Abkürzung von **daghem**.

2. Das Wort **träffas** gehört zu den Deponentien (passives Wort mit aktiver Bedeutung). Es wird in Abschnitt 22 weiter behandelt. Die Form **Träffas Jan?** ist eine der vielen Wendungen im Schwedischen, die unpersönlich wirken, aber als direkte Anrede gemeint sind.

3. **stund** *Weile*
   timme *Stunde*

AVSNITT 4

1 På banken

bank -en	Bank
familj -en	Familie
måste	müssen
växl/a -ar	wechseln
pengar (Plural)	Geld
gå -r in på banken	in die Bank hineingehen
Jag skulle vilja ...	Ich möchte ...
vilja, vill	wollen
växelkurs -en	Wechselkurs
få -r	bekommen
kron/a -an	Krone
så	so
det blir ...	das macht ...
svenska kronor	schwedische Kronen
stämm/a -er	stimmen
ta -r	nehmen
expeditionsavgift -en	Verwaltungsgebühr
förstå -r	verstehen
mycket	viel, sehr

3 Vid kiosken

kiosk -en	Kiosk
expedit -en	Verkäufer(in)
ha -r	haben
vykort -et	Postkarte
Var det bra så?	Ist das alles?
kost/a -ar	kosten
äpple -t	Apfel
OK (Okej)	OK
varsågod	bitte
Det blir...	Das macht ...
tillsammans	zusammen
kunna, kan	können
femtiolapp -en	Fünfzigkronenschein

7a På konditoriet

konditori -et	Café
stan (staden)	die Stadt
shopp/a -ar	bummeln gehen
vara kaffesugen	Kaffeedurst haben
lite	ein wenig
vara hungrig	Hunger haben
in (på)	hinein
för att	um zu
fik/a -ar	Kaffee trinken
självservering -en	Selbstbedienung
välj/a -er	hier: aussuchen
disk -en	hier: Tresen
med detsamma	gleich, sofort
göra, gör	machen
bjud/a -er	einladen
Nejmen oj!	Oh! Ach!
bakelse -n	Gebäck
grädde -n	Sahne
marsipan -en	Marzipan
då	hier: denn
ostsmörgås -en	Käsebrot
sedan	dann, danach
kanelbull/e -en	Zimtschnecke
eller	oder
ta -r	nehmen
hellre	lieber
wienerbröd -et	Kopenhagener
Något annat?	Noch etwas?
te -(e)t	Tee
påtår -en	eine zweite Tasse
tillbaka	zurück
skola, ska	sollen, wollen
sitt/a -er	sitzen
ute	draußen

OBS!

Beachten Sie bitte:
1. Das deutsche *bitte* im Schwedischen:

Varsågod!	*Bitte!*	**Kan jag ... , tack!**	*Kann ich bitte ... !*
Ja, tack!	*Ja, bitte!*	**För all del!**	*Bitte, bitte!*
Förlåt?	*Wie bitte?*		

2. Das Wort **då** bedeutet *dann* und wird auch als schwach betontes Füllwort gebraucht. Beispiel: **Hej då! Vad nu då? Och du då?**

3. Das Wort **sedan** wird meistens [sänn] ausgesprochen. Heutzutage schreibt man auch oft die Form **sen**.

4. **ett glas** Glas
   en glass Eis

5. Zahlen werden manchmal auch als Substantiv benutzt, z.B. **en femma** [*eine Fünfkronenmünze*], **en tvåa** [*eine Zweizimmerwohnung*], **en fyra** [*eine Vier auf dem Würfel*], **sjuan** [*der Bus mit der Nummer 7*].

AVSNITT 5

1a Kristianstad - en stad i Sverige

renässans -en	Renaissance
stad -en	Stadt
som	hier: der/die/das
fästning -en	Festung
grundare -n	Gründer
IV (den fjärde)	der Vierte
cirka	zirka
invånare -n	Einwohner
Stora Torg	Großer Marktplatz
Lilla Torg	Kleiner Marktplatz
kyrk/a -an	Kirche
rådhus -et	Rathaus
post -en	Post
muse/um -et	Museum
länsmuseum	Landesmuseum
framför	vor
stå -r	stehen
en annan	eine andere
skulptur -en	Skulptur
hörn -et	Ecke
bl.a. (bland annat)	unter anderem
apotek -et	Apotheke
skoaffär -en	Schuhgeschäft
bredvid	neben
klädbutik -en	Kleidergeschäft
mitt på	mitten auf
klockspel -et	Glockenspiel
frukt -en	Obst
grönsaker	Gemüse
gågat/a -an	Fußgängerzone
enda	der/die/das einzige
film -en	Film
mellan	zwischen
bokhand/el -eln	Buchladen
resebyrå -n	Reisebüro
bio -n	Kino
fotoaffär -en	Fotoladen
(järnvägs)station -en	Bahnhof
mittemot	gegenüber
simhall -en	Schwimmhalle
varuhus -et	Kaufhaus
till höger/vänster om	rechts/links von
busstorg -et	ZOB
gatukök -et	Imbißbude
kök -et	Küche
sjukhus -et	Krankenhaus
utanför	außerhalb
teat/er -ern	Theater
park -en	Park
säkert	sicher/ sicherlich

4 Att hitta rätt

Ursäkta mig ...	Verzeihung ...
till höger	(nach) rechts
till vänster	(nach) links
dit	dorthin
se -r	sehen
rakt fram	geradeaus
sedan	dann, danach
sid/a -an	Seite
förlåt	Verzeihung
undr/a -ar	wissen mögen, sich fragen
kör/a, kör	fahren
parkeringsplats -en	Parkplatz
korsning -en	Kreuzung
sväng/a -er	abbiegen
bit -en	Stück
förbi	vorbei
trafikljus -et	Ampel
tro -r	glauben
hjälp -en	Hilfe
mycket	viel, sehr
Ingen orsak!	Keine Ursache!

OBS!

Beachten Sie bitte:

1. **köra** *fahren (wenn man selber fährt)*
   åka *fahren (wenn man mitfährt)*

2. Typisch schwedische Straßennamen außer **-gatan** (*Straße*) und **-vägen** (*Weg*) sind **-gränd** (*Gasse*), **-backen** (*Hügel*) und **-stigen** (*schmaler Weg*).

AVSNITT 6

1a Smalspåret

smalspår -et	Schmalspur
konduktör -en	Schaffner
smalspårig	schmalspurig
gå -r	gehen
järnväg -en	Eisenbahn
nå -r	erreichen
fiske -t	Angelmöglichkeit
kanot -en	Kanu
glasbruk -et	Glasbläserei
utflykt -en	Ausflug
När/hur dags?	Wann?
framme	ankommen, da sein
tidtabell -en	Fahrplan
tåg -et	Zug
Vad är klockan?	Wie spät ist es?
klock/a -an	Uhr
nu	jetzt
min	meine
efter	nach
i	hier: vor
Oj då!	Nanu!
batteri -et	Batterie
slut	leer
antagligen	wahrscheinlich
fråg/a -ar	fragen
faktiskt	in der Tat
där borta	da hinten
Brittatorp nästa!	Nächste Haltestelle ist Brittatorp!
Hur mycket är klockan?	Wie spät ist es?
strax	gleich
utmärkt	ausgezeichnet
snart	bald

3b En vanlig onsdag

vanlig	gewöhnlich
onsdag -en	Mittwoch
by -n	Dorf
se -r ut	aussehen
vakn/a -ar	aufwachen
nästan	fast
alltid	immer
trött	müde
väckarklock/a -an	Wecker
ring/a -er	hier: klingeln
stig/a -er upp	aufstehen
tvätt/a -ar sig	sich waschen
kamm/a -ar sig	sich kämmen
klä -r på sig	sich anziehen
ät/a -er	essen
frukost -en	Frühstück
Jag har en halvtimme på mig.	Ich habe eine halbe Stunde Zeit.
drick/a -er	trinken
flingor	Flocken
marmelad -en	Marmelade
honung -en	Honig
skynd/a -ar sig	sich beeilen
omkring	ungefähr
börj/a -ar	anfangen
elever	Schüler
ungefär	ungefähr
prat/a -ar	sprechen
från ... till	von ... bis
alltså	also
förmiddag -en	Vormittag
matte	Mathe
historia	Geschichte
just nu	im Moment
lära, lär sig	lernen
om	über
lunchrast -en	Mittagspause
varm	warm
lunch -en	Mahlzeit ca. 12 Uhr
eftermiddag -en	Nachmittag
lektioner	Unterrichtsstunden
slut/a -ar	aufhören
hem	nach Hause
hemma	zu Hause
ta -r en promenad	einen Spaziergang machen
promenad -en	Spaziergang
läxor	Hausaufgaben
kväll -en	Abend
läs/a -er	lesen
tidning -en	Zeitung
TV (teve -n)	TV
lyssn/a -ar på	zuhören
gå -r och lägg/a -er sig	zu Bett gehen

OBS!

Beachten Sie bitte:

1. **timme** *Stunde*
   stund *Weile*

2. Andere Zeitausdrücke sind: **sekund -en, minut -en, timme -n, dygn -et** (24 Stunden)

3. **Dags** kommt von **dag** und wird mit kurzem *a* gesprochen. Zusammensetzungen mit **dags** sind, z.B. **sängdags**, **läggdags** [*Schlafenszeit*], **matdags** [*Essenszeit*].

4. Das Wort **historia** hat vier Bedeutungen:
   a) **histori/a -an -en** [*Geschichte*], z.B. **Sveriges historia** [d*ie Geschichte Schwedens*]
   b) **histori/a -an -er** [*Geschichte, Erzählung*], z.B. **Berätta en spökhistoria!** [*Erzähle mal eine Gruselgeschichte!*]
   c) **en rolig historia** [*Witz*], z.B. **Har du hört den här roliga historian?** [*Hast du diesen Witz schon gehört?*]
   d) **histori/a -an** [*Sache, Geschichte*], z.B. **Det var en tråkig historia.** [*Das war eine traurige Geschichte/Angelegenheit.*]

AVSNITT 7

1a Att ta in på hotell

ta -r in på	einkehren
handelsresande -n	Vertreter
Vad kan jag stå till tjänst med?	Womit kann ich dienen?
enkelrum -met	Einzelzimmer
dusch -en	Dusche
nätter	Nächte
rum -met	Zimmer
ledigt	frei
utsikt -en	Aussicht
inklusive	inklusive
nödvändigt	notwendig
på alla rum	auf allen Zimmern
fyll/a -er i	ausfüllen
anmälningsblankett -en	Anmeldeformular
legitimation -en	Ausweis
inget	kein
problem -et	Problem
gäll/a -er	gelten
t.ex. (till exempel)	zum Beispiel
körkort -et	Führerschein
intressant	interessant
något garage	eine Garage
garage -t	Garage
parker/a -ar	parken
parkeringshus -et	Parkhaus
om hörnet	um die Ecke
per	pro
nyck/el -eln	Schlüssel
beställ/a -er	bestellen
taxi -n	Taxi

3 Att anmärka på något

anmärk/a -er på något	etwas beanstanden
fönst/er -ret	Fenster
öppn/a -ar	öffnen
obegripligt	unbegreiflich
askkopp -en	Aschenbecher
den/det där	dieser/dieses/diese (dort)
radio -n	Radio
funger/a -ar	funktionieren
den/det här	dieser/dieses/diese (hier)
badrum -met	Badezimmer
tvål -en	Seife
handduk -en	Handtuch
nästa	nächster/es/e
tält/a -ar	zelten
sak -en	Sache
Den saken är klar.	Das ist ja wohl klar.

6 Att ringa efter en taxi

taxicentral -en	Taxizentrale
vart	wohin

OBS!

Beachten Sie bitte:
Hotell ist die schwedische Schreibweise für *Hotel*. Bei Hotels mit internationalem Charakter wird Hotel auf englisch oder französisch geschrieben.

AVSNITT 8

1 I snabbköpet

snabbköp -et -	Supermarkt
kö -n -er	Schlange
idag	heute
banan -en -er	Banane
vänt/a -ar	warten
timm/e -en -ar	Stunde
kass/a -an -or	Kasse
öppet	geöffnet
Det är inte klokt!	Das ist verrückt!
hinn/a -er	schaffen

3a Eva handlar mat

handl/a -ar	einkaufen
mat -en	Essen
liten	klein
butik -en -er	Laden
ganska	ziemlich
affär -en -er	Laden, Geschäft
häls/a -ar på	begrüßen
jobb/a -ar	arbeiten
jo	ja, doch
mål/a -ar	malen
trädgårdsmöb/el -eln -ler	Gartenmöbel
det behövs	das ist nötig
ibland	manchmal
burk -en -ar	Dose
ansjovis -en -ar	Anschovis
Janssons frestelse	Janssons Versuchung
gott	lecker
Något annat?	Noch etwas anderes?
köttfärs -en	Hackfleisch
kilo -t -n	Kilo
hekto -t -n	100 Gramm
sallad -en -er	Salat
färsk	frisch
jättefin	sehr gut
salladshuvud -et -	Salatkopf
tomat -en -er	Tomate
gurk/a -an -or	Gurke
behöv/a -er	brauchen
mjöl -et	Mehl
extrapris -et -er	Angebot
Varför?	Warum?
bak/a -ar	backen
ikväll	heute abend
dessutom	außerdem
köttbull/e -en -ar	Fleischklößchen
back -en -ar	Kiste
lättöl -et	Leichtbier
liter -n	Liter
mjölk -en	Milch
flask/a -an -or	Flasche
äppelsaft -en -er	Apfelsaft
paket -et -	Paket
smör -et	Butter
limp/a -an -or	ein Laib Brot
pås/e -en -ar	Tüte
potatis -en -ar	Kartoffeln
tub -en -er	Tube
majonnäs -en	Mayonnaise
ananasring -en -ar	Ananasring
några	einige
lök -en -ar	Zwiebel
apelsin -en -er	Apfelsine
bit -en -ar	Stück
ost -en -ar	Käse
tändsticksask -en -ar	Streichholzschachtel
rull/e -en -ar	Rolle
toalettpapp/er -ret -	Toilettenpapier
pack/a -ar	packen
kass/e -en -ar	Tragetasche
betal/a -ar	bezahlen
tack/a -ar	danken
bära, bär	tragen
allting	alles

4b Några livsmedel

1. mjölk -en	Milch
2. filmjölk -en	Schwedenmilch
3. grädde -n	Sahne
4. ost -en -ar	Käse
5. flingor	Frühstücksflocken
6. ärt/a -an -or	Erbse
7. ris -et	Reis
8. marmelad -en -er	Marmelade
9. kaffe -t	Kaffee
10. honung -en	Honig
11. spagetti -n	Spaghetti
12. mjöl -et	Mehl
13. sock/er -ret	Zucker
14. matolj/a -an -or	Speiseöl
15. ansjovis -en -ar	Anschovis
16. läsk -en	Brause
17. lättöl -et -	Leichtbier
18. lök -en -ar	Zwiebel
19. tomat -en -er	Tomate
20. gurk/a -an -or	Gurke
21. salladshuvud -et -	Salatkopf
22. vitlök -en -ar	Knoblauch
23. bön/a -an -or	Bohne
24. svamp -en -ar	Pilz
25. morot -en, morötter	Mohrrübe
26. potatis -en -ar	Kartoffel
27. ägg -et -	Ei
28. citron -en -er	Zitrone
29. äpple -t -n	Apfel
30. apelsin -en -er	Apfelsine

31. banan -en -er	Banane	(dl) deciliter -n	Deziliter
32. jordgubb/e -en -ar	Erdbeere	matsked -en -ar	Eßlöffel
33. blåbär -et -	Heidelbeere	ugnstemperatur -en -er	Ofentemperatur
34. fisk -en -ar	Fisch	grad -en -er	Grad
35. kräft/a -an -or	Krebs	skal/a -ar	schälen
36. räk/a -an -or	Krabbe	skära, skär	schneiden
37. prinskorv -en -ar	Coktailwürstchen	striml/a -an -or	Streifen
38. falukorv -en -ar	Fleischwurst	stek/a -er	braten
39. skink/a -an -or	Schinken	hastigt	hier: kurz
40. köttfärs -en	Hackfleisch	smörj/a -er	fetten
41. Kalles kaviar	(Fischrogenaufstrich)	form -en -ar	Form
42. smör -et	Butter	varv/a -ar	schichten
43. knäckebröd -et -	Knäckebrot	häll/a -er	gießen
44. bröd -et -	Brot	hälft -en -er	Hälfte
limp/a -an -or	Laib	klick -en -ar	Klacks
45. kak/a -an -or	Kuchen	margarin -et -er	Margarine
46. kex -et -	Keks	låt/a -er	hier: lassen
47. tårt/a -an -or	Torte	stå -r	stehen
		rest -en -er	Rest
6 Recept på Janssons frestelse		ugn -en -ar	Ofen
recept -et -	Rezept	15 min. till	noch mal 15 Min.
portion -en -er	Portion	server/a -ar	servieren
ingrediens -en -er	Zutat	Lycka till!	Viel Erfolg!
filé -n -er	Filet	Smaklig måltid!	Guten Appetit!
gula	gelb (hier: Plural)		

OBS!

Beachten Sie bitte:

1. **kö** wird mit hartem k ausgesprochen.

2. **färsk** *frisch*
   frisk *gesund, frisch (bei Windangaben)*
   fräsch *frisch, sauber*

3. **kött** *Fleisch*
   fläsk *Schweinefleisch, Speck*

4. **öl** *Bier*
   olja *Öl*

5. Die Verbindung mit dem Wort **jätte** [*Riese*] dient als Verstärkung, z.B. **jättefin, jättetrevlig, jättebra, jättegott**, usw.

AVSNITT 9

1a Ett restaurangbesök

besök -et -	Besuch	hamn -en -ar	Hafen
servitör -en -er	Kellner	bord -et -	Tisch
segelbåt -en -ar	Segelboot	se -r ut	aussehen
upplev/a -er	erleben	väl	wohl, doch
medeltid -en	Mittelalter	ute	draußen
äkta	echt	kanske	vielleicht
tornerspel -et -	Turnierspiel	gnäll/a -er	nörgeln
bestämm/a -er sig	sich entscheiden	snäll	lieb
alldeles	hier: direkt	beställ/a -er	bestellen
ovanför	oberhalb	Varsågoda!	Bitte! (hier: Plural)
		matsed/el -eln -lar	Speisekarte

någonting	etwas	gott	lecker
hälleflundrafilé -n -er	Heilbuttfilet	stek -en -ar	Steak
barnmeny -n -er	Kinderteller	mör	zart
potatismos -et	Kartoffelpüree	seg	zäh
räksallad -en -er	Krabbensalat	ork/a -ar	schaffen
förrätt -en -er	Vorspeise	mer	mehr
huvudrätt -en -er	Hauptgericht	inte heller	auch nicht
gödkalv och hummer	Mastkalb und Hummer	proppmätt	voll (satt)
svårt	schwierig	ät/a -er upp	aufessen
tyck/a -er om	mögen	Det blir glass.	Es gibt Eis.
sopp/a -an -or	Suppe	nöjd	zufrieden
sås -en -er	Sauce	färdiga	fertig (hier: Plural.)
kokt	gekocht	Får jag be om notan!	Darf ich zahlen, bitte!
glas -et -	Glas	be -r om	um etwas bitten
Smaklig måltid!	Guten Appetit!	not/a -an -or	Rechnung (im Restaurant)
smak/a -ar	schmecken	Tack för maten!	Vielen Dank für das Essen!

OBS!

Beachten Sie bitte:

1. **Ja tack!** *Ja bitte!*
   Nej tack! *Nein danke!*

2. **snäll** *lieb, nett*
   snabb *schnell*
   Ausnahme: **snälltåg** bedeutet *Schnellzug*

3. Bei der Bestellung von Bier sagt man **En öl, tack!** obwohl der Artikel von **öl** eigentlich **ett** ist.

4. Mit der Wendung **en bit mat** meint man (*ein Happen*) *Essen*. Man drückt damit Bescheidenheit aus.

Avsnitt 10

1 På posten		tid -en -er	Zeit
skick/a -ar	schicken	fort	schnell
vykort -et -	Postkarte	redan	schon
brev -et -	Brief	myndig	volljährig
frimärke -t -n	Briefmarke	cykl/a -ar	radeln
den sjuttonde	der siebzehnte	omkring	umher
den fjortonde	der vierzehnte	cyk/el -eln -lar	Fahrrad
tur -en	hier: Glück	girer/a -ar	überweisen
i tid	rechtzeitig	hopp/as -as	hoffen
brevlåd/a -an -or	Briefkasten	spel -et -	Spiel
		foto -t -n	Foto
4a Ett födelsedagsbrev		som	hier: wie
födelsedag -en -ar	Geburtstag	häls/a -ar på	besuchen
fyll/a -er år	Geburtstag haben	ork/a -ar	schaffen
mormor	Großmutter (Mutters Mutter)	res/a -er	reisen
present -en -er	Geschenk	längre	länger
honom	ihn/ihm	som vanligt	wie immer
skriv/a -er	schreiben	midsommar	Mittsommer
Kära ...	Liebe/Lieber...	roligt	lustig
Grattis på födelsedagen!	Herzlichen Glückwunsch	vara, är fel på	kaputt sein
	zum Geburtstag!	reparer/a -ar	reparieren

skugg/a -an -or	Schatten
sjö -n -ar	See
bad/a -ar	baden
hos	bei
följ/a -er med	mitkommen
kalas -et -	Feier
Hälsa så gott.	Grüß ganz lieb.
ge -r	geben
kram -en -ar	Umarmung

5 **Ja, må han leva! - en svensk fördelsedagsvisa**

svensk	schwedisch
vis/a -an -or	Lied
må	möge
lev/a -er	leben
uti hundrade år	hundert Jahre lang
ska	soll

8a **Midsommar i Sverige**

högtid -en -er	Feier
sommar -en, somrar	Sommer
infall/a -er på	fallen auf
helg -en -er	Wochenende
runt	um, herum
afton -en, aftnar	Abend
särskilt	besonders
rik	reich
tradition -en -er	Tradition
fest -en -er	Fest
stång -en, stänger	Stange
int/a -ar	einnehmen
central	zentral
sol -en -ar	Sonne
fruktbarhet -en	Fruchtbarkeit
symbol -en -er	Symbol
samlas man	man sammelt sich
idrottsplats -en -er	Sportplatz
bekant -en -a	Bekannte/r
ordn/a -ar	organisieren
gemensamt	gemeinsam
klä -r	hier: schmücken
löv -et -	Laub
blomm/a -an -or	Blume
res/a -er	hier: aufstellen
dans/a -ar	tanzen
vislek -en -ar	spielerischer Tanz
folkdräkt -en -er	Volkstracht
kvinn/a -an -or	Frau
krans -en -ar	Kranz
hår -et -	Haar
kort	kurz
fortsätt/a -er	weitermachen
ofta	oft
fiol -en -er	Geige
dragspel -et -	Zieharmonika
log/e -en -ar	Scheune
brygg/a -an -or	Steg
tills	bis
firande -t -n	das Feiern
ungdomar	Jugendliche
motorcyk/el -eln -lar	Motorrad
bandspelare -n -	Kassettenrekorder
sprit -en	Spirituosen
råd/a -er	herrschen
polis -en	Polizei
bestå -r av	bestehen aus
sill -en -ar	Hering
variation -en -er	Variation
nubb/e -en -ar	Schnaps
höra, hör till	dazugehören
naturligtvis	selbstverständlich
jordgubb/e -en -ar	Erdbeere
vispgrädde -n	Schlagsahne
kärlek -en -ar	Liebe
säg/a -er	sagen
denna	diese
sorters	Sorten
huvudkudd/e -en -ar	Kopfkissen
drömm/a -er	träumen
komm/a -er att	werden

9 **Almanack-spelet**

Gebräuchliche Festtagswünsche:

God Jul!	Frohe Weihnachten!
Gott Nytt År!	Frohes Neues Jahr!
Glad Påsk!	Frohe Ostern!
Glad Pingst!	Frohe Pfingsten!
Trevlig/Glad Midsommar!	Schönes Mittsommerfest!
Trevlig Helg!	Schönes Wochenende!
God fortsättning!	sagt man zwischen Weihnachten und Neujahr, nach Neujahr und nach Ostern.

OBS!

Beachten Sie bitte:

1. **hälsa på** *besuchen*
   hälsa *grüßen*
   hälsa på *begrüßen*

2. **brygga** *Steg*
   bro *Brücke*

3. **hoppas** Das Wort **hoppas** [*hoffen*] gehört zu den Deponentien (passives Wort mit aktiver Bedeutung). Es wird in Abschnitt 22 weiter behandelt.
   hoppa *hüpfen, springen*

Vokabular

AVSNITT 11

1a Kafferep hos Märta

kafferep -et -	Kaffeeklatsch
tur -en -er	an der Reihe sein
stå -r för	verantwortlich sein für
kak/a -an -or	Kuchen
stig/a -er på	eintreten, einsteigen
regn/a -ar	regnen
ditt	dein
paraply -et -er (-n)	Regenschirm
usch	pfui
ös/a -er	gießen
ner	herunter
Tack för senast!	Danke für das letzte Mal!
fantastiskt	phantastisch
härlig	herrlich
rygg -en -ar	Rücken
problem -et -	Problem
operation -en -er	Operation
Ta det lugnt.	Es mit der Ruhe nehmen.
klart	fertig
sätt/a -er sig	sich setzen
ska	hier: soll
dina	deine (Plural)
släktingar	Verwandte
mor (moder, mödrar)	Mutter
syst/er -ern -rar	Schwester
sitt/a -er	sitzen
i knä -t -n	auf dem Schoß
kusin -en -er	Kusine
bröllop -et -	Hochzeit
precis	genau
rar	lieb
strål/a -ar	strahlen
klag/a -ar	klagen
aldrig	niemals
hennes	ihre
föräld/er -ern -rar	Eltern
ta -r för sig	sich bedienen
vetebröd -et -	Hefekuchen
vanlig	gewöhnlich
barnbarn -et -	Enkelkind
studer/a -ar	studieren
medicin	Medizin
vara, är lik någon	jemandem ähnlich sein
sin	seinem/seine/sein
far (fader -n, fäder)	Vater
tyck/a -er	finden
Det har du rätt i.	Da hast du recht.
duktig	tüchtig
renover/a -ar	renovieren
alldeles	ganz
energi -n	Energie
förresten	übrigens
ha -r kvar	übrig haben/noch haben
er	euer
men/a -ar	meinen
vårt	unser
turas, turas om	abwechseln
hyr/a, hyr ut	vermieten
tysk	deutsch
i timmar	stundenlang

4 Släktord

far (fader -n, fäder)	Vater
mor (moder -n, mödrar)	Mutter
son -en, söner	Sohn
dott/er -ern, döttrar	Tochter
syst/er -ern -rar	Schwester
bror (broder -n, bröder)	Bruder
farfar	Opa/Vaters Vater
morfar	Opa/ Mutters Vater
mormor	Oma/Mutters Mutter
farmor	Oma/Vaters Mutter
farbror	Onkel/Vaters Bruder
fast/er -ern -rar	Tante/Vaters Schwester
morbror	Onkel/Mutters Bruder
most/er -ern -rar	Tante/Mutters Schwester
kusin -en -er	Kusine/Vetter
svärson	Schwiegersohn
svärdotter	Schwiegertochter
svägersk/a -an -or	Schwägerin
svåg/er -ern -rar	Schwager
systerdotter	Nichte
brorsdotter	Nichte
systerson	Neffe
brorson	Neffe
barnbarn -et -	Enkelkind
dotterson	Enkelkind
dotterdotter	Enkelkind
sondotter	Enkelkind
sonson	Enkelkind

5a Vetebröd och "tack för senast"

typiskt	typisch
svensk	schwedisch
bjudning -en -ar	Einladung
antingen - eller	entweder - oder
vetelängd -en -er	Hefestreifen
flät/a -an -or	Zopf
bull/e -en -ar	Hefestück
slät	einfach
fyllning -en -ar	Füllung
kanel -en	Zimt
sock/er -ret	Zucker
kardemumma -n	Kardamom
hackad	gehackt
mand/el -eln -lar	Mandel
nöt -en, nötter	Nuß
mandelmassa -n	Rohmarzipan
jul -en -ar	Weihnachten

bjud/a -er på	anbieten
lussekatt -en -er	Luciagebäck
av	aus
småkakor	Kleingebäck
avslut/a -ar	abschließen
tårt/a -an -or	Torte
eftersom	da, weil
för det mesta	meistens
tack/a -ar	danken
dvs. (det vill säga)	d.h. (das heißt)
värdfolk -et -	Wirtsleute
inom	innerhalb
ses, ses igen	sich wiedersehen
skriftligt	schriftlich

OBS!

Beachten Sie bitte:

1. Oft hört man statt **mor/mamma und far/pappa** die Ausdrücke **morsan** und **farsan** (ugs.).
2. Das Wort **tant** war früher die Bezeichnung für eine ältere Frau, z.B. **tant Berg**. Die männliche Entsprechung ist **farbror**, z.B. **farbror Melker**. Heutzutage sagt man z.B. noch **kiosktanten, tanten i affären.**

AVSNITT 12

1a På bensinstationen

bensinstation -en -er	Tankstelle
otursdag -en -ar	Unglückstag
i söndags	letzten Sonntag
råk/a - ar -ade	zufällig (+ Infinitiv)
få -r, fick	bekommen
motorstopp -et -	Panne
tack vare...	dank...
mack -en -ar	Tankstelle
söndagsöppet	Sonntags geöffnet
kunna, kan, kunde	können
bogser/a -ar -ade	abschleppen
hit	hierher
jodå	ja, doch
tur -en	hier: Glück
förmod/a -ar -ade	vermuten
vara, är, var fel på	kaputt sein
bränslepump -en -ar	Benzinpumpe
tändning -en -ar	Zündkerze
verkstad -en, verkstäder	Werkstatt
Ta -r sig en titt.	Ein Auge darauf werfen.
tro -r -dde	glauben
byt/a -er -te	tauschen
kab/el -eln -lar	Kabel
samtidigt	gleichzeitig
koll/a -ar -ade (kontrollera)	kontrollieren
bromsvätsk/a -an -or	Bremsflüssigkeit
fyll/a -er -de på	auffüllen, nachfüllen
olj/a -an -or	Öl
annars	sonst
lag/a -ar -ade	reparieren
väl	hier: sehr
lite	wenig
luft -en -er	Luft
bakdäck -et -	Hinterrad
Det är sant.	Das ist wahr.
åt dig	für dich
Vad bussigt!	Wie nett!
oteknisk	untechnisch
påstå -r, påstod	behaupten
all/allt/alla	alle/alles
tjej -en -er	Mädchen, junge Frau
Så där ja!	So!, Das hätten wir!
dug/a -er, dög	taugen
tank/a -ar -ade	tanken
pump -en -ar	hier: Zapfsäule
slipp/a -er slapp	etwas nicht machen müssen
sedelautomat -en -er	Münztankautomat
framrut/a -an -or	Vorderscheibe
släng/a -er -de	wegwerfen
godispapp/er -ret -	Bonbonpapier
ligg/a -er, låg och skräp/a -ar -ade	herumliegen
otur -en	Pech
tänk/a -er -te	denken
innan	bevor
köra, kör, körde iväg	davonfahren

6a "Summer Session" vid Uppsala universitet

universitet -et -	Universität
sommarlov -et -	Sommerferien
där	dort
delta -r, deltog	teilnehmen
språkkurs -en -er	Sprachkurs
många	viel/viele
sevärdhet -en -er	Sehenswürdigkeiten
slott -et -	Schloß
dit	dorthin

gång -en -er	Mal
huvudstad -en, huvudstäder	Hauptstadt
skepp-et -	Schiff
m.m. (med mera)	und vieles mehr
sociala	soziale
förhållande -t -n	Verhältnis
tillfälle -t -n	Gelegenheit
mentalsjukhus -et -	Nervenheilanstalt
invandrar-förläggning -en -ar	Asylantenheim
fängelse -t -r	Gefängnis
händ/a -er, hände	passieren
deltagare -n -	Teilnehmer
olika	verschiedene
land -et, länder	Land
komma, kommer, kom försent	zu spät kommen
lärare -n -	Lehrer
rolig	lustig
text -en -er	Text
skriv/a -er, skrev	schreiben
uppsats -en -er	Aufsatz
göra, gör, gjorde	machen
hörförståelse -n -r	Hörverständnis
övning -en -ar	Übung
diskuter/a -ar -ade	diskutieren
varandra	einander
grammatik -en	Grammatik
sång -en -er	Lied
mera	mehr
till och med	sogar
välj/a -er, valde	wählen
uttal -et -	Aussprache
konversation -en -er	Konversation
ämne -t -n	Fach
engelska	Englisch
matlagning -en	Essen kochen
vävning -en	Weben
student -en -er	Student
lära, lär, lärde känna	kennenlernen
studentliv -et -	Studentenleben
aktivitet -en -er	Aktivität
förening -en -ar	Verein
anordn/a -ar -ade	veranstalten
s.k. (så kallade)	sogenannte
disco -t -n	Disco
föreläsning -en -ar	Vorlesung
diskussion -en -er	Diskussion
afton -en, aftnar	Abend
ibland	manchmal
svensk -en -ar	Schwede
tal/a -ar -ade	sprechen
felfritt	fehlerfrei
nationalitet -en -er	Nationalität
sin speciella	seinen speziellen
accent -en -er	Akzent
upplev/a -er -de	erleben
träff/a -ar -ade	treffen
människ/a -an -or	Menschen
vara, är, var intresserad av	interessiert sein an

AVSNITT 13

1a Att hyra en stuga

olika	verschiedene
sätt -et -	Art
tillbring/a -ar -ade	verbringen
utomlands	im/ins Ausland
bil/a -ar -ade	mit dem Auto reisen
husvagn -en -ar	Wohnwagen
segl/a -ar -ade	segeln
semestr/a -ar -ade	Urlaub machen
fjäll -et -	die nordischen Berge
där	hier: wo
vandr/a -ar -ade	wandern
stann/a -ar -ade	hier: bleiben
koppl/a -ar -ade av	entspannen
länge	lange
till slut	zum Schluß
endagstur -en -er	Tagestour
stugby -n -ar	Feriendorf
person -en -er	Person
vuxen	erwachsen
el (elektricitet) -en	Strom
kylskåp -et -	Kühlschrank
kokplatt/a -an -or	Kochplatte
utrustning -en -ar	Ausrüstung
självhushåll -et -	Selbstversorgung
närmaste	nächste/nächste/nächstes
rinnande	fließend
varm	warm
kall	kalt
hämt/a -ar -ade	(ab)holen
toalett -en -er	Toilette
högsäsong -en -er	Hochsaison
farlig	hier: schlimm
reception -en -er	Rezeption
vid tretiden	gegen drei Uhr
hemsk	schrecklich, hier: sehr

6 Ett vykort

lång	lang
res/a -an -or	Reise
genom	durch
äntligen	endlich
underbar	wunderbar
landskap -et -	Landschaft

ha -r, hade rätt	recht haben
midnattssol -en	Mitternachtssonne
upplevelse -n -r	Erlebnis
gullig	niedlich
röd	rot
stor	groß
väster om	westlich von
ren -en -ar	Rentier
massor av	enorm viel/e
mygg	Mücken
knott -et -	Kriebelmücke
myggmed/el -let -	Mückenmittel
njut/a -er, njöt	genießen
väd/er -ret -	Wetter
skön	schön
hälsning -en -ar	Gruß

9 Några ordspråk

gammal	alt
skinn -et -	Fell, Leder
ung	jung
sinne -t -n	Sinn, hier: Geist
tyst	leise
läck/a -an -or	undichte Stelle
sänk/a -er -te	versenken
skepp -et -	Schiff
hård	hart
sten -en -ar	Stein
mal/a, mal, -de	mahlen
sällan	selten
dålig	schlecht
hantverkare -n -	Handwerker
verktyg -et -	Werkzeug
vacker	hübsch
sur	sauer
glad	fröhlich
spel/man -mannen -män	Spielmann
fattig	arm
utan	sondern

OBS!

Beachten Sie bitte:

1. **närmaste** *nächste (räumlich)*
   nästa *nächste (zeitlich)*

2. **bädd** *Bett (im Hotel oder Ferienhaus)*
   säng *Bett*
   trädgårdssäng *Beet*
   bädda sängen *das Bett machen*

3. **rinna** *fließen, laufen*
   flyta *schwimmen, treiben, bildl. fließen*, z.B. **Heinz talar flytande svenska**.

4. **vid femtiden, vid fyratiden** bedeutet das gleiche wie **omkring klockan fem** usw.

5. Andere Wörter im Zusammenhang mit Wetterrichtungen: **ostkust, västkust**, [*Ost-, Westküste*]
   åt ost, åt väst [*in Richtung Osten/Westen*]

6. **stanna** *halten, bleiben*
   bli *werden*
   stoppa *jemanden anhalten*

AVSNITT 14

1a På campingplatsen

sommar -en, somrar	Sommer
bruk/a -ar -ade	etwas zu machen pflegen
varannan, vartannat	jeder/jede/jedes zweite
nämligen	nämlich
tyck/a -er -te	finden
hemifrån	von Zuhause
djurpark -en -er	Tierpark
skogig	waldig
bergig	bergig
mer	mehr, hier: weiter
övernattning -en -ar	Übernachtung
campingkort -et -	Campingkarte
camp/a -ar -ade	campen
giltigt	gültig
utan	ohne
fri	frei
lön/a -ar -ade sig	sich lohnen
längre	länger
fyll/a -er -de i	ausfüllen

blankett -en -er	Formular
be -r, bad om	um etwas bitten
namnteckning -en -ar	Unterschrift
brick/a -an -or	Plakette
synlig	sichtbar
ställ/a -er -de	stellen
eluttag -et -	Stromanschluß
stolp/e -en -ar	Pfahl
uppehållsrum -met -	Aufenthaltsraum
utan vidare	ohne weiteres
byt/a -er -te	tauschen
gasoltub -en -er	Gaskartusche
För all del.	Keine Ursache.

3b **Några djur**

ap/a -an -or	Affe
björn -en -ar	Bär
delfin -en -er	Delfin
elefant -en -er	Elefant
giraff -en -er	Giraffe
hjort -en -ar	Hirsch
häst -en -ar	Pferd
isbjörn -en -ar	Eisbär
järv -en -ar	Vielfraß
kamel -en -er	Kamel
ko -n -r	Kuh
lodjur -et -	Luchs
ren -en -ar	Rentier
rovfåg/el -eln -lar	Raubvogel
sebr/a -an -or	Zebra
tig/er -ern -rar	Tiger
tupp -en -ar	Hahn
varg -en -ar	Wolf
visent -en -er	Wisent
älg -en -ar	Elch

7a **Allemansrätten**

natur -en -er	Natur
ströv/a -ar -ade	streifen
skog och mark	Wald und Feld
vara, är, var varsam	vorsichtig sein
vis/a -ar -ade	zeigen
hänsyn -en -	Rücksicht
djur -et -	Tier
kall/a -ar -ade	nennen
tillåtet	erlaubt
ta -r, tog sig fram	seinen Weg machen
till fots	zu Fuß
rid/a -er, red	reiten
åk/a -er -te skidor	Ski fahren
skad/a -ar -ade	schaden
gröd/a -an -or	Saat
skogsplantering -en -ar	Waldanpflanzung
tomt -en -er	Grundstück
lov	Erlaubnis
passer/a -ar -ade	durchgehen, passieren
grind -en -ar	Pforte
ordentligt	gründlich
boskap -en	Vieh
komma lös	ausbrechen
slå -r, slog upp	aufschlagen
avstånd -et -	Abstand
bostadshus -et -	Wohnhaus
hänsynsfull	rücksichtsvoll
göra, gör, gjorde upp eld	Feuer machen
far/a -an -or	Gefahr
brand -en, bränder	Brand
släck/a -er -te	löschen
lämn/a -ar-ade	verlassen
vattendrag -et -	Wasserlauf
förtöj/a -er -de	vertäuen
gå -r, gick iland	an Land gehen
myndighet -en -er	Amt
förbjud/a -er, förbjöd	verbieten
tillträde -t -n	Zutritt
plock/a -ar -ade	pflücken
vild	wild
bär -et -	Beere
svamp -en -ar	Pilz
torr	trocken
ris -et	Reisig
mark -en -er	Boden
kvist -en -ar	Zweig
gren -en -ar	Ast
näver -n	Birkenrinde
bark -en	Rinde
ollon -et -	Eichel
träd -et -	Baum
busk/e -en -ar	Busch
en del	einige
fridlyst	geschützt
jakt -en -er	Jagd
ingå -r, ingick	einbeziehen
å -n -ar	Fluß
grundreg/el -eln -ler	Grundregel
skräp/a -ar -ade ner	verschmutzen
orsak/a -ar -ade	verursachen
försiktig	vorsichtig

OBS!

Beachten Sie bitte:
passera *durchgehen, passieren*
hända *passieren, geschehen*

AVSNITT 15

1a Aprilväder

väd/er -ret -	Wetter
ner	herunter
regn/a -ar -ade	regnen
blås/a -er -te	wehen
förskräckligt	schrecklich
ostadig	unbeständig
regnig	regnerisch
storm -en -ar	Sturm
hagl/a -ar -ade	hageln
skin/a -er, sken	scheinen
emellanåt	zwischendurch
åsk/a -ar -ade	gewittern
till och med	sogar
plusgrad -en -er	Plusgrad
kylig	kühl
enligt	laut, nach Angaben
väderleksrapport -en -er	Wetterbericht
skulle	sollte
bli -r, blev	werden
våg/a -ar -ade	wagen
aldrig	niemals
lit/a -ar -ade på	Vertrauen haben
minsann	wirklich
uppe	oben
is -en -ar	Eis
snö -n	Schnee
fortfarande	immer noch
åtminstone	wenigstens
ung/e -en -ar	hier: Kind
skridsko -n -r	Schlittschuh
frys/a -er, frös	frieren
kil/a -ar -ade	eilen
vidare	weiter
genomvåt	durchnässt
Tack detsamma!	Danke gleichfalls!

2 Om väder ur bondepraktikan

bondepraktikan	Bauernregelbuch
hund -en -ar	Hund
buk -en -ar	Bauch
knurr/a -ar -ade	knurren
gräs -et -	Gras
grin/a -ar -ade	hier: heulen
murr/a -ar -ade	murren
tillgå -r, tillgick	geschehen
sky -n -ar	Wolke
him/mel -len -lar	Himmel
nedergå -r, nedergick	untergehen
lön -en -er	Lohn

6a Lucia

tidig	früh
ute	draußen
snö/a -ar -ade	schneien
inne	drinnen
vill/a -an -or	Haus
håll/a -er, höll på	mit etwas beschäftigt sein
sätt/a -er, satte	setzen
lag/a -ar -ade	hier: zubereiten
ta -r, tog fram	hervornehmen
brick/a -an -or	Tablett
ljus -et -	Kerze
fat -et -	größerer Teller
pepparkak/a -an -or	Pfefferkuchen
doft/a -ar -ade	duften
speciell	speziell
tänd/a -er, tände	anzünden
adventsstak/e -en -ar	Adventsleuchter
köksbord -et -	Küchentisch
snabb	schnell
kläder	Kleider
linne -t -n	Hemd
knyt/a -er, knöt	binden, knoten
bred	breit
sidenband -et -	Seidenband
midj/a -an -or	Taille
luciakron/a -an -or	Luciakrone
lingonris -et -	Preiselbeerenreisig
huvud -et -	Kopf
tärn/a -an -or	Mädchen,in Lucias Gefolge
förutom	außer
glitt/er -ret	Glitzer, Flitter
stjärngoss/e -en -ar	Sternsinger
strut -en -ar	Tüte
hand -en, händer	Hand
håll/a -er, höll	halten
stjärn/a -an -or	Stern
tomt/e -en -ar	Wichtelzwerg
tomteluv/a -an -or	Wichtelmütze
spring/a -er, sprang	laufen
nervös	nervös
hit och dit	hin und her
färdig	fertig
smyg/a -er, smög	schleichen
uppför	hinauf
trapp/a -an -or	Treppe
sovrum -met -	Schlafzimmer
sjung/a -er, sjöng	singen

(Luciasången)

sång -en -er	Lied
natt -en, nätter	Nacht
tung	schwer (Gewicht)
fjät -et -	Schritt
gård -en -ar	Hof
stuv/a -an -or	Stube
kring	um
jord -en -ar	Erde

Vokabular

förlät	altert.: verließ
ruv/a -ar -ade	brüten
stig/a -er, steg	steigen
stum	stumm
höra, hör, hörde	hören
sving/a -ar -ade	schwingen
sus	Brausen, Sausen
ving/e -en -ar	Flügel
trösk/el -eln -lar	Schwelle
klädd	gekleidet

OBS!

Beachten Sie bitte:

1. **tänka** *denken, werden*, z.B. **Jag tänker åka till Lund**. [*Ich werde nach Lund fahren.*]
   tror *denken, glauben*, z.B. **Jag tror att vädret blir fint i morgon**. [*Ich denke (glaube), daß das Wetter morgen schön wird.*]

2. **laga** *reparieren*
   laga mat/kaffe/frukost *Essen/Kaffee/Frühstück zubereiten*

3. **stanna** *anhalten, bleiben*
   hålla *halten*

AVSNITT 16

1a Efter studenten

studenten	Abitur
klasskompis -en -ar	Klassenkamerad
gymnasi/um -et -er	Gymnasium
av en slump	durch Zufall
nuförtiden	zur Zeit
syssl/a -ar -ade med	machen
arbetslös	arbeitslos
kontor -et -	Büro
tjän/a -ar -ade	verdienen
sök/a -er -te	hier: bewerben
polisskolan	Polizeischule
faktiskt	in der Tat
polis -en -er	Polizei, Polizist
hårt	hart
spännande	spannend
yrke -t -n	Beruf
trivas, trivs, trivdes	sich wohlfühlen
läs/a -er -te	hier: studieren
högskol/a -an -or	Hochschule
läkare -n -	Arzt
upptäck/a -er -te	entdecken
lyckligtvis	zum Glück
rätt	hier: ziemlich
ångr/a -ar -ade	bereuen
kämpigt	anstrengend
praktik -en	Praktikum
jobbig	mühsam
klass -en -er	Klasse
tuff	keß
fjortonåring -en -ar	14-jährige/er
spel/a -ar -ade	spielen
trumpet -en -er	Trompete
knappast	kaum
öv/a -ar -ade	üben
bruk/a -ar -ade	pflegen zu machen
handboll	Handball
intresser/a -ar -ade sig för	sich interessieren für
fotografering -en	Fotografieren (das)
kompis -en -ar	Freund
fritid -en	Freizeit
egentligen	eigentlich
danskurs -en -er	Tanzkursus
simm/a -ar -ade	schwimmen
sy -r -dde	nähen
klockan är mycket	es ist spät
tid -en -er	hier: Termin
tandläkare -n -	Zahnarzt

5 En presentation

Får jag presentera?	Darf ich vorstellen?
presenter/a -ar -ade	vorstellen
journalist -en -er	Journalist
folktandvården	öffentliche Zahnfürsorge

7a En intervju

intervju -n -er	Interview
företag -et -	Firma
intervju/a -ar -ade	interviewen
sekreterare -n -	Sekretärin
tillverk/a -ar -ade	herstellen
utveckl/a -ar -ade	entwickeln
hjälpmed/el -let -	Hilfsmittel
äldre	Ältere (Menschen)
handikappade	Behinderte
gånghjälpmed/el -let -	Gehhilfe
huvudsaklig	hauptsächlich
försäljning -en -ar	Verkauf
utveckling -en -ar	Entwicklung

väx/a -er -te	wachsen
sortiment -et -	Sortiment
världsdesignade	international entworfene
produkt -en -er	Produkt
ök/a -ar -ade	steigen
handel -n	Handel
export -en -er	Export
dotterbolag -et -	Tochtergesellschaft
fabrik -en -er	Fabrik
utbildning -en -ar	Ausbildung
ekonomisk	ökonomisch
inriktning -en -ar	Spezialisierung
jobb -et -	Arbeit
kund -en -er	Kunde
informer/a -ar -ade	informieren
instruktion -en -er	Anweisung
diverse	verschiedene
marknadsföring -en	Marketing
material -et -	Material
samt	und
organiser/a -ar -ade	organisieren
mäss/a -an -or	Messe
pass/a -ar -ade	passen
dagligen	täglich
kontakt -en -er	Kontakt
ny	neu
positiv	positiv
kreativ	kreativ
idé -n -er	Idee
kul	lustig
pojkvän -nen -ner	fester Freund
sats/a -ar -ade på	sezten auf
kvalitet -en -er	Qualität
personalvänlig	mitarbeiterfreundlich
medbestämmande	mitbestimmend
hög	hoch
säkerhet -en -er	Sicherheit
framtidsutsikt -en -er	Zukunftsaussicht
rimlig	angemessen
framtid -en	Zukunft

OBS!

Beachten Sie bitte:

1. **laga mat** — *Essen kochen*
   koka — *kochen (100° C)*

2. **sticka** — *stricken*
   brodera — *sticken*

3. **simma** — *schwimmen*
   svimma — *in Ohnmacht fallen*

4. **trivas** — Das Wort **trivas** gehört zu den Deponentien (passives Wort mit aktiver Bedeutung). Es wird in Abschnitt 22 weiter behandelt.

5. **spela** — Das Wort **spela** wird benutzt bei Instrumenten, Sportarten, Karten- und Brettspielen, z.B. **Vi spelar kort. Anna spelar trumpet. Jörgen spelar fotboll.**
   leka — Bei spielenden Kindern und Gesellschaftsspielen, z.B.: **Barnen leker i sanden. Vi lekte viskleken.** [*Stille Post*]. Andere Beispiele: **en lekplats, en lekskola** [*Vorschule*].

6. **kontor** — *Büro*
   byrå — *Kommode*, Ausnahme: **turistbyrå -n -er**

Avsnitt *17*

1a **En fredageftermiddag**

skola, ska, skulle	hier: wollen
tänk/a -er -te	hier: werden, wollen
långfilm -en -er	Spielfilm
Din tråkmåns!	Du Langweiler!
Vad säger du om att..	Was hältst du davon, ...
urval -et -	Auswahl
precis	hier: gerade
skräckfilm -en -er	Horrorfilm
hel	ganz
igen	wieder
huvudroll -en -er	Hauptrolle
skådespelare -n -	Schauspieler
håll/a -er, höll med om	einstimmen
uttryck/a -er -te	ausdrücken

nyans -en -er	Nuance
Eller hur?	Nicht wahr?
precis	hier: genau
häromveckan	vor ein paar Wochen
handl/a -ar -ade om	handeln von
ung	jung
idealistisk	idealistisch
pianist -en -er	Pianist/in
favoritskådis	Lieblingsschau-spieler/in
leende -t -n	Lächeln
fängslande	fesselnd
fascinerande	faszinierend
utstrålning -en -ar	Ausstrahlung
synd	schade
nästan	fast
modern	modern
förr	früher
stil -en -ar	Stil
utsålt	ausverkauft
vore	wäre
Det spelar ingen roll.	Das ist mir egal.
lov/a -ar -ade	versprechen
självklart	selbstverständlich

5a Lite om svensk film

vagg/a -an -or	Wiege
redan	schon
trästol -en -ar	Holzstuhl
lyxig	luxeriös
lag/er -ret -	Lager
mörkrum -met -	Dunkelkammer
ateljé	Atelier
grund/a -ar -ade	gründen
industri -n -er	Industrie
än	noch
senare	später
gyllene	golden
epok -en -er	Epoche
regissör -en -er	Regisseur
het/a -er, hette	heißen
upp/träda, -träder, -trädde	auftreten
reklam -en -er	Reklame
erhåll/a -er, erhöll	erhalten
ändr/a -ar -ade	ändern
iscensätt/a -er, iscensatte	inszenieren
ta -r, tog	nehmen
tragisk	tragisch
karriär -en -er	Karriere
krig -et -	Krieg
utbrott -et -	Ausbruch
fortsätt/a -er, fortsatte	weiter machen
fängsl/a -ar -ade	fesseln
publik -en -er	Publikum
ovanlig	ungewöhnlich
skönhet -en -er	Schönheit
tidlös	zeitlos
sensualitet -en	Sinnlichkeit
biroll -en -er	Nebenrolle
internationell	international
uppmärksamhet -en	Aufmerksamkeit
väck/a -er -te	wecken
uppseende -t	Aufsehen
förhållande -t -n	Verhältnis
framför allt	vor allem
lycklig	glücklich
filmstjärn/a -an -or	Filmstar
åter/vända, -vänder, -vände	zurückkehren
sista	letzter/letztes/letzte
allt som allt	insgesamt
pjäs -en -er	Theaterstück
chef -en -er	Chef
framgång -en -ar	Erfolg
manusförfattare -en -	Drehbuchautor
assistent -en -er	Assistent
skildr/a -ar -ade	schildern
psykologisk	psychologisch
50 -talet	fünfziger Jahre
syn -en -er på	Sichtweise
sexualitet -en	Sexualität
kända	bekannte
inseg/el -let -	Siegel

OBS!

Beachten Sie bitte die Unterschiede:

1. **orka** *schaffen* (psychisch und physisch)
   hinna *schaffen* (zeitlich)
   skapa *erschaffen*
   klara (av) *schaffen, fertigbringen*
   schaffen (psychisch und physisch)

2. **vore** Das Wort **vore** ist eine Konjunktivform, die in Abschnitt 25 weiter behandelt wird.

AVSNITT 18

1a Annika köper en blus

blus -en -ar	Bluse
re/a -an -or	
(realisation -en -er)	Ausverkauf
let/a -ar -ade efter	suchen nach
sammetskjol -en -ar	Samtrock
elegant	elegant
helst	am liebsten
billig	billig
skyltfönst/er -ret -	Schaufenster
vilken/vilket/vilka	welcher/welches/welche
snygg	flott, hübsch
klänning -en -ar	Kleid
sådan/sådant	solcher/solches/solche
sådana	solche
gill/a -ar -ade	mögen
prickig	gepunktet
dräk	Kostüm
dyr	teuer
siden	Seide
storlek -en -ar	Größe
match/a -ar -ade till	passen zu
pass/a -ar -ade	passen
färg -en -er	Farbe
väldig	sehr
flott	flott
sko -n -r	Schuh
ingenting	nichts
ljusrött	hellrot
tjusig	entzückend
modell -en -er	Modell
kvalité -n -er	Qualität
prov/a -ar-ade	anprobieren
provrum -met -	Ankleidekabine
för stor	zu groß
lagom	genau richtig
klä -r, klädde någon	jemandem stehen

4 Kläder

blus -en -ar	Bluse
byx/a -an -or	Hose
(ett par byxor)	
dräkt -en -er	Kostüm
handsk/e -en -ar	Handschuh
(ett par handskar)	
hatt -en -ar	Hut
jack/a -an -or	Jacke
jump/er -ern -rar	Pullover
kapp/a -an -or	Mantel
kjol -en -ar	Rock
klänning -en -ar	Kleid
kostym -en -er	Anzug
linne -t -n	Unterhemd
promenadsko -n -r	Halbschuh
rock -en -ar	Herrenmantel
sandal -en -er	Sandale
skjort/a -an -or	Hemd
sko -n -r	Schuh
skärp -et -	Gürtel
slips -en -ar	Schlips
strump/a -an -or	Strumpf
strumpbyx/a -an -or	Strumpfhose
stöv/el -eln -lar	Stiefel
tröj/a -an -or	Pullover

6a Stockholm

idyllisk	idyllisch
överallt	überall
bro -n -ar	Brücke
på grund av	auf Grund
strategisk	strategisch
läge -t -n	Lage
fort	schnell
holm/e -en -ar	kleine Insel
skydd/a -ar -ade	schützen
inlopp -et -	Einmündung
provins -en -er	Provinz
skeppningshamn -en -ar	Verladungshafen
medelpunkt -en -er	Mittelpunkt
rike -t -n	Reich
staty -n -er	Statue
låt/a -er, lät	hier: lassen
be/fästa -fäster -fäste	befestigen
bygg/a -er -de	bauen
torn -et -	Turm
mur -en -ar	Mauer
betydelse -n -r	Bedeutung
ort -en -er	Ort
fast	hier: fest
organisation -en -er	Organisation
så småningom	allmählich
funktion -en -er	Funktion
prägl/a -ar -ade	prägen
liv -et -	Leben
befolkning -en -ar	Bevölkerung
flytt/a -ar -ade in	einziehen
ämbets/man -mannen -män	Beamter
militär -en -er	Militär
hantverkare -n -	Handwerker
slott -et -	Schloß
uppgift -en -er	Aufgabe
trångboddhet -en	beengtes Wohnen
hygienisk	hygienisch
hyreshus -et -	Mietshaus
tillväxt -en	Zuwachs
residens -et -	Residenz
garnison -en -er	Garnison
stift -et -	Bistum
regering -en -ar	Regierung

Svea hovrätt -en	Oberlandesgericht
säte -t -n	Sitz
räkn/a -ar -ade	rechnen
mode -t -n	Mode
hemslöjd -en	schwed. Kunsthandwerk
antikvitet -en -er	Antiquität
artik/el -eln -lar	Artikel
sevärt	sehenswert
gränd -en -er	Gasse
kunglig	königlich
tunnelban/a -an -or	U-Bahn
trafikmed/el -let -	Verkehrsmittel
miljö -n -er	hier: Umgebung
konstnär -en -er	Künstler
medverk/a -ar -ade	mitwirken
utformning -en -ar	Gestaltung
grott/a -an -or	Höhle
berg -et -	Berg
målning -en -ar	Gemälde
oper/a -an -or	Oper
färj/a -an -or	Fähre
skärgård -en -ar	schwed. Schären
entré -n -er	Eintritt

7 Du gamla, du fria - Sveriges nationalsång

hög	hoch
glädjerik	freudenreich
vänaste	anmutigste
jord -en	Erde
ängd -en -er	Wiese
minne -t -n	Erinnerung
i fornstora	in früheren, alten
dar (dagar)	Tage
ärat	geehrt
flyg/a -er, flög	fliegen
dö -r, dog	sterben

OBS!

Beachten Sie bitte:

1. **kjol** *Rock*
   rock *Herrenmantel*
2. **bro** *Brücke*
   brygga *Steg, Anleger*
3. **dräkt** *Kostüm*
   kostym *Anzug*
4. **klänning** *Kleid*
   kläder *Kleider*
   förkläde *Schürze*
5. **prova** *anprobieren*
   smaka *probieren, kosten*
   pröva *ausprobieren*

AVSNITT 19

1a Att tappa något

tapp/a -ar -ade -at	verlieren
lås/a -er -te -t upp	aufschließen
ytterdörr -en -ar	Haustür
fick/a -an -or	Tasche (Kleidung)
handväsk/a -an -or	Handtasche
som tur var	zum Glück
sambo -n -r	Partner
bult/a -ar -ade -at	klopfen
nyckelknipp/a -an -or	Schlüsselbund
ha en aning om	Ahnung von etwas haben
vara, är, var, varit	sein
förargligt	ärgerlich
dum	dumm
lugn	ruhig
frissan (frisören)	Friseur
BB (barnbördshus)	Entbindungsstation
viktig	wichtig
lämn/a -ar -ade -at in	abgeben
häng/a -er -de -at på	hängen an
troll -et -	Troll
hemsk	schrecklich
i den vägen	in der Art
åter/komma -kommer -kom -kommit	zurückkommen
dagen därpå	am Tag darauf

5a Bortbytingarna - en svensk saga

kung -en -ar	König
drottning -en -ar	Königin
väntan	Warten
döp/a -er -te -t	taufen
obeskrivlig	unbeschreiblich
hy -n	Haut
genomskinlig	durchsichtig
öga -t, ögon	Auge
mun -nen -nar	Mund
förnäm	vornehm
uppassersk/a -an -or	Kindermädchen
välj/a -er, valde, valt	hier: wählen
riksgrevinn/a -an -or	Reichsgräfin
ansvarsfull	verantwortungsvoll

post -en -er	Posten
sömnig	schläfrig
jämt och ständigt	ständig
somn/a -ar -ade -at	einschlafen
sängkammare -n -	Schlafgemach
akacielund -en -er	Akazienhain
hustru -n -r	Ehefrau
gumm/a -an -or	alte Frau
tovig	zottelig
gubb/e -en -ar	alter Mann
nyfiken	neugierig
sidengardin -en -er	Seidengardine
mjuk	weich
duv/a -an -or	Taube
ful	häßlich
gnistr/a -ar -ade -at	funkeln
prinsess/a -an -or	Prinzessin
dumhet -en -er	Blödsinn
nöj/a -er -de -t sig med	sich mit ... zufriedengeben
stjäl/a, stjäl, stal, stulit	stehlen
lut/a -ar -ade -at sig	sich beugen
skrik/a -er, skrek, skrikit till	aufschreien
arg	böse
svimm/a -ar -ade -at	in Ohnmacht fallen
tillkall/a -ar -ade -at	herbeirufen
hov -et -	Hof
förtvivlad	verzweifelt
livmedicus -en	Leibarzt
underligt	merkwürdig
ordiner/a -ar -ade -at	verordnen
viol -en -er	Veilchen
så småningom	allmählich
vänj/a -er, vande, vant sig vid	sich gewöhnen
älsk/a -ar -ade -at	lieben
emellertid	indessen
förtjust	entzückt
bleknos -en -ar	Blassnase

tanig	mager
purjolök -en -ar	Porree
smärt	schlank
vara lydig mot	gehorsam sein
hjärta -t -n	Herz
böra, bör, borde, bort	müssen, sollen
göra, gör, gjorde, gjort sig till	sich zieren, sich einschmeicheln
lägg/a -er, la(de), lagt	legen
sned	schief
pip/a -er, pep, pipit	quieken
rått/a -an -or	Ratte
sjåp/a -ar -ade -at sig	sich anstellen
få sin vilja fram	seinen Willen durchbekommen
golv -et -	Fußboden
olydig	unerzogen
brudgum -men -mar	Bräutigam
hertig -en -ar	Herzog
örfil/a -ar -ade -at	Ohrfeigen
räck/a -er -te -t ut	herausstrecken
tung/a -an -or	Zunge
bli -r, blev, blivit rädd för	Angst bekommen vor
vid	hier: weit
värld -en -ar	Welt
giftasvuxen	heiratsfähig
underjordisk	unterirdisch
sal -en -ar	Saal
fackl/a -an -or	Fackel
trumm/a -an -or	Trommel
rymm/a -er, rymde, rymt	fliehen
bred/a -er, bredde, brett	ausbreiten
arm -en -ar	Arm
kyss/a -er -te -t	Küssen
smäll -en -ar	Knall
kyss -en -ar	Kuß
brud -en -ar	Braut

OBS!

Beachten Sie bitte:

1. **låsa** — *abschließen*
   stänga — *zumachen*

2. **sluta (-ar -ade -at)** — *aufhören*
   sluta (slöt, slutit) — *schließen*, z.B. **sluta ögonen** [*die Augen schließen*], **locket sluter inte tätt** [*der Deckel schließt nicht*].

3. **lägga, lägger, la(de), lagt** — *legen*
   ligga, ligger, låg, legat — *liegen*

AVSNITT 20

1a Att svara på en annons

annons -en -er	Anzeige
vilja, vill, ville, velat	wollen
gungstol -en -ar	Schaukelstuhl
saker och ting	Sachen und Dinge
erbjudande -t -n	Angebot
verk/a -ar -ade -at	wirken, scheinen
angående	betreffend, bezüglich
smak -en -er	Geschmack
mål/a -ar -ade -at om	umstreichen
lut/a -ar -ade -at av	ablaugen
i gott skick	in gutem Zustand
absolut	absolut
sväng -en -ar	Kurve, hier: rasch

4a Carl Larsson - en svensk konstnär

lev/a -er -de -t	leben
fattigdom -en	Armut
teckn/a -ar -ade -at	zeichnen
begåvning -en -ar	Begabung
uppmuntr/a -ar -ade -at	ermuntern
akademi -n -er	Akademie
studie -n -r	Studie
illustratör -en -er	Illustrator
konstnärinn/a -an -or	Künstlerin
ärv/a -er -de -t	erben
våning -en -ar	Etage
kök -et -	Küche
nedre botten	Erdgeschoß
matsal -en -ar	Eßzimmer
förmak -et -	Salon
vardagsrum -met -	Wohnzimmer
tambur -en -er	Flur
trapphus -et -	Treppenhaus
en trappa upp	der erste Stock
hall -en -ar	Diele
sovrum -met -	Schlafzimmer
skräpkammare -n -	Rumpelkammer
bygg/a -er -de -t till	anbauen
för gott	für immer
porträtt -et -	Porträt
känd	bekannt
akvarell -en -er	Aquarell
avbild/a -ar -ade -at	abbilden
inred/a -er, inredde, inrett	einrichten
rit/a -ar -ade -at	zeichnen, entwerfen
möb/el -eln -ler	Möbel
snickare -n -	Tischler
väv/a -er -de -t	weben
skap/a -ar -ade -at	schaffen
s.k.(så kallad)	sogenannt
betraktare -n -	Betrachter
intryck -et -	Eindruck
harmonisk	harmonisch
klar	hier: klar
vägg -en -ar	Wand
skåp -et -	Schrank
girland -en -er	Girlande
ingång -en -ar	Eingang
verand/a -an -or	Veranda
kakelugn -en -ar	Kachelofen
trasmatt/a -an -or	Flickenteppich
krukväxt -en -er	Topfpflanze
enkel	einfach
ändamålsenlig	zweckmäßig
atmosfär -en -er	Atmosphäre
hemtrevlig	gemütlich
trygg	geborgen
låd/a -an -or	Schublade
pens/el -eln -lar	Pinsel
färgpenn/a -an -or	Farbstifte
staffli -(e)t -n	Staffelei
ram -en -ar	Rahmen
såg -en -ar	Säge
hyv/el -eln -lar	Hobel
träsnideri -(e)t -er	Holzschnitzerei
luck/a -an -or	Klappe, Luke
högt	hier: laut
stopp/a -ar -ade -at	stopfen
stick/a -ar -ade -at	stricken
strömm/a -ar -ade -at	strömen
fotogenlamp/a -an -or	Petroleumlampe
lys/a -er -te -t upp	erleuchten
harmoni -(e)n -er	Harmonie
anknytning -en -ar	Anknüpfung
allmogekultur -en -er	Bauernkultur
interiör -en -er	Interieur
design -en	Formgebung
förening -en -ar	Verein
visning -en -ar	Besichtigung
samling -en -ar	Sammlung
församlingshem -met -	Gemeindehaus

7 Möbler och inredning

bord -et -	Tisch
bordslamp/a -an -or	Tischlampe
byrå -n -ar	Kommode
fåtölj -en -er	Sessel
garderob -en -er	Kleiderschrank
gardin -en -er	Gardine
gungstol -en -ar	Schaukelstuhl
hatthyll/a -an -or	Garderobe, Hutablage
hyll/a -an -or	Regal
kist/a -an -or	Truhe
lamp/a -an -or	Lampe
matbord -et -	Eßtisch
matt/a -an -or	Teppich
nattduksbord -et -	Nachttisch
pall -en -ar	Hocker
säng -en -ar	Bett

skåp -et -	Schrank
skohyll/a -an -or	Schuhregal
skrivbord -et -	Schreibtisch
soff/a -an -or	Sofa
soffbord -et -	Sofatisch
speg/el -eln -lar	Spiegel
stol -en -ar	Stuhl
taklamp/a -an -or	Deckenlampe
tavl/a -an -or	Tafel, Bild, Gemälde
telefonbord -et -	Telefontisch
vas -en -er	Vase

OBS!

Beachten Sie bitte:

garderob *Kleiderschrank, die gesamten Kleider einer Person*
hatthylla *Garderobe*

AVSNITT 21

1a En trevlig kväll med diabilder

diabild -en -er	Diabild
fotograf -en -er	Fotograf
installer/a -ar -ade -at	installieren
filmduk -en -ar	Leinwand
diaprojektor -n -er	Diaprojektor
mysig	gemütlich
gillestug/a -an -or	Partykeller
släck/a -er -te -t	hier: ausschalten
väderkvarn -en -ar	Windmühle
rad -en -er	Reihe
hembygdsmuse/um -et -er	Heimatmuseum
borg -en -ar	Burg
fornborg -en -ar	Fluchtburg
omslut/a -er, omslöt, omslutit	umschließen
cirkelrund	zirkelrund
borggård -en -ar	Burghof
järnåld/er -ern -rar	Eisenzeit
rekonstruktion -en -er	Rekonstruktion
ursprunglig	ursprünglich
anläggning -en -ar	Anlage
e. Kr. (efter Kristus)	nach Christus
befäst	befestigt
medeltid -en	Mittelalter
hamn/a -ar -ade -at	landen
skeppssättning -en -ar	Schiffsetzung
arkeolog -en -er	Archäologe
regalskepp -et -	Kriegsschiff
bärgning -en -ar	Bergung
dykare -n -	Taucher
djup -et -	Tiefe
mörk/er -ret	Dunkelheit
domkyrk/a -an -or	Dom
grundlägg/a -er, grundlade, grundlagt	gründen, den Grund legen
invig/a -er -de -t	einweihen
gravmonument -et -	Grabmonument
runsten -en -ar	Runenstein
gud -en -ar	Gott
hällristning -en -ar	Felszeichnung
stridsscen -en -er	Kriegsszene

5a Regalskeppet Vasa och den stora katastrofen

katastrof -en -er	Katastrophe
saml/a -ar -ade -at	sammeln
nedanför	unterhalb
örlogs-	Kriegs-, Marine-
ge -r, gav, gett sig av	sich auf den Weg machen
färd -en -er	Fahrt
hundratal -et -	ungefähr hundert
ombord	an Bord
besättning -en -ar	Besatzung
tillåtelse -n -r	Erlaubnis
anhörig	Angehöriger
kaj -en -er	Kai
folk -et -	Volk
vink/a -ar -ade -at	winken
rop/a -ar -ade -at	rufen
imponer/a -ar -ade -at	imponieren
kanon -en -er	Kanone
överflöd -et	Überfluß
beundran	Bewunderung
stolthet -en	Stolz
ankare -t -	Anker
seg/el -let -	Segel
hiss/a -ar -ade -at	hissen
stilla	still
seglats -en -er	Segelfahrt
vindil -en -ar	Windbö
kantr/a -ar -ade -at	kentern
rus/a -ar -ade -at in	hineinstürzen
kanonport -en -ar	Kanonenluke
passagerare -n -	Passagier
åskådare -n -	Zuschauer

vittne -t -n	Zeuge
sjunk/a -er, sjönk, sjunkit	sinken
flagg/a -an -or	Flagge
händ/a -er, hände, hänt	passieren
ras/a -ar -ade -at	toben
kontinent -en -er	Kontinent
stark	stark
flott/a -an -or	Flotte
kontrakt -et -	Vertrag
avverk/a -ar -ade -at	fällen
ek -en -ar	Eiche
varv -et -	Werft
sjösätt/a -er, sjösatte, sjösatt	vom Stapel lassen
inspekter/a -ar -ade -at	inspektieren
nyhet -en -er	Nachricht, Neuigkeit
förlisning -en -ar	Schiffsbruch
bero -r, berodde, berott på	seinen Grund haben in
oförstånd -et	Unverständis
oaktsamhet -en	unvorsichtigkeit
skyldig	schuldig
bestraff/a -ar -ade -at	bestrafen
riksråd -et -	Reichsrat
vems	wessen
förhör/a, förhör, -de -t	verhören
bristande	mangelnde
kunskap -en -er	Wissen
trots att	obwohl
dåtida	damalig
riktlinj/e -en -er	Richtlinie
experiment -et -	Experiment
bestyck/a -ar -ade -at	bestücken
bärg/a -ar -ade -at	bergen
dykarklock/a -an -or	Taucherglocke
glöm/ma -mer, glömde, glömt bort	vergessen
förbered/a -er, förberedde, förberett	vorbereiten
etapp -en -er	Etappe
grundare	hier: flacheres
havsbott/en -nen -nar	Meeresgrund
yt/a -an -or	hier: Oberfläche
temporär	zeitweilig
utgrävning -en -ar	Ausgrabung
trädel -en -ar	Holzteil
ornament -et -	Ornament
föremål -et -	Gegenstand
läd/er -ret	Leder
metall -en -er	Metall
sprick/a -er, sprack, spruckit	platzen
besprut/a -ar -ade -at	besprühen
skrov -et -	Rumpf
vätsk/a -an -or	Flüssigkeit
det enda	das einzige
bevarad	erhalten
unik	einzigartig
original -et -	Original
det nuvarande	das heutige
område -t -n	Gebiet
föreställning -en -ar	Vorstellung
makt -en -er	Macht

OBS!

Bitte beachten Sie:

landa	*landen* (bei Flugzeugen)
hamna	*landen*

AVSNITT 22

1a Hos läkaren

läkare -n -	Arzt
kräftskiv/a -an -or	Krebsfest
distriktläkare -n -	Bezirksarzt
mottagning -en -ar	Praxis
väntrum -met -	Warteraum
patient -en -er	Patient
tur -en -er	hier: an der Reihe sein
sjukskötersk/a -an -or	Krankenschwester
rop/a -ar -ade -at upp	aufrufen
märkas, märks, märktes, märkts	merken
älsk/a -ar -ade -at	lieben
förstås	selbstverständlich
en hel del	eine ganze Menge
svett/as - as -ades -ats	schwitzen
fross/a -an -or	Schüttelfrost
ha ont i ...	Schmerzen haben
mag/e -en -ar	Magen, Bauch
kän/nas -ns -des -ts	fühlen
kräk/as -s -tes -ts	sich übergeben
diarré -n -er	Durchfall
feb/er -ern -rar	Fieber
symptom -et -	Symptom
matförgiftning -en -ar	Lebensmittelvergiftung
tål/a tål, -de -t	vertragen

känslig	empfindlich
mottaglig	empfänglich
bakterie -n -er	Bakterie
undersök/a -er -te -t	untersuchen
allvarligt	ernst
and/as -as -ades -ats	atmen
djup	tief
gap/a -ar -ade -at	Mund öffnen
räck/a -er -de -t ut	ausstrecken
tung/a -an -or	Zunge
tablett -en -er	Tablette
tarmflor/a -an -or	Darmflora
dagligen	täglich
kamomillte -(e)t -er	Kamillentee
aptit -en	Appetit
buljong -en -er	Bouillon
bättre	besser
Krya på dig!	Gute Besserung!

6a **Några svenska dikter**

dikt -en -er	Gedicht

Hjärtats blomma

dock	jedoch
törnros -en -er	wilde Rose
törn/e -t -n	Dorn
sår/a -ar -ade -at	verletzen
rinn/a -er, rann, runnit	fließen
vi (varför)	altert. warum
himmelskt	himmlisch
blod -et	Blut
utur	heraus
färg/a -ar -ade -at	färben
likn/a -ar -ade -at	gleichen

Strof i april

strof -en -er	Strophe
paradis -et -	Paradies
evig	ewig
möt/as -as -tes -ts	begegnen
händelsevis	zufällig
inunder	unter
glädje -n	Freude
sorg -en -er	Trauer
vinning -en	Gewinn
för vinnings skull	um des Gewinns wegen

Sommarafton

bok -en -ar	Buche
murgrön/a -an -or	Efeu
ej (inte)	altert.: nicht
mer	mehr
när som	wenn
mogen	reif
fall/a -er, föll, fallit	fallen

Världens gång

hav -et -	Meer
vält/a -er, välte, vält	walzen
storm -en -ar	Sturm
vin/a -er, ven, vinit	pfeifen
våg -en -or	Welle
rull/a -ar -ade -at	rollen
asklikt	wie Asche
vräk/a -er -te -t	werfen
kapten -en -er	Kapitän
ännu	noch
rädd/a -ar -ade -at	retten
lin/a -an -or	Seil
den arme	der Arme
nå -r, -dde -tt	erreichen
syn/as -s -tes -ts	gesehen werden

OBS!

Beachten Sie bitte:

1. **ansikte** *Gesicht*
   åsikt *Ansicht*
2. **Fåglarne** und **falla** sind alte Pluralformen.

AVSNITT 23

1a **En diskussion om miljöfrågor**

diskussion -en -er	Diskussion
miljöfråg/a -an -or	Umweltfrage
miljö -n -er	hier: Umwelt
sommarställe -t -n	Wochenendhaus
grill/a -ar -ade -at	grillen
aromatisk	aromatisch
alternativodlad	alternativ angebaut
märk/a -er -te -t	hier: auszeichnen
innebära innebär, innebar, inneburit	bedeuten
antibiotik/um -umet -a	Antibiotika
hormon -en -er	Hormon
fod/er -ret -	Futter
odl/a -ar -ade -at	anbauen
kemisk	chemisch
bekämpningsmed/el -let -	Bekämpfungsmittel
tänk/a -er -te -t om	umdenken

enorm	enorm
levnadsstandard -en -er	Lebensstandard
bidr/a -ar, bidrog, bidragit	beitragen
förstöring -en -ar	Zerstörung
räck/a -er -te -t	reichen
producer/a -ar -ade -at	produzieren
sop/a -an -or	Müll
returflask/a -an -or	Mehrwegflasche
förpackning -en -ar	Verpackung
plast -en -er	Plastik
nackdel -en -ar	Nachteil
moms -en -er	Mehrwertsteuer
skatt -en -er	hier: Steuer
höj/a -er -de -t	erhöhen
ha -r, hade, haft råd	sich etwas leisten
ekologisk	ökologisch
medge -r, medgav, medgivit	zugeben
amortering -en -ar	Abzahlung
elräkning -en -ar	Stromrechnung
fördel -en -ar	Vorteil
pigg	munter
sund	gesund
an/a -ar -ade -at	ahnen
spar/a -ar -ade -at	sparen
å ena sidan	einerseits
ta -r, tog, tagit på allvar	ernstnehmen
å andra sidan	andererseits
kostvan/a -an -or	Ernährungsgewohnheiten
avstå -r, avstod, avstått	verzichten
sats/a -ar -ade -at på	setzen auf etwas
skeptisk	skeptisch
debatt -en -er	Debatte
annorlunda	anders
åsikt -en -er	Ansicht
initiativ -et -	Initiative
ager/a -ar -ade -at	agieren, handeln
övertyg/a -ar -ade -at	überzeugen
bäck -en -ar	Bach

5a Sverige i stora drag

Geografi och naturtillgångar

naturtillgång -en -ar	Naturschätze
yt/a -an -or	Fläche
hälft -en -er	Hälfte
vara, är, var, varit täckt av	bedeckt sein
utgöra, utgör, utgjorde, utgjort	ausmachen
jordbruk -et -	Landwirtschaft
skandinavisk	skandinavisch
fjällkedj/a -an -or	Bergkette
delvis	teilweise
gräns -en -er	Grenze
topp -en -ar	Spitze
höjd -en -er	Höhe
antal -et -	Anzahl
älv -en -ar	Strom
flott(nings)led -en -er	Floßstrecke
sågverk -et -	Sägewerk
mynning -en -ar	Mündung
kraftstation -en -er	Kraftwerk
längs med	entlang
försörjning -en -ar	Versorgung

Befolkning

invandrare -n -	Einwanderer
sam/e -en -er	Same
femtedel -en -ar	Fünftel
ägn/a -ar -ade -at sig åt	sich beschäftigen mit
renskötsel -n	Rentierhaltung
näring -en -ar	hier: Gewerbe
statlig	staatlich
sträv/an -an -anden	Bestrebung
samiska -n	Samisch
sök/a -er -te -t	hier: beantragen
uppehåll -et -	Aufenthalt
tillstånd -et -	Genehmigung

Industri, forskning och miljö

forskning -en -ar	Forschung
jätt/e -en -ar	Riese
led/a -er, ledde, lett	leiten
telekommunikation -en -er	Telekommunikation
vara, är, var, varit känt	bekannt sein
donation -en -er	Schenkung
fredspris -et -	Friedenspreis
fysik -en	Physik
kemi -n	Chemie
litteratur -en -er	Literatur
friluftsälskande	Naturliebhaber
naturvård -en	Naturschutz
inrätt/a -ar -ade -at	einrichten
orörd	unberührt
naturreservat -et -	Naturschutzgebiet

Statsskick och politik

statsskick -et -	Staatsform
politik -en	Politik
konstitutionell	konstitutionell
monarki -n -er	Monarchie
för närvarande	zur Zeit
kungapar -et -	Königspaar
ambassadör -en -er	Botschafter
parlament -et -	Parlament
riksdag -en -ar	Reichstag
ledamot -en, ledamöter	Abgeordnet/er/e
allmän	allgemein
val -et -	Wahl
period -en -er	Periode
medborgare -n -	Staatsbürger
röst/a -ar -ade -at	abstimmen
kandider/a -ar -ade -at	kandidieren
samtidigt	gleichzeitig
kommun -en -er	Kommune
landsting -et -	Provinziallandtag

utländsk	ausländisch
anordn/a -ar -ade -at	abhalten, veranstalten
rådgiv/a -er, rådgav, rådgivit	beraten
folkomröstning -en -ar	Volksabstimmung
medlemskap -et -	Mitgliedschaft
neutral	neutral
hörnpelare -n -	Eckpfeiler
FN (Förenta Nationerna)	UN (Vereinte Nationen)
utrikespolitik -en	Außenpolitik
verk/a -ar -ade -at för något	für etwas wirken
kärnvap/en -net -	Atomwaffen
zon -en -er	Zone

OBS!

Beachten Sie bitte:

å ena sidan/å andra sidan — *einerseits/andererseits*

på ena sidan/på andra sidan — *auf der einen Seite/auf der anderen Seite*

AVSNITT 24

1a Att tacka nej

humör -et	Laune
o.s.a. (om svar anhålles)	um Antwort wird gebeten
inbjudningskort -et -	Einladungskarte
signal -en -er	Signal
Tjänare!	ugs.: Hallo!
stressigt	stressig
inbjudan (en)	Einladung
men/a -ar -ade -at	meinen
tråkigt	hier: traurig
miss/a -ar -ade -at	verpassen
glögg -en -ar	Glühwein
värld -en -ar	Welt
dopp/a -ar -ade -at	tunken
gryt/a -an -or	Topf
lillejulafton	Tag vor Heiligabend
Det låter toppen!	Das klingt Spitze/toll!
i alla fall	auf jeden Fall
ö -n -ar	Insel
Vi hörs!	Wir hören von einander!

5a *Ur* Barnen på Bråkmakargatan

dan (dagen)	Tag
barnkammare -n -	Kinderzimmer
opp (upp)	ugs.: auf
samma	derselbe/dieselbe/dasselbe
rotmos -et	Steckrübenmus
stå -r, stod, stått sig	sich halten
tigg/a -er -de -t	betteln
fattig	arm
ge -r, gav, gett	geben
allihop	alle zusammen
bras/a -an -or	Kaminfeuer
klenät -en -er	Schürzkuchen
julgran -en-ar	Weihnachtsbaum
lukt/a -ade -at	riechen
klä -r, klädde, klätt	hier: schmücken
gran -en -ar	Tanne, Weihnachtsbaum
planter/a -ar -ade -at	pflanzen
fullt med	ugs.: viele
hyacint -en -er	Hyazinte
julklapp -en -ar	Weihnachtsgeschenk
knäck -en -ar	Sahnebonbon
brända mandlar	gebrannte Mandeln
jultomt/e -en -ar	Weihnachtsmann
stamp/a -ar -ade -at	stampfen
farstu -n -r	Flur
dundr/a -ar -ade -at	donnern
säck -en -ar	Sack
pin full	total voll
utanskrift -en -er	altert.: Adresse
Akta dej!	Paß auf!
trill/a -ar -ade -at ur	herausfallen
huvet (huvudet)	Kopf
stirr/a -ar -ade -at på	anstarren
kälk/e -en -ar	Schlitten
rör/a rör, -de -t sig	sich rühren
kill i magen	kribbeln im Bauch
nöt -en -ter	Nuß
julott/a -an -or	Christmette
julkärv/e -en -ar	Hafergarbe zu Weihnachten
rist/a -ar -ade -at av	abschütteln
sparv -en -ar	Spatz
mån/e -en -ar	Mond
underlig	sonderbar
tak -et -	Dach

OBS!

Bitte beachten Sie:
1. In der Übung 2b kommt das Wort **festlig** vor. Das bedeutet oftmals auch "lustig und etwas frech", z.B. Det var festligt! [*Das ist frech/lustig!*]

festlig	*frech, lustig*
högtidlig	*festlich*

2.

humör	*Laune*
humor	*Humor*

3.

tomt/e -en -ar	*Weihnachtsmann*
tomt -en -er	*Grundstück*

4. **Fy Fransson!** — Damit meint Lotta eigentlich den Fluch **Fy fan!** [*Zum Teufel!*]

AVSNITT 25

1a En trafikolycka

trafik -en	Verkehr
trafikolyck/a -an -or	Verkehrsunglück
råk/a -ar -ade -at ut för	zustoßen
blink/a -ar -ade -at	hier: Zeichen geben
Det är inte klokt!	Das ist verrückt!
kross/a -ar -ade -at	zerschlagen
helt och hållet	ganz und gar
fel -et -	Fehler
onödigt	unnötig
vara, är, var, varit skadad	verletzt sein
smäll -en -ar	Aufprall
krock -en -ar	Zusammenstoß
gråt/a -er, grät, gråtit	weinen
spill/a -er -de -t	verschütten
varningstriang/el -eln -lar	Warndreieck
bärgningsbil -en -ar	Abschleppwagen
anteckn/a -ar -ade -at	notieren
registreringsnum/mer -ret -	Zulassungsnummer
rapport -en -er	Bericht
försäkringsbesked -et -	Versicherungsbescheid
uppge -r, uppgav, uppgett (uppgivit)	angeben
cyklist -en -er	Fahrradfahrer
vittne -t -n	Zeuge
försäkringsbolag -et -	Versicherungsgesellschaft
komm/a -er, kom, kommit överens	übereinkommen
trasslig	verwickelt
histori/a -an -er	Geschichte

7a Ett tidningsurklipp

urklipp -et -	Ausschnitt
övningskör/a övningskör, -de -t	Übungsfahrt
klar/a -ar -ade -at av	schaffen
intyg -et -	Bescheinigung
plugg/a -ar -ade -at	pauken
funk/a -ar -ade -at	funktionieren
anmäl/a -er -de -t sig	anmelden
trafikskol/a -an -or	Fahrschule
uppkörning -en -ar	Fahrprüfung
bråttom	eilig
besvikelse -n -r	Enttäuschung
godkänt	genehmigt
vara, är, var, varit dags	an der Zeit sein
bestå -r, bestod, bestått	bestehen
prov -et -	Prüfung
lapp -en -ar	Zettel
på egen hand	selber
inte vara tal om	keine Rede sein
nuläge -t -n	jetzige Lage
fortkörning -en	Geschwindigkeitsüberschreitung

AVSNITT 26

1a I stjärnornas tecken

teck/en -net -	Zeichen
tonår -en (plural)	Teenager
lån/a -ar -ade -at	leihen
band -et -	Kassette
astrologi -n	Astrologie
skojig	lustig
tvilling -en -ar	Zwilling
egenskap -en -er	Eigenschaft
noggrann	genau
saklig	sachlich
pålitlig	zuverlässig

Vokabular

melankolisk	melancholisch
exakt	exakt, genau
vädur -en -ar	Widder
kill/e -en -ar	hier: fester Freund
kän/na -ner -de -t	kennen
disco -t -n	Diskothek
sur	sauer
nedstämd	mutlos
egoistisk	egoistisch
generös	großzügig
spontan	spontan
ärlig	ehrlich
energisk	energisch
tålamod -et	Geduld
begrip/a -er, begrep, begripit	begreifen
mångsidig	vielseitig
begåvad	begabt
anpass/a -ar -ade -at sig	sich anpassen
hävd/a -ar -ade -at sig	sich behaupten
beskrivning -en -ar	Beschreibung
läs/a -er -te -t ut	durchgelesen
herrgård -en -ar	Herrenhaus
omsvärmad	umschwärmt
avsätt/a -er, avsatte, avsatt	entlassen
majorsk/a -an -or	die Frau des Majors
elak	gemein
förbund -et -	Bündnis
djävul -en, djävlar	Teufel
lån/a -ar -ade -at	leihen
hygglig	nett

5a Selma Lagerlöf och Nils Holgersson

personlighet -en -er	Persönlichkeit
ända till	bis zu
död -en	Tod
skicklig	geschickt
berättare -n -	Erzähler
fantasifull	phantasiereich
kamp -en -er	Kampf
det onda	das Böse
det goda	das Gute
segr/a -ar -ade -at	siegen
lat	faul
förvandl/a -ar -ade -at	verwandeln
pyssling -en -ar	Wichtel
vildgåsflock -en -ar	Wildgansschar
mogn/a -ar -ade -at	reifen
utdrag -et -	Auszug
kapit/el -let -	Kapitel

Vildgässen

förmå -r -dde -tt	können
dröm -men -mar	Traum
inbillning -en -ar	Einbildung
slut/a -er, slöt, slutit	schließen
förbli -r, förblev, förblivit	verbleiben
eljest (annars)	altert.: sonst
förut	vorher
linhår -et	Haar, blond wie Leinen
fräk/ne -nen -nar	Sommersprosse
skinn -et -	Leder
stopp -en -ar	das Gestopfte
undantag -et -	Ausnahme
förminsk/a -ar -ade -at	verkleinern
Det tjänar ingenting till.	Es nützt nichts.
få -r, fick, fått lov	dürfen
klok	klug
föret/a -ar, företog, företagit sig	sich vornehmen
förson/a -ar -ade -at sig	sich versöhnen
hopp/a -ar -ade -at	hüpfen
råtthål -et -	Rattenloch
i stånd att	imstande zu
be -r, bad, bett	hier: bitten
svik/a -er, svek, svikit	Vertrauen brechen
predikan (en)	Predigt
präktig	prächtig
lydig	gehorsam
goss/e -en -ar	Junge
småfolk -et -	Zwerge und Wichtelvolk
kostall -et -	Kuhstall
beslut/a -er, beslöt, beslutit	beschließen
stå -r, stod, stått på glänt	einen Spalt offenstehen
lås -et -	Schloß
slipp/a -er, slapp, sluppit igenom	durchkommen
hind/er -ret -	Hindernis
förstu -n -r	Vorlaube
träsko -n -r	Holzschuhe
strumpsock/a -an -or	ohne Schuh
reda/a -er, redde rett sig	zurechtkommen
klumpig	klobig, tolpatschig
trösk/el -eln -lar	Schwelle
omtänksam	umsichtig
ängslig	ängstlich
tyck/as -as -tes -ts	scheinen
bedrövelse -n-r	Betrübnis
ekbräd/a -an -or	Eichenbrett
gråsparv -en -ar	Spatz
gåsapåg -en -ar	dialektal: Gänsehüter
tummetott -en -ar	Däumling
genast	sofort
gås -en, gäss	Gans
höns -et -en	Huhn
blick -en -ar	Blick
kackl/a -ar -ade -at	gackern
kuckeliku	kikeriki
gala, gal, gol, galit	krähen
vara rätt åt någon	jemandem nichts schaden
oändlighet -en	Unendlichkeit
fara, far, for, farit ihop	zusammenfahren
tät	dicht
klung/a -an -or	Haufen, Gruppe

stick/a -er stack, stuckit	hier: stecken	förvånad	verwundert
märkvärdig	merkwürdig	trappsteg -et -	Treppenstufe

AVSNITT 27

1a På stationen

pensionär -en -er	Rentner	resdag -en -ar	Reisetag
pass/a -ar -ade -at på	Gelegenheit wahrnehmen	betydelse -n -r	Bedeutung
enkel	einfach	nationalitet -en -er	Nationalität
tur och retur	hin und zurück	utnyttj/a -ar -ade -at	ausnutzen
klass -en -er	Klasse	förbindelse -n -r	Verbindung
undr/a -ar -ade -at	wissen mögen, sich fragen	byt/a -er -te -t	hier: umsteigen
möjligen	möglicherweise	avgå -r, avgick, avgått	abfahren
sort -en -er	Art	ankomst -en -er	Ankunft
en sorts	eine Art	uppehåll -et -	Aufenthalt
rabatt -en -er	Ermäßigung	numera	zur Zeit
biljett -en -er	Fahrkarte	icke rökare	Nichtraucher
före	vor	spår -et -	hier: Gleis
		Trevlig resa!	Gute Reise!

5 Några nationalitetsuttryck

Land	**Sprache**	**Mann**	**Frau**
Danmark	danska	dansk -en -ar	dansk/a -an -or
England	engelska	engels/man -mannen, -män	engelsk/a -an -or
Finland	finska	finländare -n -	finsk/a -an -or
Frankrike	franska	frans/man -mannen, -män	fransysk/a -an -or
Grekland	grekiska	grek -en -er	grekinn/a -an -or (grekisk/a -an -or)
Island	isländska	islänning -en -ar	isländsk/a -an -or
Italien	italienska	italienare -n -	italiensk/a -an -or
Norge	norska	norr/man -mannen, -män	norsk/a -an -or
Spanien	spanska	spanjor -en -er	spanjorsk/a -an -or
Sverige	svenska	svensk -en -ar	svensk/a -an -or
Tyskland	tyska	tysk -en -ar	tysk/a -an -or
Österrike	tyska	österrikare -n -	österrikisk/a -an -or

6a De första timmarna i Sverige

viss	bestimmt	jämn	glatt, eben
mos -et	Pürree, Brei	hål -et -	Loch
gurkmajonnäs	eine Art Gurkensalat	grop -en -ar	Loch, Grube
träng/a -er -de -t sig in	eindringen	sväv/a -ar -ade -at	schweben
passkontroll -en -er	Paßkontrolle	konstig	komisch
terminal -en -er	Terminal, Anleger	gyllene	golden
främmande	fremd	ljug/a -er, ljög, ljugit	lügen
polsk	polnisch	åk/er -ern -rar	Acker
pappersmugg -en -ar	Pappbecher	tom	leer
tant -en -er	Tante	hästkärr/a -an -or	Pferdekarre
luck/a -an -or	hier: Schalter	kyrktorn -et -	Kirchturm
okänd	unbekannt	dö -r, dog ,dött	sterben
gitarr -en -er	Guitarre	traktor -n -er	Trecker
asfalt -en -er	Asphalt	fjärrstyrd	ferngesteuert
		back/e -en -ar	Hügel

glimt/a -ar -ade -at	schimmern
själ -en -ar	Seele
apparat -en -er	Apparat, Gerät
fiffig	pfiffig
glöm/ma -mer -de -t	vergessen
artighet -en -er	Höflichkeit
pass/a -ar -ade -at sig	sich schicken
strunt/a -ar -ade -t i	unbeachtet lassen, pfeifen auf etwas
etikett -en	Etikette
giss/a -ar -ade -at	raten
någonsin	jemals
slick/a -ar -ade -at	lecken

Grammatik-Sachregister (A = Avsnitt)

Das Personalpronomen

Singular	jag du han hon den } det }	*ich* *du* *er* *sie* *er, sie,* *es*
Plural	vi ni, ni (Anrede) de	*wir* *ihr, Sie* *sie*

➽ Wird in einem Brief die höfliche Anrede *ni* verwendet, wird es oft mit großem "N" geschrieben.

Das Substantiv - Genus und unbestimmter Artikel

Die schwedische Sprache kennt im Vergleich zur deutschen nur zwei Genus (Geschlechter): Utrum (*en*) und Neutrum (*ett*).
Der unbestimmte Artikel wird im Schwedischen wie im Deutschen vorangestellt.

Utrum	en man en karta	*ein Mann* *eine Karte*
Neutrum	ett samtal ett paraply	*ein Gespräch* *ein Regenschirm*

OBS!

Hauptwörter
Die Hauptwörter werden im Schwedischen klein geschrieben, wie auch die Monatsnamen, Namen der Wochentage und Feiertage.
Groß geschrieben werden dagegen Namen von Personen, Firmen, Büchern, Theaterstücken, Flüssen, Meeren, Ortschaften, Städten, Inseln und Erdteilen.

Vad ...?
Vad [was/wie] ist ein Interrogativpronomen (Fragefürwort), das im Schwedischen bei der Frage nach dem Namen gebraucht wird. Beispiel: *Vad heter du?* [Wie heißt Du?]

Das Substantiv - bestimmter Artikel

Typisch für die skandinavischen Sprachen ist, daß der jeweilige bestimmte Artikel an das Substantiv angehängt wird.

	Unbestimmte Form	**Bestimmte Form**
Utrum	en restaurang en turistbyrå en cykel en semester	restaurangen turistbyrån cykeln semestern
Neutrum	ett hotell ett äpple ett exempel ett fönster ett tecken	hotellet äpplet exemplet fönstret tecknet

<u>Erläuterungen:</u>

- In der unbestimmten Form, z.B. *en restaurang, ett hotell* [ein Restaurant, ein Hotel], steht der Artikel vor dem Hauptwort.
- In der bestimmten Form, z.B. *restaurangen, hotellet* [das Restaurant, das Hotel], wird der Artikel *-en* und *-et* als Endung an das Hauptwort angehängt.
- Wörter, die mit einem Vokal enden, z.B. *en turistbyrå, ett äpple* [ein Apfel], erhalten als Endung in der bestimmten Form nur ein *-n* respektive *-t* .
- Utrum-Wörter (*en*) die auf *-el* und *-er* enden, z.B. *en cykel, en semester*, [ein Fahrrad, ein Urlaub] erhalten als Endung auch nur ein *-n* in der bestimmten Form.
- Neutrum-Wörter (*ett*), die auf *-en* , *-el* und *-er* enden, z.B. *ett exempel, ett fönster, ett tecken* [ein Beispiel, ein Fenster, ein Zeichen], verlieren in der bestimmten Form das *-e-* in der letzten Silbe, z.B. fönstret.

OBS!

Substantiv ohne Artikel
Wenn eine allgemeine Bedeutung vorliegt, steht das Substantiv ohne Artikel:
Är ni här med bil? (Hier wird danach gefragt, ob der/die Angesprochene mit dem Auto kam oder vielleicht mit einem anderen Verkehrsmittel).
Är ni här med bilen? (Hier wird danach gefragt, ob der/die Angesprochene mit einem bestimmten Auto, z.B. mit dem eigenen, da ist).

Grammatik

Das Substantiv - Genitiv

Es gibt im Schwedischen nur zwei Kasus (Fälle): Grundform und Genitiv.

Grundform	Genitiv
Eva har ett hus. Pojken har en katt. Anders har en lägenhet.	Det är Evas hus. Det är pojkens katt. Det är Anders lägenhet.

Erläuterungen:

- Der Genitiv wird durch Anhängen von *-s* gebildet. Bei der bestimmten Form steht das *-s* nach dem angehängten Artikel.
- Endet ein Wort bereits auf *-s* , wird kein weiteres *-s* angefügt.
- Zu beachten ist außerdem, daß der Besitzer immer dem Besitztum vorausgeht.

➡ Die Präposition *på* kann einen Genitiv ersetzen, z.B. *Färgen på hatten är svart* [Die Farbe des Hutes ist schwarz], *Längden på huset är 20 m* [Die Länge des Hauses beträgt 20 m].

Das Verb - Infinitiv und Präsens

Das Verb (Tätigkeitswort) hat vier Konjugationen:

Konj.	Infinitiv	Stamm	Präsens	
1. 2a.* 2b. 3.	(att) hitta (att) ringa (att) köpa (att) bo	hitt ring köp bo	hittar ringer köper bor	**schwache Verben**
4.	(att) heta (att) ligga	het ligg	heter ligger	**starke Verben**

* Der Unterschied zwischen den Formen 2a und 2b zeigt sich erst bei der Bildung der Vergangenheitsform.

Erläuterungen:

- Der Infinitiv ist die Grundform des Verbes, die auch im Wörterbuch zu finden ist. Bei den meisten Verben endet der Infinitiv auf *-a*.
- Das *att*, z.B. *att hitta* [zu finden] kennzeichnet den Infinitiv.
- Das Präsens wird durch die Endungen *-ar, -er* und *-r* gebildet, die an den Stamm angehängt werden.
- Im Schwedischen wird das Verb nach dem Personalpronomen nicht gebeugt:
  Jag, du, han, hon, den, det, vi, ni, de } arbetar.

Die Personalpronomen *den* und *det*

Anstatt eines Substantives können wir auch die Pronomen *den* und *det* benutzen.

Utrum	Vad kostar glassen? Vad heter hunden?	Den kostar 8:-. Den heter Karo.
Neutrum	Vad kostar äpplet?	Det kostar 4:-.

Erläuterungen:

- Die beiden Pronomen richten sich nach dem Geschlecht des Substantives. *Den* steht anstelle eines Utrum-Substantives (*en*), und *det* anstelle eines Neutrum-Substantives (*ett*).

- Bei Personen gebraucht man *hon* oder *han*:
  Vad heter flickan? ***Hon*** heter Britta.
  Vad heter pojken? ***Han*** heter Karl.

➽ *Det* in der Bedeutung "das" oder "es":
Vad är det? [*Was ist das?*] Det är en hund. [*Das/Es ist ein Hund.*]

Das Modalverb

Mit dem Modalverb drückt der Sprecher die Einstellung zur Handlung aus.

	Modalverb	**Verb im Infinitiv + objekt**
Ulf	vill skulle kan måste ska	växla pengar. vilja växla pengar. växla pengar. växla pengar. växla pengar.

Erläuterungen:

- Die Infinitivformen der Modalverben sind: *vilja* (Präsens *vill*), *kunna* (Präsens *kan*), *skola* (Präsens *ska* oder auch *skall*). *Måste* hat keinen Infinitiv.

- Die Hilfsverben bilden das Präsens ohne Endungen.

- Das Modalverb steht immer zusammen mit dem Infinitiv eines anderen Verbes.

- Nach einem modalen Hilfsverb wird das Infinitiv-*att* immer weggelassen!

- *Skulle* ist eine Konjunktiv- und Präteritumform von *ska* und bedeutet "wollte" oder "würde". *Skulle vilja* entspricht der deutschen Höflichkeitsform von "mögen".

- *Ska* hat die Bedeutungen "sollen", "wollen", "müssen" und "werden". Mit dem Verb *ska* in der Bedeutung "werden" drückt man im Schwedischen das Futur aus.

- Zwei Verben, die auch noch zu den Modalverben zählen, sind *böra* (Präsens *bör*) in der Bedeutung "müssen", "sollen" und *lär* (hat keinen Infinitiv) in der Bedeutung "soll", "dürfte".

Das Relativpronomen *som*

Das Relativpronomen *som* (rückbezügliches Fürwort “der”, “die”, “das”) leitet einen Nebensatz ein und bezieht sich auf im Hauptsatz bereits erwähnte Personen, Tiere oder Sachen im Singular oder im Plural. Beispiele:

Ingrid har en man som heter Göran.	(som = *der*)
Kristianstad är en stad som ligger i Skåne.	(som = *die*)
Vi har en sommarstuga som ligger i Flen.	(som = *das*)
Vi har två barn som heter Olle och Annika.	(som = *die*)

<u>Erläuterungen:</u>

- *Som* ist nicht beugbar.
- Im Schwedischen schreibt man vor dem *som* kein Komma!
- Man kann nie wie im Deutschen eine Präposition vor das Relativpronomen *som* stellen: *Huset som jag bor i ligger i Sollentuna.* [Das Haus, in dem ich wohne, ...]
- Im formellen Schwedisch werden die Pronomen *vilken, vilket, vilka* als Relativpronomen gebraucht: *Barn, vilka är födda 1990, börjar skolan i år.* [Kinder, die im Jahre 1990 geboren sind, kommen dieses Jahr zur Schule].

➽ *Som* bedeutet außerdem noch “wie” und “als”:

Han arbetar som ingenjör på en fabrik.	(som = *als*)
Som du vet, är Kristianstad en renässansstad.	(som = *wie*)

Die Präposition

i 
över 
framför 

vid 
bredvid 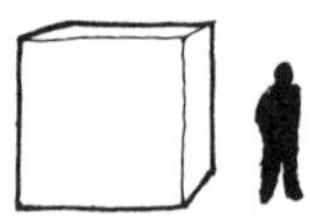
mellan 

bakom 
på 
under 

➽ Beachten Sie bitte die Benutzung der Präpositionen *på* und *i*:

på Lindgatan, biblioteket, banken, posten, hotellet, fabriken, restaurangen, sjukhuset, museet, apoteket, konditoriet, bion, teatern

i affären, skolan, bokhandeln, butiken, kyrkan

Vergleichen Sie bitte: *Jag går **in i** affären* [... hinein in das Geschäft]. *Jag går **till** affären* [... zum Geschäft]. *Jag går **in på** banken* [... in die Bank hinein]. *Jag går **till** banken* [... zur Bank].

Die Uhrzeit

a)

b)

c)

d)

e)

i	*vor*
över	*nach*
halv	*halb*
kvart	*Viertel*

a) Klockan är halv sju./Klockan är arton och trettio.
b) Klockan är fem över halv två./Klockan är tretton och trettiofem.
c) Klockan är tio över ett./Klockan är tretton och tio.
d) Klockan är tjugo i fem./Klockan är sexton och fyrtio.
e) Klockan är kvart i elva./Klockan är tio och fyrtiofem.

Erläuterung:

- Man sagt: *Vad/Hur mycket är klockan?* *Klockan/Den/Hon är ... .*

➽ Beachten Sie bitte den sprachlichen Unterschied:
Jag vaknar klockan sju. [Ich wache **um** sieben Uhr auf.]
Jag arbetar ***på*** *måndag.* [Ich arbeite (am) Montag.]

Das Reflexivpronomen

Das Reflexivpronomen (rückbezügliches Fürwort) bezieht sich auf (spiegelt) das Subjekt im Satz.

	Persönliches Pronomen	Reflexives Pronomen
Singular	jag du han hon den det	mig dig sig sig sig sig
Plural	vi ni, ni (Anrede) de	oss er, er (Anrede) sig

➽ Verben, die mit einem Reflexivpronomen verbunden sind, heißen reflexive Verben, z.B. *tvätta sig, kamma sig, lägga sig, klä på sig.*

Wortstellung

OBS!

Das Verb an zweiter Satzgliedstelle Das Subjekt steht vor dem Prädikat.	**Das Verb an erster Satzgliedstelle** Das Prädikat steht vor dem Subjekt.
Du talar svenska. Jag vaknar klockan sju. Helena läser på kvällen. Jag arbetar sedan.	Talar du svenska? Klockan sju* vaknar jag. På kvällen läser Helena. Sedan arbetar jag.

* Die Zeitangabe kann entweder am Anfang oder am Ende des Satzes stehen. Wenn sie am Anfang des Satzes steht, muß das Prädikat vor dem Subjekt stehen.

Das reziproke Verb

Einige Verben, die im Deutschen reflexiv sind, sind im Schwedischen reziproke (wechselseitige) Verben, z.B. *träffas* [sich treffen], *ses* [sich sehen], und *mötas* [sich begegnen]. Sie enden mit einem “Passiv *-s*”.
Man kann im Schwedischen die Wechselseitigkeit auch mit Hilfe von *varandra* [einander] ausdrücken.

Beispiele:

Jan och Erik träffas. Jan och Erik träffar varandra.	} (Jan träffar Erik./Erik träffar Jan.)
Lena och Sara ses. Lena och Sara ser varandra.	} (Lena ser Sara./Sara ser Lena.)
Johan och Ulla möts. Johan och Ulla möter varandra.	} (Johan möter Ulla./Ulla möter Johan.)

Die Indefinitpronomen *någon, något, ingen, inget*

Die Indefinitpronomen bezeichnen etwas Unbestimmtes (Personen, Tiere, abstrakte Begriffe).

Utrum	någon	*jemand, ein /-e /-es*	Är det någon från Tyskland? Har du någon klocka?
Neutrum	något	*etwas, ein /-e /-es*	Det är något som inte stämmer. Har du något hus?
Utrum	ingen (inte någon)	*kein /-er /-e /-es*	Lena ser ingen (inte någon). Jag har ingen (inte någon) klocka. *Jag vill inte ha någon hund.*
Neutrum	inget (inte något)	*kein /-er /-e /-es*	Det finns inget (inte något) vatten. *Jag måste inte skriva något brev.* *Jag tycker inte om något hus av den arkitekten.*

Erläuterungen:

- Die Indefinitpronomen richten sich nach dem Hauptwort (*en, ett* oder Plural). Die Pluralform finden Sie auf der Grammatikseite zu Abschnitt 8.
- *Någon* und *något* werden umgangsprachlich "nån" und "nåt" ausgesprochen.
- Stellt man eine Frage, benutzt man oft das Wort *någon* statt *en* und *något* statt *ett*: *Har hotellet **något** garage?* (Man meint irgendeine oder überhaupt eine Garage).
- Im Schwedischen gibt es zwei Formen für das deutsche "kein /-er/-e/-es": das Pronomen *ingen, inget* und die aufgelöste Form *inte någon, inte något*. Im Sprachgebrauch sind beide Formen fast immer gegeneinander austauschbar. In einem Satz mit einem modalen Hilfsverb, einem temporalen Hilfsverb (Perfekt, Plusquamperfekt) oder einem Verb mit Präposition müssen jedoch die Formen *inte någon* etc. benutzt werden (siehe Beispiele in kursiver Schrift).

Die Demonstrativpronomen *den här, den där*

Demonstrativpronomen (hinweisende Fürwörter) benutzt man, um deutlich zu machen, über wen oder was man spricht.

Utrum	Neutrum
den här den där	det här det där

Erläuterungen:

- Die Demonstrativpronomen richten sich nach dem Hauptwort (*en, ett* oder Plural). Die Pluralform finden Sie auf der Grammatikseite zu Abschnitt 8.
- *Den här/det här* ist dem Sprecher nahe, *den där/det där* ist vom Sprecher weiter entfernt.
- Die Demonstrativpronomen *den/det här, den/det där* werden sowohl attributiv (*Den där boken är Ullas*) wie auch selbstständig benutzt (*Kan jag få den där?*).

OBS!

Nästa ...
Nach den Wörtern *nästa* [der/die/das nächste] und *samma* [derselbe, dieselbe, dasselbe] steht das Substantiv ohne bestimmten Artikel, z.B. *nästa dag, samma hus.*

Till fots
Ähnlich wie *till fots* gibt es auch noch andere Ausdrücke mit der Präposition *till:*

till hands	*zur Hand*
till sängs	*zu Bett*
till bords	*zu Tisch*
till döds	*zu Tode*
till salu	*zum Verkauf*
till godo	*zu Ihren Gunsten*
till orda	*zu Wort*

Das Substantiv - Plural (unbestimmte Form)

Der Plural oder die Mehrzahl wird im Schwedischen mit Endungen gebildet.
Die fünf Formen, den Plural zu bilden, nennt man die fünf Deklinationen.

Regelmäßige Pluralbildung:

Dekl.	Singular	Pluralendung	Plural
1.	en flicka, en karta	-or	flickor, kartor
2a. 2b. 2c. 2d.	en bil, en väg en pojke, en påse en tidning en cykel, en syster, en öken	-ar	bilar, vägar pojkar, påsar tidningar cyklar, systrar, öknar
3.	en apelsin, en affär	-er	apelsiner, affärer
4.	ett äpple, ett foto	-n	äpplen, foton
5a. 5b.	ett hus, ett barn en lärare, en tekniker, en indier	—	hus, barn lärare, tekniker, indier

<u>Erläuterungen zu den einzelnen Deklinationen:</u>

1. Hierher gehören "*en*-Wörter" (Utrum) die auf *-a* enden. Der Schlußvokal *-a* entfällt vor der Pluralsilbe *-or*. Unregelmäßig gebeugt wird z.B. *en ros - rosor*.

2a. Zu dieser Gruppe gehören viele einsilbige "*en*-Wörter".
2b. Mehrsilbige "*en*-Wörter", die auf *-e* enden. Das *-e* entfällt vor der Pluralendung *-ar* .
2c. "*En*-Wörter" mit Endsilbe *-ing*.
2d. "*En*-Wörter" mit der Endsilbe *-er, -el* und *-en*. Das *-e* entfällt vor der Pluralendung *-ar* .

3. "*En*-Wörter" mit betonter Schlußsilbe, meistens Lehnwörter. Unregelmäßig gebeugt werden z.B. *ett museum - museer, ett land - länder, en stad - städer.*

4. Es gibt nur wenige Wörter mit dieser Pluralbildung. Es sind "*ett*-Wörter" (Neutrum), die auf einen Vokal enden. Unregelmäßig gebeugt werden z.B. *ett öga - ögon, ett öra - öron.*

5a. "*Ett*-Wörter", die mit einem Konsonanten enden.
5b. "*En*-Wörter", die auf *-are* enden und Berufs- und Nationalitätsbezeichnungen ("*en*-Wörter"), die auf *-er* enden. Unregelmäßig gebeugt wird z.B. *en man - män*.

OBS!

Die Pluralform der Indefinitpronomen någon und ingen, des Demonstrativpronomens *den här/den där* (Grammatik zu Abschnitt 7) **und der Personalpronomen *den* und *det*** (Grammatik zu Abschnitt 4)

Indefinitpronomen	några [einige] inga [keine]	Vill du ha några blommor? Vi har inga/inte några äpplen idag.
Demonstrativpronomen	de här/de där [diese]	De där karamellerna är Lenas.
Personalpronomen	de [sie]	Vad kostar Annas äpplen? De kostar 16 :- kilot.

Keinen Plural
Liter, hekto, kilo, kilometer und *meter* haben in Verbindung mit Zahlen keinen Plural, z.B. *två hekto köttfärs, sju kilometer.*

Många* und *mycket
Många bedeutet "viele" und *mycket* bedeutet "viel". Wenn ein Substantiv als einheitliche Menge aufgefaßt werden kann, wird *mycket* verwendet, z.B. *mycket pengar, mycket mjölk, mycket grönsaker, mycket folk* [viele Leute], *mycket regn* [viel Regen].

Pluraletantum
Pluraletantum sind Substantive, die nur im Plural gebraucht werden, z.B. *sopor* [Müll], *kläder* [Kleider], *anor* [Ahnen], *glasögon* [Brille].

Das Verb - Imperativ

Der Imperativ (Befehlsform) wird als Ausdruck eines Befehls oder einer Bitte benutzt.

Konj.	Infinitiv	Stamm	Präsens	Imperativ
1.	fiska	fisk	fiskar	Fiska!
2a.	ringa	ring	ringer	Ring!
2b.	köpa	köp	köper	Köp!
3.	bo	bo	bor	Bo!
4.	skriva	skriv	skriver	Skriv!
	ligga	ligg	ligger	Ligg!

Erläuterungen:

- Außer in der ersten Konjugation, wo ein *-a* an den Stamm angehängt wird, ist der Imperativ im Schwedischen gleich dem Stamm des Verbes.

- Eine höfliche Aufforderung kann man auf verschiedene Weise ausdrücken:

  Stäng fönstret, ***är du snäll!***/Stäng fönstret, ***är ni snälla!***
  Var snäll och stäng fönstret!/***Var snälla*** och stäng fönstret!
  Var vänlig och stäng fönstret!/***Var vänliga*** och stäng fönstret!
  Vill du vara snäll och stänga fönstret!/***Vill ni vara snälla*** och stänga fönstret!

Die Adverbien *också, inte heller*

Das Adverb (Umstandswort) *också* kann nur in bejahenden Sätzen stehen. Bei Sätzen mit einer Negation wird *inte heller* gebraucht.

Karin kan läsa. Pia kan inte läsa.	Hon kan också skriva. Hon kan inte heller skriva.	Hon kan skriva också. Hon kan inte skriva heller.

OBS!

Någonting
Någonting [etwas] und *ingenting* [nichts] sind die selbständigen Formen von *någon/något* und *ingen/inget*: *Någonting annat? Har du någonting i påsen? Jag ser ingenting.*

Grammatik

Die Ordnungszahlen

1 första	11 elfte	21 tjugoförsta	31 trettioförsta
2 andra	12 tolfte	22 tjugoandra	40 fyrtionde
3 tredje	13 trettonde	23 tjugotredje	50 femtionde
4 fjärde	14 fjortonde	24 tjugofjärde	60 sextionde
5 femte	15 femtonde	25 tjugofemte	70 sjuttionde
6 sjätte	16 sextonde	26 tjugosjätte	80 åttionde
7 sjunde	17 sjuttonde	27 tjugosjunde	90 nittionde
8 åttonde	18 artonde	28 tjugoåttonde	100 hundrade
9 nionde	19 nittonde	29 tjugonionde	134 hundratrettiofjärde
10 tionde	20 tjugonde	30 trettionde	1000 tusende

Erläuterung:

- Die Ordnungszahlen werden ohne Punkt geschrieben: *Kiruna den 15 juni.*

➽ Man schreibt: Man sagt:

Man schreibt:	Man sagt:
690822	Sextionio-nollåtta-tjugotvå (bei z.B. Geburtsdatum)
1/3	Den första i tredje/Den första mars. (Måndagen den första mars. Johan fyller år/har födelsedag tisdagen den fjärde juni.)
1994	Nittonhundranittiofyra (Anneli är född nittonhundranittiofyra.)
Gustav VI Adolf	Gustav den sjätte Adolf

➽ Die Jahreszahlen stehen im Schwedischen ohne Präposition. Wenn eine Jahreszahl am Anfang eines Satzes steht, schreibt man: ***År** 1994 var jag i Spanien*.

Das Personalpronomen - Objektform

Die moderne schwedische Sprache kennt nur noch die beiden Kasus (Fälle) Grundform (Nominativ) und Genitiv. Die Fälle Akkusativ und Dativ sind im Schwedischen in der sogenannten "Objektform" des Personalpronomens zusammengefaßt.
Beispiel: *Jag ger **honom** ett äpple*. [Ich gebe **ihm** einen Apfel.] *Jag ser **honom***. [Ich sehe **ihn**.]

Subjektform	Objektform	
jag	mig	*mich, mir*
du	dig	*dich, dir*
han	honom	*ihn, ihm*
hon	henne	*sie, ihr*
den	den }	*ihn, ihm, sie, ihr*
det	det }	
vi	oss	uns
ni, ni (Anrede)	er, er (Anrede)	*euch, Sie, Ihnen*
de	dem	*sie, ihnen*

Erläuterung nächste Seite ⇨

Erläuterung:

- Umgangssprachlich spricht man die Formen *mig* und *dig* "mäj" und "däj" aus. Die Form *dem* wird wie die Subjektform *de* "dom" ausgesprochen und die Form *sig* spricht man "säj". Heutzutage findet man auch oft die Formen *mej*, *dej*, *dom* und *sej* in der Schriftsprache.

OBS!

Begrüßung und Verabschiedung im Brief

Begrüßung:	Hej! Kära ... ! Bästa ... ! (formell bei weiblichen Personen) Bäste ... ! (formell bei männlichen Personen)
Verabschiedung:	Kram Hälsningar ... Många hälsningar ... Vänliga hälsningar ... (formell)

Die Gratulation

Grattis!
Grattis (Gratulerar) på födelsedagen!
Har den äran!
Hjärtliga gratulationer/lyckönskningar på födelsedagen/på bröllopsdagen/till förlovningen!

Die Interrogativpronomen auf einen Blick

vem vad	*wer* *was, wie*	Vem är det? Vad är det?/Vad heter du?
vilken (Utrum) vilket (Neutrum) vilka (Plural)	*welcher, welches, welche* *welcher, welches, welche* *welche*	Vilken dag är det idag? Vilket datum är det idag? Vilka tidningar läser du?

Grammatik

Das Possessivpronomen

Durch die Possessivpronomen (besitzanzeigendes Fürwort) wird ein Besitzerverhältnis oder ganz allgemein eine Zugehörigkeit ausgedrückt.

	Utrum	Neutrum	Plural
jag du han hon den det	min din hans hennes dess dess	mitt ditt hans hennes dess dess	mina dina hans hennes dess dess
vi ni, ni (Anrede) de	vår er, er (Anrede) deras	vårt ert, ert (Anrede) deras	våra era, era (Anrede) deras

Erläuterungen:

- Wie im Deutschen ersetzt das Possessivpronomen den Artikel vor dem Hauptwort: *Det är mitt hus.*

- Das Possessivpronomen ersetzt auch Substantive im Genitiv, z.B. *Astrids bok - hennes bok, pojkens båt - hans båt.*

- Das Possessivpronomen kann sowohl attributiv (zum Substantiv gehörig) als auch selbständig stehen: *Det är min båt.* (attributiv) *Den är min.* (selbständig)

➧ Das Possessivpronomen *dess* wird in der Umgangsprache selten benutzt. Beispiel: *Katten har en korg. Dess färg är brun.*

Die reflexiven Possessivpronomen *sin, sitt, sina*

In der dritten Person Singular und Plural gebraucht man die Formen *sin, sitt, sina*. Sie beziehen sich auf (spiegeln) das Subjekt (den Besitzer) im Satz.

Utrum	Neutrum	Plural
sin	sitt	sina

Vergleichen Sie bitte:

Sven tar ***sin*** hatt.

Das Wort *hatt* bezieht sich auf das Subjekt (Sven). Sven ist der Besitzer.

Kalle tar ***hans*** hatt.

Das Wort *hatt* bezieht sich nicht auf das Subjekt (Kalle). Kalle ist nicht der Bezitzer.

Das Verb - Präteritum

Das Präteritum ist die erste Vergangenheitsform des Verbes.

Konj.	Infinitiv	Stamm	Präsens	Präteritum	
1.	fiska arbeta	fisk arbet	fiskar arbetar	fiskade arbetade	regelmäßige
2a.*	ringa hänga	ring häng	ringer hänger	ringde hängde	(schwache)
2b.**	köpa tänka	köp tänk	köper tänker	köpte tänkte	Verben
3.	bo tro	bo tro	bor tror	bodde trodde	
4.	vara ha ligga gå	var ha ligg gå	är har ligger går	var hade låg gick	unregelmäßige (starke) Verben

* Der Stamm endet mit einem stimmhaften Konsonanten.
** Der Stamm endet mit einem stimmlosen Konsonanten.

Erläuterungen:

- Das Präteritum wird im Schwedischen häufiger verwendet als im Deutschen.
- Das Präteritum wird bei den regelmäßigen Konjugationen durch das Anhängen der Endungen *-ade*, *-de* und *-te* gebildet. Bei der unregelmäßigen Konjugation wechselt häufig der Vokal und die Formen sind sehr unterschiedlich.
- Präteritum von modalen Hilfsverben:

Infinitiv	Präsens	Präteritum
vilja	vill	ville
skola	ska	skulle
kunna	kan	kunde
-	måste	måste
böra	bör	borde
-	lär	-

➽ Die Präteritumform von *måste* ist identisch mit der Präsensform. Deshalb wird diese Präteritumform von *måste* oft umschrieben mit der Wendung *vara tvungen att*.
Beispiel: *Jag var tvungen att tanka igår.* [Ich mußte gestern tanken.]

Die Präposition - Zeitangabe

Gegenwart	Vergangenheit
Eva arbetar...	Eva arbetade...
idag	igår, i förrgår
i eftermiddag	i eftermiddags
ikväll	igår kväll, i tisdags kväll
i natt	igår natt
(nu) i sommar	i somras
(nu) i jul	i julas
(nu) i januari	i januari
i år	i fjol, för ett år sedan, förra året
-	i söndags, i måndags osv.
-	i morse (heute morgen), igår morse, i tisdags morse

OBS!

Die Verben *råka* und *slippa*
Die Verben *råka* [zufällig ...] und *slippa* [etwas nicht machen zu müssen] werden wie modale Hilfsverben gebraucht (siehe Abschnitt 4).

Das Adjektiv - unbestimmte Form (attributive Wortstellung)

Mit dem Adjektiv (Eigenschaftswort) werden vor allem Eigenschaften oder Merkmale bezeichnet. In der attributiven Wortstellung steht das Adjektiv vor dem Hauptwort.

Utrum	Neutrum	Plural
En ***stor*** apelsin En ***gullig*** stuga	Ett ***stort*** hus Ett ***gulligt*** hus	Två ***stora*** hus/apelsiner Två ***gulliga*** hus/stugor

Erläuterungen:

- Das Adjektiv richtet sich nach dem Hauptwort *(en, ett* oder Plural) auf das es sich bezieht.
- Beim Utrum (*en*) bleibt das Adjektiv unverändert. Beim Neutrum erhält das Adjektiv meistens ein *-t* als Endung. Beim Plural erhält das Adjektiv immer ein *-a* als Endung.
- Es gibt jedoch einige unregelmäßige Adjektive, bei denen die Neutrumendung etwas anders gebildet wird:

	Utrum	Neutrum	Plural
a)	blå	blått	blåa
b)	söt	sött	söta
c)	röd	rött	röda
d)	svart	svart	svarta
e)	hård	hårt	hårda
f)	bra	bra	bra

a) Einsilbige Adjektive, die mit langem Vokal enden, erhalten *-tt* als Endung. Der Vokal wird jetzt kurz gesprochen.
b) Einsilbige Adjektive, die mit langem Vokal plus *-t* enden, erhalten *-tt* als Endung. Der Vokal wird kurz gesprochen.
c) Adjektive, die mit langem Vokal plus *-d* enden, erhalten *-tt* als Endung. Der Vokal wird dann kurz gesprochen.
d) Adjektive, die mit einem Konsonanten plus *-t* enden, bleiben unverändert.
e) Adjektive, die mit einem Konsonanten plus *-d* enden, erhalten *-t* als Endung.
f) Unveränderlich bleiben z.B. *rosa, lila, bra, extra, fel, kul, gratis*

- Bei Adjektiven mit den Endungen *-er, -el, -en* entfällt das *-e-* der letzten Silbe in der Pluralform:

Utrum	Neutrum	Plural
vacker	vackert	vackra
enkel	enkelt	enkla
vuxen	vuxet	vuxna

Das Relativadverb *där*

Das Relativadverb *där* ist ein rückbezügliches Adverb.

Affären ***där*** jag handlar ligger mitt i byn. [*Wo?*]
Familjen Nilsson bor i en stuga **dit** man bara kan komma med båt. [*Wohin?*]
Staden **varifrån** Allan kommer har en miljon invånare. [*Woher?*]

Erläuterung:

- *Där* gehört zu den Lokaladverbien (Raum und Ort; Abschnitt 15) und wird benutzt, wenn man die Frage "wo" stellen kann. Wenn man die Frage "wohin?" stellen kann, heißt es *dit* und bei der Frage "woher" heißt es *varifrån*.

➠ Vor dem Relativadverb *där* braucht im modernen Schwedisch kein Komma gesetzt zu werden.

Grammatik

Das Substantiv - Plural (bestimmte Form)

Die bestimmte Form Plural wird wie die unbestimmte mit einer Endung gebildet. An die unbestimmte Pluralform wird die Endung *-na* oder *-en* gehängt.

Dekl.	Singular	Plural-endung	**Plural** - unbestimmte Form	**Plural** - bestimmte Form
1.	en flicka	- or	flickor	flickorna
2a.	en bil	- ar	bilar	bilarna
2b.	en pojke	- ar	pojkar	pojkarna
2c.	en tidning	- ar	tidningar	tidningarna
2d.	en cykel	- ar	cyklar	cyklarna
3.	en apelsin	- er	apelsiner	apelsinerna
4.	ett äpple	- n	äpplen	äpplena
5a.	ett barn	-	barn	barnen
5b.	en lärare	-	lärare	lärarna

- Auch in der bestimmten Form Plural kann man das Genitiv *-s* anhängen: *Flickornas blommor ligger på bordet. Barnens boll ligger i sandlådan.*

- Die Wendungen *på somrarna, på förmiddagarna, på kvällarna, på tisdagarna* usw. drücken eine Wiederholung aus. Man macht etwas jeden Sommer, jeden Vormittag etc.

Das Adjektiv - unbestimmte Form (prädikative Wortstellung)

In der prädikativen Wortstellung steht das Adjektiv nach dem Verb.

Utrum	Neutrum	Plural
Apelsinen är stor.	Huset är stort.	Stugorna är stora.

Die unregelmäßigen Adjektive *liten* und *gammal*

	Utrum	Neutrum	Plural
attributiv	En liten stuga. En gammal bil.	Ett litet hus. Ett gammalt hus.	Två små hus. Två små stugor. Två gamla bilar.
prädikativ	Stugan är liten. Bilen är gammal.	Huset är litet. Huset är gammalt.	Husen är små. Stugorna är gamla. Bilarna är gamla.

Einige indefinite Pronomen

Indefinite Pronomen (unbestimmte Fürwörter) bezeichnen etwas Unbestimmtes, z.B. Personen, Tiere, Sachen oder Begriffswörter.

Utrum	**Neutrum**	**Plural**	**Bedeutung**
varannan	vartannat	varandra	*jeder/jede/jedes zweite* in der Pluralform: *einander*
var	vart	-	*jeder/jede/jedes*
varje	varje	-	*jeder/jede/jedes*
annan	annat	andra	*anderer/andere/anderes*
all	allt	alla	*alle/alles/alle*
man (eine nicht näher bestimmte Person)			*man*

<u>Erläuterungen:</u>

- Die indefiniten Pronomen richten sich meistens nach dem Hauptwort (*en, ett* oder Plural).
- Sie können sowohl attributiv als auch selbstständig benutzt werden:
  Han åt upp allt bröd. (attributiv) *Tack för allt*! (selbstständig)

Beispiele: Varannan vecka kör jag till Stockholm./Vartannat år semestrar de med husvagn.
De träffar varandra varje dag. (*varandra* wird nur in reziproker Bedeutung benutzt)
Var tredje sommar är jag i Amerika./Vart fjärde år är det val i Sverige.
Vi äter frukost varje dag klockan nio.
Kan jag få en annan tallrik?/Har ni inget annat frimärke?
De andra husvagnarna står där till vänster.
All färg tog slut./Han åt upp allt bröd./Hon diskade alla koppar.
Man får inte göra upp eld om det är fara för brand.

➧ *var och en* [(ein) jeder]: *Var och en av er måste hjälpa Eva.*
var (selbstständig, “jeder” in der Bedeutung “pro Person”): *Vi fick ett äpple var.*
allting (selbstständig, “alles”): *Han kan göra allting.*

OBS!

Die Verben *få, behöva* und *orka*
Wie modale Hilfsverben (Abschnitt 4) werden auch die Verben *få* [müssen, dürfen], *behöva* [müssen] und *orka* [schaffen (körperlich)] gebraucht.

Das Adverb - Adverb als Bestimmung zu einem Verb

Das Adverb (Umstandswort) wird meistens als Umstandsangabe in Verbindung mit einem Verb gebraucht.

> Olle cyklade ***snabbt*** till bussen.

Erläuterung:

- In dem Satz *Olle cyklade snabbt till bussen* gehört das Adverb *snabbt* zum Verb. Es gibt Auskunft über das Verb. Man stellt die Frage "Wie?": *Hur cyklade han till bussen? Han cyklade snabbt.*

- Wie "*snabb*" werden auch viele andere Adjektive in ein Adverb verwandelt und erhalten dann die Endung *-t*. Beispiele:
  *En **dålig** klocka.* (Adjektiv) — *Klockan går **dåligt**.* (Adverb)
  *En **energisk** ingenjör.* (Adjektiv) — *Ingenjören arbetar **energiskt**.* (Adverb)

➽ Beachten Sie bitte, daß das Adjektiv und das Adverb im Schwedischen identisch sind, wenn das Adjektiv zu einem Hauptwort gehört, das im Neutrum steht.
Beispiel: *Ett energiskt barn* (Adjektiv). — *Barnet leker energiskt* (Adverb).

Das Adverb - Adverbien des Ortes und der Richtung

Die Adverbien des Ortes und der Richtung beantworten die Fragen "wo?", "wohin?" und "woher?".

Var?	Wo?	Vart?	Wohin?	varifrån?	Woher?
här	*hier*	hit	*hierher*	härifrån	*von hier*
där	*dort*	dit	*dorthin*	därifrån	*von dort*
inne	*drinnen*	in	*hinein*	inifrån	*von drinnen*
ute	*draußen*	ut	*hinaus*	utifrån	*von draußen*
hemma	*zuhause*	hem	*nach Hause*	hemifrån	*von Zuhause*
framme	*da (am Ziel), vorn, da vorn*	fram	*heran, herbei, heraus*	framifrån	*von vorn*
uppe	*oben*	upp	*nach oben*	uppifrån	*von oben*
nere	*unten*	ner	*nach unten*	nerifrån	*von unten*
borta	*weg*	bort	*weg*	bortifrån	*von ... her*
i söder	*im Süden*	söderut	*in den Süden*	söderifrån	*von Süden*

OBS!

Ortsadverbien zusammengesetzt mit *-för*

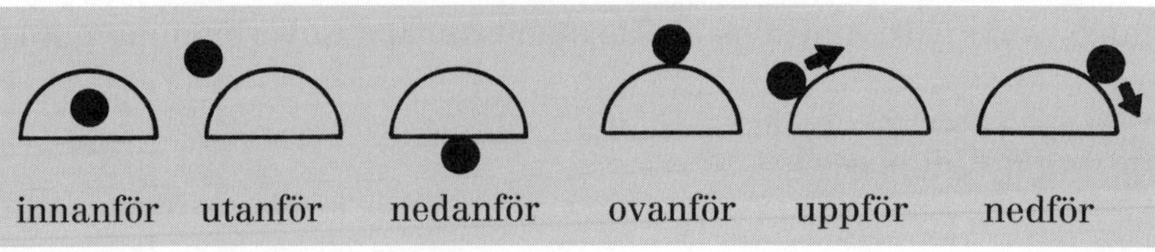

Interjektionen

Äsch!	*Ach was!*
Usch!	*Igitt!, Pfui!*
Fy!	*Pfui!*
Aj!	*Au!*
Oj! Ojdå!	*Ach! Oh!*

Das Verb *bruka*

Das Verb *bruka* bedeutet "(zu tun) pflegen" und drückt eine Gewohnheit aus.

	Infinitiv	
Jag brukar	spela	fotboll en gång i veckan.
Vi brukar	dricka	kaffe till frukost.

Erläuterungen:

- Das Verb *bruka* wird wie ein modales Hilfsverb gebraucht und steht immer zusammen mit dem Infinitiv des Hauptverbes.
- Nach dem Wort *bruka* wird das Infinitiv-*att* immer weggelassen.

Das Adverb - Übersicht über einige Adverbien der Zeit

alltid	*immer*	för det mesta	*meistens*
aldrig	*nie*	fortfarande	*immer noch*
nu	*jetzt*	just	*gerade*
redan	*schon*	då	*dann*
strax	*sofort*	sedan	*dann, darauf, nachher*
genast	*sofort*	ibland	*manchmal*
först	*zuerst*	till slut	*zum Schluß*
ofta	*oft*	sällan	*selten*

Das Adverb - Übersicht über einige andere wichtige Adverbien

bra	*gut*	åtminstone	*wenigstens*
dåligt	*schlecht*	särskilt	*besonders*
annars	*sonst*	nästan	*fast*
så	*so*	alldeles	*ganz, durchaus*
mycket	*viel, sehr*	rätt	*richtig, recht*
lite	*wenig, ein bißchen*	bara	*nur*
knappast	*kaum*	endast	*nur*
nog	*schon, wohl, genug*	säkert	*sicher*
ganska	*ziemlich*	också	*auch*
till och med	*sogar*	även	*auch* (Schriftspr.)
gärna	*gern*	inte alls	*gar nicht*
jo	*doch* (benutzt man in der Antwort auf eine Frage, die eine Negation enthält)	kanske tvärtom inte	*vielleicht* *umgekehrt* *nicht*
ju	ungefähr: *Wie du weißt*	ej	*nicht* (Schriftspr.)
precis	*genau*		

➽ Viele Adverbien werden mit den Endungen *-vis* und *-ligen* gebildet: *lyckligtvis, naturligtvis, nämligen, slutligen.*

OBS!

Lärare
Die meisten Berufe haben keine weibliche Form. Die Berufsbezeichnung *lärare, läkare, präst, optiker* usw. gelten sowohl für Frauen als auch für Männer. Will man deutlich machen, daß es sich um eine Frau handelt, sagt man: *en kvinnlig präst* usw. Weibliche Formen sind z.B. *kassörska, kokerska, hårfrisörska, servitris, sångerska.* Wie im Deutschen fehlt der Artikel, wenn das Substantiv, das einen Beruf bezeichnet, in prädikativer Wortstellung steht: *Han är lärare.*

Angabe des Alters:
Olle är 75 år.
Han är i 75-årsåldern.
Han är en 75-årig man.
På firman arbetade en 75-åring.
Sven är en pojke på 17 år.

Substantivbildung auf *-is*
Eine sehr typisch schwedische Form, Wörter abzukürzen, ist der Austausch der Endung durch *-is.*

dagis	daghem	*Kindertagesstätte*
bästis	bästa vän	*bester Freund/beste Freundin*
kompis	kamrat*	*Freund/Freundin*
lekis	lekskola	*Kindergarten, Vorschule*
fritis	fritidshem	*Kinderhort*
godis	godsaker	*Süßigkeiten*
poppis	populär	*beliebt*
tjockis	en tjock person	*eine dicke Person*

* *kompis* ist ursprünglich von dem Wort *kompanjon* abgeleitet.

Auch viele Namen werden umgangssprachlich abgeändert:

Jan - Janne
Karl - Kalle
Nils - Nisse
Olof - Olle

Grammatik

Das Verb - Futur

Das Futur ist eine Zeitform, die angibt, daß etwas in der Zukunft passieren wird. Es gibt vier Möglichkeiten das Futur zu bilden:

	Verb zur Bildung des Futurs	Infinitiv vom Hauptverb	Zeitausdruck
1. Jag 2. Han 3. Det	ska tänker kommer att	arbeta åka regna	i morgon. i morgon bitti. på lördag.
4. Jag	åker		i morgon bitti.

Erläuterungen:

1. ***ska*** + Infinitiv (drückt einen Willen aus)
2. ***tänker*** + Infinitiv (drückt einen Plan oder eine Absicht aus)
3. ***kommer att*** + Infinitiv (drückt ein Programm aus)
4. Präsens + eine Zeitangabe der Zukunft (drückt eine bestimmte Absicht aus)

➡ Beachten Sie bitte die Wortfolge! Wenn das Zeitwort am Anfang des Satzes steht, muß das gebeugte Prädikat vor dem Subjekt stehen:
I morgon ***ska*** *jag arbeta.* (siehe Grammatik Abschnitt 6)

Das Verb - Präsenspartizip

Das Präsenspartizip (Mittelwort der Gegenwart) wird oft wie ein Adjektiv verwendet.

Konj.	Infinitiv	Stamm	Präsens	Partizip Präsens
1.	fiska	fisk	fiskar	fiskande
2a.	ringa	ring	ringer	ringande
2b.	köpa	köp	köper	köpande
3.	bo	bo	bor	boende
4.	skriva	skriv	skriver	skrivande
	gå	gå	går	gående

Erläuterung nächste Seite ⇨

Erläuterungen:

- Die Endung *-ande* wird an den Stamm der ersten, zweiten und einiger Verben der vierten Konjugation gehängt.

- Die Endung *-ende* wird an den Stamm der dritten und einiger Verben der vierten Konjugation gehängt.

- Das Präsenspartizip wird gebraucht als:

  1. Adjektiv — Beispiele: *ett lekande barn, en leende kvinna.*
  2. Substantiv — Beispiele: *en studerande, ett påstående.*
  3. Adverb — Beispiele: *Han arbetar fortfarande. Anna är en strålande vacker skådespelerska.*
  4. u.a. nach den Verben *komma* und *gå* (drückt Gleichzeitigkeit aus)
     Beispiele: *Han kom gående. Hon gick sjungande. Hon stod lyssnande.*

OBS!

Das Possessivpronomen im Ausruf
Die schwedische Sprache benutzt an Stelle von Personalpronomen wie im Deutschen ein Possessivpronomen in Ausrufen und Schimpfreden:
Din tråkmåns! [Du Langweiler!], *Din latmask!* [Du Faulpelz!], *Din dumbom!* [Du Dummkopf!], *Era stackare!* [Ihr Armen!].

Das Adjektiv - bestimmte Form (attributive Wortstellung)

Steht ein Adjektiv zusammen mit einem Substantiv in der bestimmten Form, wird vor das Adjektiv ein zweiter Artikel (Adjektivartikel) *den, det* oder *de* gesetzt.

	Unbestimmte Form	Bestimmte Form
Utrum	en röd stol	den röda stolen
Neutrum	ett grönt hus	det gröna huset
Plural	röda stolar gröna hus	de röda stolarna de gröna husen

Das Adjektiv - bestimmte Form von *liten* und *gammal*

Ganz unregelmäßig werden *liten* und *gammal* gebeugt:

	Unbestimmte Form	Bestimmte Form
Utrum	en liten stol en gammal stol	den lilla stolen den gamla stolen
Neutrum	ett litet hus ett gammalt hus	det lilla huset det gamla huset
Plural	små stolar små hus gamla stolar gamla hus	de små stolarna de små husen de gamla stolarna de gamla husen

Das Jahrhundert und das Jahrzehnt

Die Angabe des Jahrhunderts und Jahrzehnts wird mit der Endung *-talet* gebildet, z.B. *1900-talet*, *70-talet* [siebziger Jahre].
Beachten Sie bitte, daß z.B. mit *1900-talet* das 20. Jahrhundert gemeint ist.

OBS!

Ausrufesätze

1. Allgemein: *Vad trevligt!* [Wie nett!]
   Vad snyggt! [Wie schick!]

Beachten Sie bitte: Eigentlich heißt es: *Vad trevligt* ***det är!*** Deshalb die Neutrumendung *-t* beim Adjektiv.

2. Wird etwas Bestimmtes betont:

Vilken vacker dag!	[Welch schöner Tag!]
Vilket fint väder!	[Was für ein schönes Wetter!]
Vilka vackra blommor!	[Welch hübsche Blumen!]

Sådan, sådant, sådana

Die Demonstrativpronomen *sådan, sådant, sådana* werden umgangssprachlich "sån", "sånt", "såna" ausgesprochen. Sie werden sowohl attributiv als auch selbständig gebraucht und richten sich nach dem Hauptwort:

Utrum	Neutrum	Plural
sådan	sådant	sådana

Beispiele: En sådan blus skulle jag vilja ha.
Sådana blusar är snygga.
Ett sådant fint hus ni har!
Hur kan Eva säga något sådant?

Einige Nachsilben bei Adjektiven

Nachsilbe	Beispiel
-ig	modig, molnig, fiffig, rutig
-sam	hjälpsam, tröttsam, lönsam
-bar	användbar, höjbar, ätbar,
-lig	begriplig, allvarlig, skriftlig, renlig, festlig
-aktig	pojkaktig, gulaktig, sötaktig
-artad	godartad, chockartad, storartad
-ad	bredaxlad, oskolad
-isk	österrikisk, klassisk, typisk
-sk	svensk, afrikansk, himmelsk
-enlig	planenlig, avtalsenlig

Das Verb - Perfekt und Plusquamperfekt

Das Perfekt ist die vollendete Gegenwart, das Plusquamperfekt die vollendete Vergangenheit.

Konj.	Infinitiv	Stamm	Supinum	Perfekt	Plusquamperfekt
1.	fiska	fisk	fiskat	har fiskat	hade fiskat
2a.	ringa	ring	ringt	har ringt	hade ringt
2b.	köpa	köp	köpt	har köpt	hade köpt
3.	bo	bo	bott	har bott	hade bott
4.	skriva	skriv	skrivit	har skrivit	hade skrivit
	ligga	ligg	legat	har legat	hade legat

Erläuterungen:

- Wenn man im Schwedischen das Perfekt und das Plusquamperfekt bildet, wird eine Verbform benutzt, die es im Deutschen nicht gibt, das sogenannte *supinum* (nicht adjektivisches Perfektpartizip). Die Supinumform endet entweder auf *-at, -t, -tt* oder *-it*.

- Das Perfekt wird mit dem Präsens von "haben" (*har*) und *supinum* gebildet.

- Das Plusquamperfekt wird mit der Präteritumform von "haben" (*hade*) und *supinum* gebildet.
- Perfekt und Plusquamperfekt von modalen Hilfsverben:

Infinitiv	Präsens	Präteritum	Perfekt	Plusquamperfekt
vilja	vill	ville	har velat	hade velat
skola	ska	skulle	har skolat	hade skolat
kunna	kan	kunde	har kunnat	hade kunnat
-	måste	måste	har måst	hade måst
böra	bör	borde	har bort	hade bort
-	lär	-	-	-

Anwendung der verschiedenen Zeiten:

Präteritum: Erzählende Zeitform. Die Handlung ist abgeschlossen. Der Satz enthält oft einen Zeitausdruck der Vergangenheit (z.B *igår*). Beispiel: *Det regnade hela dagen igår* (Jetzt regnet es nicht mehr).

Perfekt: a) Eine Handlung liegt in der Vergangenheit, aber hat eine Anknüpfung zur Gegenwart. Beispiel: *Det har regnat hela dagen* (Es regnet immer noch).
b) Eine Handlung ist kürzlich abgeschlossen worden. Beispiel: *Vi har ätit. Jag har läst boken.*

Plusquamperfekt: Eine Handlung liegt in der Vergangenheit, aber zeitlich vor einer Handlung, die bereits abgeschlossen ist, also im Präteritum ausgedrückt ist. Beispiel: *När han hade ätit,* ***gick*** *han hem* (Beachten Sie bitte die Wortfolge!).

***Inte någon* im Zusammenhang mit Perfekt und Plusquamperfekt**
In Zusammenhang mit einem temporalen Hilfsverb bei Perfekt und Plusquamperfekt müssen die aufgelösten Formen des Indefinitpronomens *inte någon/inte något/inte några* verwendet werden: *Jag har inte köpt någon bil.* (siehe auch Grammatik zu Abschnitt 7)

Mehr über die Präposition
Im Schwedischen gibt es vier Formen der Präposition:

1. einfache Präposition (z.B. *av, från, genom, i, på*)
2. zusammengesetzte Präposition (z.B. *framför, bredvid, omkring*)
3. zusammengestellte Präposition (z.B. *på grund av, till höger om, i stället för*)
4. Präposition, gebildet von einem Verb, Adjektiv oder Substantiv (z.B. *angående, enligt, beträffande*)

Viele Präpositionen stehen nach einem Verb oder Adjektiv:

*Boken handlar **om** en pianist. Han var förtjust **i** prinsessan. Eva är snäll **mot** oss.*

Vorläufiges Subjekt
Sätze wie: *Det hänger fem nycklar på nyckelknippan* haben zwei Subjekte. *Fem nycklar* ist das eigentliche Subjekt und *det* ist ein Stellvertreter des Subjektes, vorläufiges Subjekt genannt, das auch weggenommen werden kann, ohne daß sich die Bedeutung verändert. Auch im Deutschen ist es so: "Es liegt ein Buch auf dem Tisch". "Es" ist hier vorläufiges Subjekt.

Das Substantiv - zusammengesetzte Substantive

Bei Zusammensetzungen erhält das zusammengesetzte Wort das Geschlecht der Nachsilbe: *ett brev + en låda = en brevlåda, en buss + ett torg = ett busstorg.*

Erläuterungen:

- Ein unbetontes -*a* oder -*e* fällt weg: *en flicka + ett rum = ett flickrum.*
- Oft steht ein -*s* vor der Nachsilbe: *ett kök + ett bord = ett köksbord.*
- Wenn die Vorsilbe zusammengesetzt ist, steht ein -*s* vor der Nachsilbe: *ett armband + en* klocka = *en armbandsklocka.*
- Bei einigen Wörtern wird das unbetonte -*a* ein -*u* oder -*e*: *en gata + ett kök = gatukök* [Imbißbude], *en vara + ett hus = ett varuhus, en olja + ett pris = ett oljepris.*

Die Konjunktion

Konjunktionen (Bindewörter) fügen Wörter, Wortgruppen oder Sätze zusammen. Es gibt zwei Formen von Konjunktionen, beiordnende und unterordnende Konjunktionen.

Beiordnende Konjunktionen		**Unterordnende Konjunktionen**	
antingen ... eller	*entweder ... oder*	att	*daß*
både ... och	*sowohl ... als auch*	så ... att	*so ... daß*
eller	*oder*	därför att	*weil, da*
för	*weil*	eftersom	*weil, da*
men	*aber*	fastän	*obwohl*
och	*und*	för att	*damit, um zu, weil*
samt (Schriftspr.)	*und*	innan	*bevor*
utan	*ohne*	medan	*während*
inte bara ... utan även	*nicht nur ... sondern auch*	när, då	*wenn, wann, als*
varken ... eller	*weder ... noch*	om	*wenn*
		sedan	*nachdem, seitdem*
		ju ... desto	*je ... desto*

Erläuterung nächste Seite ⇨

Erläuterungen:

- Konjunktionen werden nicht gebeugt und sind gewöhnlich unbetont.
- Eine beiordnende Konjunktion bindet Sätze oder Satzteile zusammen.
- Eine beiordnende Konjunktion beeinflußt nicht die Wortstellung im Hauptsatz: *Stina och Lotta går på bio.*
- Eine unterordnende Konjunktion fügt einen Hauptsatz und einen Nebensatz zusammen. Sie leitet einen Nebensatz ein.
- Eine unterordnende Konjunktion beeinflußt die Wortstellung des Haupsatzes, wenn der Nebensatz vor dem Hauptsatz steht: *Om vädret är fint, kommer jag.* Das Prädikat des Hauptsatzes steht hier vor dem Subjekt.

OBS!

Präposition am Ende des Satzes
Eine typisch schwedische Ausdrucksweise ist es, die Präposition an das Ende eines Satzes zu setzen. Beispiele:
Gungstolen är det inget fel på. [An dem Schaukelstuhl ist nichts auszusetzen.]
Det måste du tänka på. [Daran mußt du denken]
In Fragesätzen: *Vad tänker du på?* [Woran denkst du?]

Einige Nachsilben bei Substantiven

Nachsilbe	Beispiel
-dom	sjukdom, ungdom
-het	nyhet, svårighet
-lek	kärlek, storlek
-skap	kunskap, vetenskap
-ning	övning, tidning
-ing	förening, försäkring
-ling	älskling, lärling
-nad	kostnad, byggnad
-ation	generation, demonstration
-(it)ion	diskussion, expedition
-itet	graviditet, identitet
-tor	rektor, pastor

Das Verb - einfaches Passiv (*s*-Passiv)

Das Passiv (Leideform) wird hauptsächlich dann verwendet, wenn unklar oder unwesentlich ist, wer die Handlung ausführt. Im Schwedischen gibt es zwei Möglichkeiten, das Passiv zu bilden: Das zusammengesetzte Passiv, das mit den Formen *vara* oder *bli* gebildet wird (Avsnitt 26) und das einfache Passiv, das durch Anhängen von *-s* an die Aktivform gebildet wird.

Konj.		Präsens	Präteritum	Perfekt	Plusquamperfekt	(Infinitiv)
1.	Kakan	bakas	bakades	har bakats	hade bakats	(bakas)
2a.	Fönstret	stäng(e)s	stängdes	har stängts	hade stängts	(stängas)
2b.	Skåpet	köp(e)s	köptes	har köpts	hade köpts	(köpas)
3.	Kjolen	sys	syddes	har sytts	hade sytts	(sys)
4.	Böckerna	skriv(e)s	skrevs	har skrivits	hade skrivits	(skrivas)

Erläuterung:

- Die Form *stänges* ist ein sehr formelles Schwedisch und wird im modernen Alltagsschwedisch nicht mehr verwendet. Nur Verben, bei denen der Stamm auf *-s* endet (*läs/a)*, erhalten immer die Endung *-es* im Präsens: *Boken läses inte för tillfället.*

Die Präposition - einige temporale Präpositionen

Die temporalen Präpositionen kennzeichnen die Zeit und beantworten die Fragen "Wie lange?", "Wann?" und "Wie oft?".

1. Zeitdauer (beantwortet die Frage "Wie lange?")
   - ***i:*** *Vi har varit i Malmö i två veckor.*
   - ***på:*** *Han lagade cykeln på två timmar.* (abgeschlossene Handlung)
   - ***på:*** *Jag har inte träffat Jan på många år.* (Zeitdauer + Negation)

2. Zeitpunkt (beantwortet die Frage "Wann?")
   - ***om:*** *Jag kommer till Sverige om fyra veckor.*
   - ***för-sedan:*** *För tre år sedan flyttade jag till Sundsvall.*
   - ***under:*** *Under semestern åt vi mycket glass.*

3. Periodizität (beantwortet die Frage "Wie oft?")
   - ***i:*** *Det går ett tåg en gång i timmen (i sekunden, i minuten, i veckan, i månaden).*
   - ***om:*** *Jag åker till Stockholm en gång om året (om dagen, om dygnet).*

OBS!

Die Bezeichnung für eine ungefähre Anzahl

Durch Anhängen von *-tal* oder *-tals* an die Grundzahl erhält man ein Substantiv, das eine ungefähre Anzahl (*-tal*) oder eine Größenordnung (*-tals*) ausdrückt.

- *Ett hundratal människor* bedeutet "ungefähr hundert Menschen".
- *Hundratals människor* bedeutet "mehrere hundert Menschen".

Das Verb - Deponentien

Deponentien sind Verben, die trotz Passivform (mit "Passiv -*s*"-Endung) aktive Bedeutung haben.

Konj.	Infinitiv	Präsens	Präteritum	Perfektpartizip	*Deutsch*
1.	andas fattas saknas hoppas lyckas låtsas svettas vistas	andas fattas saknas hoppas lyckas låtsas svettas vistas	andades fattades saknades hoppades lyckades låtsades svettades vistades	andats fattats saknats hoppats lyckats låtsats svettats vistats	*atmen* *fehlen* *fehlen, nicht haben* *hoffen* *glücken* *so tun als ob* *schwitzen* *sich aufhalten*
2a.	födas kännas minnas skiljas trivas	föds känns minns skiljs trivs	föddes kändes mindes skildes trivdes	fötts känts (mints) skilts trivts	*geboren werden* *sich anfühlen* *sich erinnern* *sich trennen* *sich wohl fühlen*
2b.	hjälpas åt kräkas märkas mötas	hjälps åt kräks märks möts	hjälptes åt kräktes märktes möttes	hjälpts åt kräkts märkts mötts	*einander helfen* *sich erbrechen* *merken* *sich begegnen*
3.	brås på	brås på	bråddes på	bråtts på	*nach jemd. arten*
4.	finnas slåss umgås	finns slåss umgås	fanns slogs umgicks	funnits slagits umgåtts	*vorhanden sein* *sich prügeln* *Umgang haben*

➧ Vergleichen Sie bitte die Verben:

Deponens
*Jag **hoppas** du kommer på min födelsedag.*
*Det **saknas** en kniv.*
*Det **märks** att du mår dåligt.*

Kein Deponens
*Lisa **hoppar** hopprep* [Springseil].
*Jag **saknar** dig, Lena.* [Du fehlst mir, Lena.]
*Man **märker** att han mår dåligt.*

Reziprokes Verb (siehe Abschnitt 6)
*De börjar **kyssas**. De **kysser** varandra.*
*De **ses**. De **ser** varandra.*

Das Adjektiv - regelmäßige und unregelmäßige Komparation

Das Adjektiv hat drei Komparationsformen (Steigerungsformen): Positiv, Komparativ und Superlativ.

1. Die regelmäßige Komparation:

Positiv	Komparativ	Superlativ
billig	billigare	billigast
dyr	dyrare	dyrast
trevlig	trevligare	trevligast
enkel	enklare	enklast
mogen	mognare	mognast
vacker	vackrare	vackrast

Erläuterungen:

- Die meisten Adjektive werden regelmäßig gesteigert.
- Die Endungen *-are* im Komparativ und *-ast* im Superlativ werden der Grundform des Adjektivs angehängt.
- Adjektive mit den Endungen *-el, -en* , *-er* verlieren das *-e* vor den Steigerungsformen *-are* und *-ast*.

2. Die regelmäßige Komparation mit Vokalveränderung:

Positiv	Komparativ	Superlativ
få	färre	—
grov	grövre	grövst
hög	högre	högst
låg	lägre	lägst
lång	längre	längst
stor	större	störst
trång	trängre	trängst
tung	tyngre	tyngst
ung	yngre	yngst

Erläuterungen:

- Einige Adjektive bekommen als Endung *-re* im Komparativ und *-st* im Superlativ.
- Diese Komparationsformen erhalten einen Umlaut. Stammsilben mit den Vokalen o, u, å erhalten den entsprechenden Umlaut ö, y, ä.

3. Die unregelmäßige Komparation:

Positiv	Komparativ	Superlativ
bra	bättre	bäst
dålig	sämre	sämst
dålig, illa, ond	värre	värst
gammal	äldre	äldst
liten	mindre	minst
mycket	mer(a)	mest
många	fler(a)	flest

Erläuterungen:

- Adjektive, die unregelmäßig gesteigert werden, weichen in den Komparationsformen völlig von der Grundform ab.

➡ Mit der Steigerung *sämre, sämst* drückt man aus, daß etwas weniger/am wenigsten mit einer guten Eigenschaft ausgestattet ist. Mit der Steigerung *värre, värst* drückt man aus, daß etwas mehr/am meisten mit einer schlechten Eigenschaft ausgestattet ist.

Beispiele: Kalle är dålig i matte. Han är sämre i matte än Eva.
Lotta kände sig dålig igår. Idag kände hon sig sämre.
Vädret ska bli sämre på lördag.
Något ännu värre kan inträffa./Kalle vill alltid vara värst.
Värst är det när det är kallt./Snobbism är det värsta jag vet.

4. Adjektive, die auf *-isk* und *-ad* enden und das Präsenspartizip (Abschnitt 17) als Adjektiv werden folgendermaßen gesteigert:

Positiv	Komparativ	Superlativ
praktisk	mer praktisk	mest praktisk
begåvad	mer begåvad	mest begåvad
intresserad	mer intresserad	mest intresserad
spännande	mer spännande	mest spännande

Das Adjektiv - Superlativ (bestimmte Form)

Der Superlativ eines gesteigerten Adjektivs hat eine unbestimmte (siehe Grammatik zu Abschnitt 23) und eine bestimmte Form.

Unbestimmte Form	Bestimmte Form
Flickan bredvid Jan är vackrast.	Hon är **den vackraste** flickan.
Museet i Lund är trevligast.	Det är **det trevligaste** museet.
Apelsinerna på Domus är billigast.	Domus har **de billigaste** apelsinerna.
Huset bredvid posten är störst.	Det är **det största** huset i stan.
Barnen i barnvagnen var minst.	Det var **de minsta** barnen på festen.

Erläuterungen:

- Die bestimmte Form des Superlativs eines gesteigerten Adjektivs bekommt immer den freistehenden Artikel *den, det, de* vorangestellt:
  ***Den** vackraste flickan.* (**en** *flicka)* ***Det** vackraste huset.* (**ett** *hus)* ***De** största husen.* (**flera** hus)

- Die Superlativformen, die auf *-ast* enden, erhalten in der bestimmten Form Singular und Plural ein *-e*.

- Die Superlativformen, die auf *-st* enden, erhalten in der bestimmten Form Singular und Plural ein *-a*.

➽ **Andra gatan till vänster**
Nach Ordnungszahlen und bei Eigennamen wird der Adjektivartikel weggelassen:
*Ta **andra gatan** till vänster! **Långe Jan** är en fyr på Öland. **Vita Huset** ligger i Washington. **Svarta Döden** drabbade tusentals människor på medeltiden.*

Direkte und indirekte Rede, direkte und indirekte Frage

Direkte Rede	Indirekte Rede
- Det var roligt, sa Lotta.	Lotta sa att det var roligt.
Direkte Frage	**Indirekte Frage**
- Var det roligt?	Lotta frågade om det var roligt.
- Vem är jultomte?	Lotta undrar vem som är jultomte.
- Vad ska vi äta idag?	Mamma undrar vad vi ska äta idag.
- När kommer du?	Allan vill veta när du kommer.
- Varifrån kommer Sven?	Nils undrar varifrån Sven kommer.

Erläuterungen:

- Der Nebensatz in einem indirekten Interrogativsatz (Fragesatz) kann unterschiedlich anfangen:
  1. Mit einem Interrogativpronomen: *vem, vad, vilken, vilket, vilka*
  2. Mit einem Interrogativadverb: *när, var, vart, hur, varför, varifrån*
  3. Mit einer interrogativen Konjunktion: *om, ifall*

➽ Wenn das Subjekt des indirekten Fragesatzes durch *vem* oder *vad* gebildet wird, muß es mit *som* verbunden werden: *Lotta undrar vem som är jultomte.*

OBS!

Inbjudan
Bei einigen Substantiven ist die bestimmte und die unbestimmte Form identisch, z.B. *en inbjudan* [Einladung], *en begäran* [Forderung], *en önskan* [Wunsch], *en uppfostran* [Erziehung], *en predikan* [Predigt].

Grammatik

Vad sägs om att ...
Es gibt viele Wendungen im Schwedischen, die unpersönlich wirken, aber als direkte Anrede gemeint sind. Beispiele:
Vad sägs om att äta lite? [Was hälst du/haltet ihr davon, etwas zu essen?]
Hur står det till? [Wie geht's?]
Vad tycks om den här klänningen? [Wie findest du/findet ihr dieses Kleid?]
Vad får det lov att vara? [Was darf es sein, bitte?]
Finns det ID-kort? [Haben Sie eine Identitätskarte bei sich?].

Zusammensetzungen mit *som helst*

Zusammensetzungen mit *som helst*		**Beispiele**
vad som helst	*alles*	Det kan hända vad som helst.
hur som helst	*auf beliebige Art, wie auch immer*	Hur som helst, vi reste dagen därpå.
hur mycket/ många som helst	*beliebig viel/-e, endlos viel/-e*	Du kan ju inte spara hur många lådor som helst.
hur länge som helst	*beliebig lange*	Lena kan spela piano hur länge som helst.
när som helst	*zu jeder(beliebigen) Zeit, jeder Augenblick*	Han kan komma när som helst.
vem som helst	*wer auch immer, jeder*	Vem som helst kan göra det.

Grammatik

Das Verb - Perfektpartizip (prädikative Wortstellung)

Das Perfektpartizip (Mittelwort der Vergangenheit) ist eine Vergangenheitsform, die eine Mittelstellung zwischen Verb und Adjektiv einnimmt. Das Perfektpartizip wird nach folgendem Schema gebildet:

Konj.	**Perfekt** (har + supinum)	**Perfektpartizip - Prädikative Wortst.**
1.	Lars har renoverat stugan.	Stugan är renovera**d**. Huset är renovera**t**. Stugorna är renovera**de**.
2a.	Eva har stängt grinden.	Grinden är stäng**d**. Fönstret är stäng**t**. Grindarna är stäng**da**.
2b.	Jan har köpt ringen.	Ringen är köp**t**. Huset är köp**t**. Ringarna är köp**ta**.
3.	Sara har sytt en kjol.	Kjolen är sy**dd**. Nattlinnet är sy**tt**. Kjolarna är sy**dda**.
4.	Ann har skrivit boken.	Boken är skriv**en**. Brevet är skriv**et**. Böckerna är skriv**na**.

Erläuterungen:

- Das Perfektpartizip richtet sich nach dem Geschlecht (*en, ett* oder Plural) des Bezugwortes.
- Das Perfektpartizip wird prädikativ nach dem Verb *vara* benutzt und hat in diesem Fall eine passive Bedeutung. Es hebt das Resultat hervor: *Stolen är **målad**.*
- Das Perfektpartizip kann auch attributiv vor einem Substantiv stehen. Dann wird es wie ein Adjektiv benutzt (siehe Abschnitt 26).

Das Verb - Konjunktiv
Der Konditionalsatz

Der **Konjunktiv** (Möglichkeitsform) drückt einen Wunsch oder eine Hoffnung aus.

Erläuterungen:

- Im modernen Schwedisch wird der Konjunktiv nur noch in gewissen Wendungen gebraucht: *Ja, **må** han leva! **Leve** brudparet! Det **vore** roligt!*
- Die Konjunktivformen sind identisch mit den Präteritumformen: *Det **skulle** vara trevligt om du **kunde** komma. Det **skulle** vara roligt om du **hade** tid.*
- Eine Form von Konjunktiv drückt Höflichkeit aus und wird auch mit *skulle* gebildet: *Skulle du kunna öppna fönstret?*

Etwas Irreales oder Wünschenswertes wird mit dem **Konditionalsatz** (Umstandssatz der Bedingung) ausgedrückt.

Hauptsatz	**Nebensatz**
Vi grillar ute i trädgården,	**om** det blir fint väder i morgon.
Sven hade köpt en segelbåt	**om** han hade vunnit på lotteri.
Sven skulle ha köpt en segelbåt	**om** han hade vunnit på lotteri.

Nebensatz	**Hauptsatz**
Om det blir fint väder i morgon,	grillar vi ute i trädgården.
Om Sven hade vunnit på lotteri,	hade han köpt en segelbåt.
Om Sven hade vunnit på lotteri,	skulle han ha köpt en segelbåt.

Erläuterungen:

- Ein Konditionalsatz wird gewöhnlich mit der Konjunktion *om* eingeleitet.
- Ein Konditionalsatz kann sowohl mit Präsens als auch mit Plusquamperfekt gebildet werden. Zu beachten ist die unterschiedliche Bedeutung der beiden Zeitformen:

1. mit Präsens: Das Geschehen ist real und läßt sich verwirklichen.
   Beispiel: *Om det **blir** fint väder i morgon, **grillar** vi ute i trädgården.*

2. mit Plusquamperfekt: Das Geschehen ist nicht real und läßt sich nicht verwirklichen.
   Beispiel: (Plusq.+Plusq.) *Om Sven **hade vunnit** på lotteri, **hade** han **köpt** en segelbåt.*
   (Plusq+ Perf.) *Om Sven **hade vunnit** på lotteri, **skulle** han **ha köpt** en segelbåt.*

➡ Man kann auch die Konjunktion *om* weglassen:
Hade Sven vunnit på lotteri, hade han köpt en segelbåt.

Das Verb - Perfektpartizip (attributive Wortstellung)

Das Perfektpartizip kann auch attributiv vor einem Substantiv stehen und wird dann wie ein Adjektiv benutzt.

Konj.	Perfekt	Perfektpartizip - Attributive Wortstellung Unbestimmt	 Bestimmt
1.	Lars har renoverat stugan.	en renovera**d** stuga ett renovera**t** hus två renovera**de** stugor	den renovera**de** stugan det renovera**de** huset de renovera**de** stugorna
2a.	Eva har stängt grinden.	en stäng**d** grind ett stängt fönster två stäng**da** grindar	den stäng**da** grinden det stäng**da** fönstret de stäng**da** grindarna
2b.	Jan har köpt ringen.	en köp**t** ring ett köp**t** hus två köp**ta** ringar	den köp**ta** ringen det köp**ta** huset de köp**ta** ringarna
3.	Sara har sytt en kjol.	en sy**dd** kjol ett sy**tt** nattlinne två sy**dda** kjolar	den sy**dda** kjolen det sy**dda** nattlinnet de sy**dda** kjolarna
4.	Ann har skrivit boken.	en skriv**en** bok ett skriv**et** brev två skriv**na** böcker	den skriv**na** boken det skriv**na** brevet de skriv**na** böckerna

Das Verb - Passiv (*bli* +Perfektpartizip)

In der Umgangssprache wird das Passiv gern mit Formen von *bli* + Perfektpartizip gebildet.

Präsens	Präteritum	Perfekt/Plusquamperfekt
Nils **blir förvandlad.** Huset **blir målat.** Husen **blir renoverade.**	Nils **blev förvandlad.** Huset **blev målat.** Husen **blev renoverade.**	Nils **har/hade blivit förvandlad.** Huset **har/hade blivit målat.** Husen **har/hade blivit renoverade.**

<u>Erläuterung:</u>

- *bli* +Perfektpartizip betont den Verlauf des Geschehens: *Resväskan blev stulen, medan jag beställde biljetter. Sven blir opererad. Huset blir renoverat.*

➧ Vergleichen Sie bitte: *vara* + Perfektpartizip (Abschnitt 25) hebt das <u>Resultat</u> hervor: *Stolen är målad. Brevet är skrivet. Köttet är djupfryst.*

Die emphatische Umschreibung

Die emphatische Umschreibung ist etwas typisch Schwedisches. Wenn ein Wort betont werden soll, kann man es herausheben, indem man den Satz mit *det är* oder *det var* beginnen läßt.
Hier ist ein Beispiel mit dem Satz *Lotta spelar piano i vardagsrummet:*

Wird das Mädchen *Lotta* betont:	*Det är Lotta som spelar piano i vardagsrummet.*
Wird das Wort *piano* betont:	*Det är piano som Lotta spelar i vardagsrummet.*
Wird das Wort *vardagsrum* betont:	*Det är i vardagsrummet som Lotta spelar piano.*

Das Adverb - "Wanderung" einiger Adverbien

Einige wichtige Adverbien stehen im Hauptsatz nach dem Hauptverb und im Nebensatz vor diesem. Deshalb spricht man von der "Wanderung" dieser Adverbien.

Hauptsatz	Nebensatz
Vi äter **alltid** middag klockan fem.	Jag vill att vi **alltid** äter middag klockan fem.
Göran är **ofta** sjuk.	Svea tycker, att Göran **ofta** är sjuk.
Kalle kommer **gärna** till festen.	Arne säger, att Kalle **gärna** kommer till festen.

Übersicht über einige "wandernde" Adverbien

absolut	*absolut*	förmodligen	*wahrscheinlich*	ogärna	*ungern*
aldrig	*nie*	givetvis	*zweifelsohne*	säkerligen	*sicherlich*
alltid	*immer*	gärna	*gern*	säkert	*sicherlich*
alltså	*also*	inte	*nicht*	troligen	*vermutlich*
antagligen	*vermutlich*	ju	*ja, wie bekannt*	troligtvis	*vermutlich*
åtminstone	*wenigstens*	kanske	*vielleicht*	tydligen	*anscheinend*
även	*auch*	knappast	*kaum*	vanligen	*gewöhnlich*
bara	*nur*	möjligen	*möglicherweise*	vanligtvis	*gewöhnlich*
egentligen	*eigentlich*	möjligtvis	*möglicherweise*	verkligen	*wirklich*
endast	*nur*	naturligtvis	*selbstverständlich*	väl (antagligen)	*wahrscheinlich*
faktiskt	*tatsächlich*	nog	*wohl*		

OBS!

Die Demonstrativpronomen *denna, detta* und *dessa*

Utrum	Neutrum	Plural
denna	detta	dessa

In der Schriftsprache verwendet man häufig die Pronomen *denna*, *detta* und *dessa* statt *den/det/de här* und *den/det/de där*. Man gebraucht *denna/detta/dessa* attributiv und selbständig, wobei der bestimmte Artikel des Substantives entfällt. Beispiele: *Detta hus är fint.* (attributiv) *Vems hus är detta?* (selbständig)

Vergleichen Sie bitte: *Den här* **stugan** *är trevlig. - Denna* **stuga** *är trevlig.*

Verzeichnis wichtiger starker und unregelmäßiger Verben

Infinitiv	Präsens	Präteritum	Perfekt	Perfektpartizip		
be(dja)	be(de)r	bad	bett	-bedd	-bett	-bedda
binda	binder	band	bundit	bunden	bundet	bundna
bita	biter	bet	bitit	biten	bitet	bitna
bjuda	bjuder	bjöd	bjudit	bjuden	bjudet	bjudna
bli(va)	blir	blev	blivit	bliven	blivit	blivna
brinna	brinner	brann	brunnit	brunnen	brunnet	brunna
brista	brister	brast	brustit	brusten	brustet	brustna
bryta	bryter	bröt	brutit	bruten	brutet	brutna
bära	bär	bar	burit	buren	buret	burna
böra	bör	borde	bort	-	-	-
dra(ga)	drar	drog	dragit	dragen	draget	dragna
dricka	dricker	drack	druckit	drucken	drucket	druckna
driva	driver	drev	drivit	driven	drivet	drivna
dö	dör	dog	dött	-	-	-
dölja	döljer	dolde	dolt	dold	dolt	dolda
falla	faller	föll	fallit	-fallen	-fallet	-fallna
fara	far	for	farit	faren	faret	farna
finna	finner	fann	funnit	funnen	funnet	funna
finnas	finns	fanns	funnits	-	-	-
flyga	flyger	flög	flugit	-flugen	-fluget	-flugna
flyta	flyter	flöt	flutit	-fluten	-flutet	-flutna
frysa	fryser	frös	frusit	frusen	fruset	frusna
få	får	fick	fått	-	-	-
försvinna	försvinner	försvann	försvunnit	försvunnen	försvunnet	försvunna
gala	gal	gol	galit	-	-	-
ge (giva)	ger (giver)	gav	gett (givit)	given	givet	givna
glida	glider	gled	glidit	-	-	-
glädja	gläder	gladde	glatt	-	-	-
gripa	griper	grep	gripit	gripen	gripet	gripna
gråta	gråter	grät	gråtit	förgråten	förgråtet	förgråtna
gå	går	gick	gått	gången	gånget	gångna
göra	gör	gjorde	gjort	gjord	gjort	gjorda
ha	har	hade	haft	-havd	-haft	-havda
heta	heter	hette	hetat	-	-	-
hinna	hinner	hann	hunnit	hunnen	hunnet	hunna
hugga	hugger	högg	huggit	huggen	hugget	huggna
hålla	håller	höll	hållit	hållen	hållet	hållna
knyta	knyter	knöt	knutit	knuten	knutet	knutna
komma	kommer	kom	kommit	kommen	kommet	komna
kunna	kan	kunde	kunnat	-	-	-
le	ler	log	lett	-	-	-
lida	lider	led	lidit	liden	lidet	lidna
ligga	ligger	låg	legat	-legad	-legat	-legna
ljuga	ljuger	ljög	ljugit	-ljugen	-ljuget	-ljugna
lyda	lyder	löd	lytt	-lydd	-lytt	-lydda
låta	låter	lät	låtit	-låten	-låtet	-låtna

Lösungen

Lösungen

Infinitiv	Präsens	Preteritum	Perfekt	Perfektpartizip		
lägga	lägger	lade, la	lagt	lagd	lagt	lagda
njuta	njuter	njöt	njutit	njuten	njutet	njutna
-	måste	måste	måst	-	-	-
pipa	piper	pep	pipit	-	-	-
rida	rider	red	ridit	riden	ridet	ridna
rinna	rinner	rann	runnit	runnen	runnet	runna
riva	river	rev	rivit	riven	rivet	rivna
se	ser	såg	sett	sedd	sett	sedda
sitta	sitter	satt	suttit	-sutten	-suttet	-suttna
sjunga	sjunger	sjöng	sjungit	sjungen	sjunget	sjungna
sjunka	sjunker	sjönk	sjunkit	sjunken	sjunket	sjunkna
skina	skiner	sken	skinit	-	-	-
skjuta	skjuter	sköt	skjutit	skjuten	skjutet	skjutna
skola	ska(skall)	skulle	skolat	-	-	-
skrika	skriker	skrek	skrikit	-skriken	-skriket	-skrikna
skriva	skriver	skrev	skrivit	skriven	skrivet	skrivna
skära	skär	skar	skurit	skuren	skuret	skurna
slippa	slipper	slapp	sluppit	-sluppen	-sluppet	-sluppna
slå	slår	slog	slagit	slagen	slaget	slagna
slåss	slåss	slogs	slagits	-	-	-
smyga	smyger	smög	smugit	-smugen	-smuget	-smugna
snyta	snyter	snöt	snutit	snuten	snutet	snutna
smörja	smörjer	smorde	smort	smord	smort	smorda
sova	sover	sov	sovit	-	-	-
spricka	spricker	sprack	spruckit	sprucken	sprucket	spruckna
sprida	sprider	spred	spridit	spridd	spritt	spridda
springa	springer	sprang	sprungit	sprungen	sprunget	sprungna
sticka	sticker	stack	stuckit	stucken	stucket	stuckna
stiga	stiger	steg	stigit	stigen	stiget	stigna
stjäla	stjäler	stal	stulit	stulen	stulet	stulna
strida	strider	stred	stridit	-stridd	-stritt	-stridda
stryka	stryker	strök	strukit	struken	struket	strukna
stå	står	stod	stått	-stådd	-stått	-stådda
suga	suger	sög	sugit	-sugen	-suget	-sugna
svika	sviker	svek	svikit	sviken	sviket	svikna
svälja	sväljer	svalde	svalt	svald	svalt	svalda
säga	säger	sa	sagt	sagd	sagt	sagda
sälja	säljer	sålde	sålt	såld	sålt	sålda
sätta	sätter	satte	satt	satt	satt	satta
ta	tar	tog	tagit	tagen	taget	tagna
vara	är	var	varit	-	-	-
veta	vet	visste	vetat	-	-	-
vika	viker	vek	vik(i)t	vikt	vikt	vikta
vilja	vill	ville	velat	-	-	-
vinna	vinner	vann	vunnit	vunnen	vunnet	vunna
välja	väljer	valde	valt	vald	valt	valda
vänja	vänjer	vande	vant	vand	vant	vanda
äta	äter	åt	ätit	äten	ätet	ätna

Lösungen zu den Übungen

Avsnitt 1

A1

1. Hej
2. Adjö
3. Hejsan
4. God morgon
5. Hej då
6. God natt
7. Goddag

B2

Hier korrigiert die Kursleiterin/der Kursleiter!

C5

1. Han kommer från Lund.
2. Jag heter Anna.
3. Vad heter du?
4. Vi kommer från Stockholm.
5. Kommer ni från Malmö?
6. Hon heter Lisa.
7. De kommer från Kalmar.
8. Varifrån kommer du?

D

1. Vad heter du?
2. Varifrån kommer han?
3. Vad heter de?
4. Varifrån kommer Jan?
5. Kommer du från Malmö?
6. Fiskar ni?
7. Vad heter han?
8. Är det en flicka?
9. Varifrån kommer ni?
10. Vad heter hon?

E7

På campingplatsen
C: Christian S: Sven A: Anna

C: Hej, jag heter Christian. Jag kommer från Stuttgart.
S: Jag heter Sven.
C: Varifrån kommer du?
S: Jag är från Sverige.
C: Varifrån i Sverige kommer du, Sven?
S: Jag kommer från Stockholm. Det här är Anna.
A: Hej!
C: Hej! Kommer du också från Stockholm?
A: Nej, jag är från Göteborg.

F9

Vilken vokal?

1. han (a)
2. här (ä)
3. Rune (u)
4. nio (i)
5. ja (a)
6. sju (u)
7. fyra (y)
8. söt (ö)
9. du (u)
10. två (å)

G10

1. tre
2. ett
3. sex
4. sju
5. två
6. nio
7. åtta
8. fem
9. tio
10. fyra

H

1. Hon
2. Goddag
3. ni
4. från
5. sju
6. fyra
7. Jag
8. också
9. Vad
10. nej
11. de
12. morgon

Avsnitt 2

A2

Hur var namnet?

1. - Jag heter Tomas Stråhle.
   - Förlåt, hur var efternamnet?
   - Stråhle. S T R Å H L E.
   - Tack!

2. - Jag heter Ljubisa Novakovic.
   - Förlåt, Hur var namnet?
   - Novakovic. N O V A K O V I C.
   - Och förnamnet?
   - Ljubisa. L J U B I S A.
   - Tack!

3. - Jag heter Eva Schrewelius.
   - Förlåt, hur var efternamnet?
   - Schrewelius. S C H R E W E L I U S.
   - Tack!

B3

[g]	[k]	[sk]
god	karta	skatt
gul	ko	sko
gata		skål

[j]	[ch]	[sch]
genom	kära	sked
gymnastik	kyrka	skinka
Göran	kedja	sky
	köra	skära
	Kilsgårdh	
	kilometer	

Lösungen

C4

1. Det är femhundrafem km.
2. Det är ettusentvåhundratjugosju km.
3. Det är etthundrafemtiosju km.
4. Det är tvåhundratrettiosju km.
5. Det är åttiofem km.
6. Det är åttahundraåttioåtta km.
7. Det är sjuhundrasjuttionio km.
8. Det är trettioen km.
9. Det är sextiotvå km.
10. Det är fyrahundrasjuttionio km.

D5

1. golfbanan
2. hotellet
3. vandrarhemmet
4. restaurangen
5. Turistinformationen
6. bensinstationen
7. museet
8. Badplatsen
9. Cafféet
10. kyrkan
11. Campingplatsen
12. fiskeplatsen

E5

2. en flicka	flickan
3. ett samtal	samtalet
4. en pojke	pojken
5. en man	mannen
6. en busshållplats	busshållplatsen
7. en karta	kartan
8. en semester	semestern
9. en broschyr	broschyren
10. en flygplats	flygplatsen
11. ett flygplan	flygplanet
12. en bukt	bukten
13. en linje	linjen
14. en information	informationen
15. ett boardingkort	boardingkortet
16. en buss	bussen

F5

1. Var är busshållplatsen?
2. Förlåt, hur var namnet?
3. Varsågod, här är boardningkortet!
4. Är det långt till hotellet?
5. Jag rekommenderar campingplatsen i Mellbystrand.

G6

På turistinformationen

A: Anna B: Bengt R: receptionist

A: Hej, finns det en badplats här i närheten?
R: Javisst. Vi har en här i Skogaby.
B: Är det långt till närmaste hotell?
R: Nej, det är 15 kilometer.
A: Finns det en golfbana där också?
R: Nej, tyvärr.
B: Är det långt till stranden?
R: Nej, det går en buss. Det är linje 27.
A: Var är busshållplatsen?
R: Busshållplatsen är vid kyrkan.
B: Tack för informationen.
R: Tack, tack!

H

1. Finns det en restaurang här i närheten?
2. Tack för informationen!
3. Var är busshållplatsen?
4. Är det långt till Mellbystrand?
5. Har ni en karta?
6. Finns det en badplats här i närheten?
7. Det låter bra!
8. Trevlig semester!

Avsnitt 3

A1

1. telefonsamtal	9. tittar
2. stund	10. kommer
3. konferens	11. köper
4. kopp	12. först
5. ögonblick	13. adress
6. nummer	14. gatan
7. bra	15. telefonkiosk
8. telefon-katalogen	16. själv

B3

[j]	[ch]	[sch]
djur	tjugo	sju
ljus	check	chock
hjul	kjol	stjärna
djärv	tjära	skjorta
gjorde		schampo

C4

2. Det är Olles telefon.
3. Det är pojkens CD.
4. Det är Svens telefonkatalog.
5. Det är Görans restaurang.
6. Det är mannens hund.
7. Det är Pelles fisk.
8. Det är Jans adress.
9. Det är Birgittas telefonnummer.
10. Det är barnets katt.
11. Det är flickans foto.
12. Det är Evas kopp.

D4

Adressboken

Rune Sundström Östermalmsgatan 51 114 50 Stockholm	08 / 59 67 25
Anna Rosenquist Reginagatan 72 531 43 Lidköping	0510 / 91 70 56
Johan Svensson Rektorsvägen 9 224 67 Lund	046 / 25 36 47
Siv och Olle Sagoliden 23 216 20 Malmö	040 / 27 58 39
Silvia Svensson Stora Vägen 92 297 72 Everöd	044 / 23 83 61
Mikael Söderberg Valhallavägen 3 114 22 Stockholm	08 / 15 71 82

E5

1. komma	kommer
2. fiska	fiskar
3. ringa	ringer
4. vara	är
5. tala	talar
6. åka	åker
7. heta	heter
8. ligga	ligger
9. slå	slår
10. låta	låter
11. titta	tittar
12. stå	står
13. köpa	köper
14. svara	svarar
15. hitta	hittar

F7

Bengt berättar

Hej!
Jag heter Bengt Johansson. Jag bor i Uppsala.
Jag är 24 år gammal och studerar på universitetet här.
Jag har en sambo som heter Anna Eriksson. Hon är 23 år och arbetar på en turistbyrå.
Vi har en hund som heter Tuss.
Vi bor i en tvårumslägenhet i närheten av universitetet.
Adressen är Skolgatan 25 och telefonnumret är 56 11 77.

G

1. Vad har Anders för adress?
2. Jag vet inte./Det vet jag inte
3. Hur mår du Eva?/Hur står det till?
4. Jag mår inte så bra./Jag mår dåligt.
5. Vad har Sara för telefonnummer?
6. Vad har Stockholm för riktnummer?
7. Jag bor på ... .
8. Hej det är ... . Träffas Sven Andersson?
9. Har du lust att komma på en kopp kaffe, Karin?

Avsnitt 4

A1

1. en hundrakronorssedel/en hundralapp
2. en femtiokronorssedel/en femtiolapp
3. en femkrona/en femma
4. en (en)krona
5. en tjugokronorssedel/en tjuga

B3

1. skulle vilja ha	6. växla
2. bra	7. går
3. kostar	8. trettio
4. tar	9. Tack
5. varsågod	10. Hej / Hej då /Tack, tack

C4

Det är dyrt
J: Jan E: Eva

J: Eva, vet du vad en påse chips kostar nu?!
E: Nej.
J: 13:- !
E: Nejmen oj! Det är dyrt!
J: Ja, en cola kostar 6:50 och chokladkakan ... vet du vad en chokladkaka kostar ... 12:80!
E: Jaså! Och tidningen då?
J: Ja, Aftonbladet ... 10:-!
Cigaretter kostar 45:- och en banan 3:50.
E: Oj, oj, oj!
J: Ja och du, vykortet här kostar 5:- och glassen 10:50.
E: Ja, det är dyrt att handla i kiosken.

D5

1. Den	7. Han
2. Hon	8. Det
3. Den	9. Den
4. Det	10. Den
5. Den	11. Han
6. Den	12. Den

sambo zusammen wohnen

Lösungen

F7

Kurt bjuder på fika

A: mamma Anita K: pappa Kurt
S: Sven O: Olle L: Lisbet

K: Jag bjuder på fika idag.
A: Men oj!
K: Ska vi sitta här?
O: Här är fint, pappa.
K: Ja. Vad vill ni ha nu då? Anita?
A: Jag tar en kopp kaffe med en räksmörgås.
L: Jag vill ha läsk och en glass.
A: Jaså Lisbet, vill du ha glass!
L: Ja, chokladglass.
K: Jaha, och du Sven?
S: Jag tar också en läsk. Och så vill jag ha ett wienerbröd... Nej, jag tar hellre en bakelse.
K: Och du då Olle?
O: Jag tar ett glas mjölk och en ostsmörgås.
L: Vill du också ha glass, pappa?
K: Nej, jag tar en kopp te och en räksmörgås som mamma.
A: Åh vad jag är kaffesugen!
K: Så, jag går och beställer vid disken.

G8

1. Jag skulle vilja ha en kopp kaffe, tack.
2. Kan du växla 300 DM?
3. Anna vill shoppa idag.
4. Han måste titta i telefonkatalogen
5. Jag skulle vilja ha ett wienerbröd, tack.
6. Vill ni dricka ett glas saft?
7. Lina måste växla pengar.
8. Sven vill fiska på semestern.
9. Lotta kan inte åka till stan.
10. Ulla kan inte komma idag.

H9

1. ett glas (mineral)vatten
2. ett glas mjölk
3. ett glas äppelsaft
4. en mugg te
5. ett wienerbröd
6. en (kanel)bulle
7. en kopp kaffe
8. en ostsmörgås / en smörgås med ost

I

1. Hej, jag skulle vilja växla 500 DM.
2. Vad kostar ett vykort?
3. Hej, jag skulle vilja ha en glass.
4. Jag förstår.
5. Kan ni växla en femtiolapp?
6. Jag skulle vilja ha en bakelse med grädde och marsipan, tack.
7. Jag skulle vilja ha en kopp kaffe och en ostsmörgås, tack.
8. Jag tar hellre en kopp te. / Jag skulle hellre vilja ha en kopp te.
9. Jag bjuder!
10. Är kaffet med påtår?

Avsnitt 5

A1

1. turistbyrå	10. filmmuseum
2. torg	11. bokhandel
3. stationen	12. skulptur
4. klockspel	13. bio
5. varuhus	14. resebyrå
6. sjukhus	15. gågata
7. stad	16. frukt
8. ligger	17. simhall
9. teater	18. grönsaker

B1

Diktamen

1. Vid torget finns en kyrka.
Skriv kyrka!
2. Kristianstad är en renässansstad.
Skriv renässansstad!
3. På en turistbyrå kan du få information.
Skriv information!
4. Det finns ett sjukhus utanför centrum.
Skriv sjukhus!
5. Kristianstad har två torg.
Skriv torg!
6. Staden har 28 000 invånare.
Skriv invånare!
7. Grundarens namn är Christian IV.
Skriv namn!
8. Sveriges enda filmmuseum ligger i Kristianstad.
Skriv enda!
9. Till höger om Domus ligger busstorget.
Skriv höger!
10. Vid torget finns ett apotek.
Skriv apotek!
11. Museet ligger på Östra Storgatan.
Skriv museet!
12. Eva slår numret till resebyrån.
Skriv numret!

C2

1. Vi har en son som är fyra år gammal.
2. Jag har en sommarstuga som ligger i Småland.
3. Kristianstad är en stad som ligger i Skåne.
4. Anna och Göran har en dotter som heter Eva.
5. De går in på ett café som ligger vid Stortorget.

D3

2. i
3. vid
4. på
5. på
6. i
7. på
8. över
9. I
10. på
11. vid
12. i
13. vid
14. mellan
15. bredvid
16. mittemot

E4

T: Nej! Inte till höger! Gatan här till vänster...
S: Ja, först gatan till vänster.
T: Men... var är parkeringsplatsen?
S: Är det parkeringsplatsen?
T: Ja!
S: Och sedan rakt fram.
T: Ja, där är ett varuhus.
S: Var? Var är varuhuset?
T: Där är det. Ser du?
S: Ja, nu ser jag. Vid varuhuset gatan till höger.
T: Nu hittar vi hotellet!

F4

Att beskriva vägen

1. A: Förlåt, hur kommer jag till banken?
   B: Du går rakt fram här. Sedan går du över korsningen. På höger sida ligger banken.
   Svar: H

2. A: Förlåt, hur kommer jag till rådhuset?
   B: Ja, du går rakt fram här. Du tar till höger och sedan går du till vänster.
   Du går en bit rakt fram. Sedan ser du rådhuset.
   Svar: D

3. A: Förlåt, hur kommer jag till posten?
   B: Du går rakt fram här över korsningen. Posten ligger på vänster sida, mittemot banken.
   Svar: G

4. A: Förlåt, hur kommer jag till museet?
   B: Museet? Ja... . Du kör till vänster här. Sedan kör du rakt fram och svänger till höger. Du kör rakt fram förbi posten och på vänster sida ligger museet.
   Svar: A

G6

Till exempel: [Zum Beispiel:]

1. Du går rakt fram till Sveavägen och svänger till höger. Sedan svänger du till höger in på Sturegränd. Hotellet ligger på vänster sida.
2. Du kör rakt fram till korsningen och svänger till höger in på Sveavägen.
   Sedan kör du rakt fram, förbi hotellet och svänger till vänster in på Kungsgatan. Varuhuset ligger på höger sida.
3. Du går rakt fram till Sveavägen. Sedan går du rakt fram över korsningen in på Kyrkvägen. Du går Kyrkvägen rakt fram, förbi kyrkan, så ser du stationen på vänster sida.

H

1. Jag skulle vilja ha en stadskarta, tack.
2. Förlåt/Ursäkta mig, hur kommer jag till posten?
3. Tack för hjälpen!
4. Nu hittar jag säkert till hotellet.
5. Förlåt/Ursäkta mig, hur kommer jag till torget?
6. Sparbanken ligger på höger sida.
7. Ingen orsak!

Avsnitt 6

A1

F	G	B	N	V	I	H	V	J	K	X	V	N	N	K	V	J
K	L	S	V	B	K	J	K	L	O	C	K	A	D	O	Ö	B
N	D	J	D	F	S	T	E	C	S	G	N	L	Ö	N	D	F
T	Z	Ä	B	Å	Y	Å	U	T	F	L	Y	K	T	D	B	V
V	U	R	T	F	I	G	O	M	K	A	N	O	T	U	G	P
M	G	N	O	L	M	N	G	M	B	S	B	O	N	K	B	N
S	K	V	K	G	T	I	D	T	A	B	E	L	L	T	H	V
P	C	Ä	B	Y	P	Ä	V	K	J	R	I	Å	V	Ö	M	L
J	B	G	B	A	T	T	E	R	I	U	C	P	Y	R	S	I
F	P	N	F	B	B	N	Ö	Ä	Y	K	I	O	N	N	G	D

B2

1. Filmen börjar klockan åtta.
2. *Veckan* kan man se på TV 2
3. Filmen slutar klockan tjugo i tolv.
4. *Syndens lön* börjar klockan kvart i tio.
5. Från klockan kvart över tolv till kvart i ett.
6. TV 1 visar *Mosaik* klockan fem i två.
7. Klockan fem i halv två till fem i två.
8. TV 1 (Aktuellt) klockan sex och nio och TV 2 (Rapport) klockan halv åtta och tjugo i elva.

C2

Fröken Ur:

1. tretton femtiofem och tio
2. sjutton fyrtio och noll
3. elva tio och tjugo
4. tjugotvå trettiofem och fyrtio
5. nitton femton och noll

D2

1. När/Hur dags börjar du arbeta?
2. När/Hur dags reser Lars till Göteborg?
3. När/Hur dags spelar du tennis?
4. När/Hur dags öppnar affären?
5. När/Hur dags är vi framme?
6. När/Hur dags gör Hanna läxor?

E3

Här rättar kursledaren! [Hier korrigiert die Kursleiterin/der Kursleiter!]

F4

1. Vi cyklar hem klockan fem.
2. Jag gör läxor efter skolan.
3. Ella har lunch då.
4. Efter frukosten åker Sven till skolan.
5. Klockan tre dricker vi kaffe.
6. Sedan äter han ett äpple.
7. Klockan sju tittar Olle på TV.
8. På kvällen går Britta på bio.

G4

1. Ni lär <u>er</u> svenska.
   Jag lär <u>mig</u> svenska.
2. De tvättar <u>sig</u>.
   Han tvättar <u>sig</u>.
   Du tvättar <u>dig</u>.
3. Vi gifter <u>oss</u>.
   Jag gifter <u>mig</u>.
   De gifter <u>sig</u>.
4. Ni klär på <u>er</u>.
   De klär på <u>sig</u>.
   Jag klär på <u>mig</u>.
5. Vi kammar <u>oss</u>.
   Du kammar <u>dig</u>.
   Hon kammar <u>sig</u>.

H4

1. Jag tvättar mig klockan åtta varje morgon.
2. Lär ni er också svenska?
3. Vi har fem minuter på oss!
4. Stellan rakar sig varje dag.
5. Du måste skynda dig, Karin!
6. Jag klär på mig och sedan äter jag frukost.
7. Pia och Olle ska gifta sig på lördag.
8. Ulla tittar lite på TV och går och lägger sig klockan elva.

I7

Har du tid?

P: Patrik J: Jesper

P: Hej Jesper!
J: Hejsan! Hur är det?
P: Tack, utmärkt! Har du tid på tisdag eftermiddag? Har du lust att spela tennis?
J: På tisdag... nej, jag måste till tandläkaren klockan tre.
P: Men på måndag då?
J: På måndag spelar jag fotboll.
P: Men på onsdag kan du, Jesper?
J: På onsdag jobbar jag ju i kiosken.
P: Ja visst ja. Har du tid på torsdag då?
J: Torsdag... nej jag har pianolektion på eftermiddagen.
P: Men Jesper, på fredag har du väl tid?
J: Nej det går inte. Nisse och jag ska gå på bio.
P: Men under helgen då? Lördag eller söndag?
J: Nej Patrik, tyvärr. På lördag kommer pappa hem från USA och på söndag åker vi till Linköping. Men du, jag ringer nästa vecka. Då har jag tid.
P: Jaja, OK. Hej då!
J: Hej!

J

1. Vad/Hur mycket är klockan?
2. Utmärkt!
3. När är tåget framme i Malmö?
4. Jag tror att klockan går efter.
5. Åsa, har du en tidtabell?
6. Pia, har du lust att göra en utflykt?

Avsnitt 7

A1

1. finns	8. gäller
2. låter	9. vill
3. fyller	10. står
4. väcker	11. tar
5. gör	12. är
6. kostar	13. har
7. parkerar	14. beställa

B1

Marit och Håkan tar in på ett hotell
M: Marit H: Håkan R:receptionist

R: Välkomna till hotell Astoria!
H: Hej! Vi skulle vilja ha ett dubbelrum för en natt.
R: Vi har ett mycket fint rum ledigt med bad, dusch, TV och telefon.
H: Vad kostar det?
R: 405:- per person.
H: Jaha. Kan jag ta med hunden in på hotellet?
R: Ja, det går bra.
M: Utmärkt! Finns det en restaurang här?
R: Nej, tyvärr. Men det finns en trevlig restaurang vid Stortorget.
H: Ja, men då tar vi rummet.
R: Ja tack. Skulle ni vilja fylla i anmälningsblanketten?
H: Javisst. Hur långt är det till stationen?

R: Det är 350 m.
H: Tack.
M: Kan vi få en taxi till klockan 19.00?
R: Javisst. Varsågod, här är nyckeln till rum 23.
M: Tack så mycket!
R: Tack, tack.

C2

1. inget	7. ingen
2. inget	8. ingen
3. ingen	9. inget
4. inget	10. ingen
5. inget	11. inget
6. ingen	12. ingen

D

1. välkommen	2. frukost
javisst	handduk
taxi	blankett
nyckel	körkort
tyvärr	parkera
hörnet	badrum

E4

1. Det här hotellet är bra.
2. Finns det ingen bar på det här hotellet?
3. Det där hotellet har tyvärr inget parkeringshus.
4. Den här radion fungerar inte.
5. Den där nyckeln passar.
6. Har det här rummet ingen telefon?
7. Den där duschen fungerar inte.
8. Det här rummet har tyvärr ingen utsikt över parken.

F5

Här rättar kursledaren! [Hier korrigiert die Kursleiterin/der Kursleiter!]

G

1. Är priset inklusive frukost?
2. Tack för hjälpen!
3. Har hotellet någon pool?
4. Hur kommer jag till hotell Saga?
5. Var kan jag parkera bilen?
6. Jag skulle vilja reservera ett hotellrum med dusch för en natt.
7. Jag skulle vilja ha en taxi.
8. Det finns ingen tvål i badrummet.

H

Vågrätt:	Lodrätt:
fönster	tvål
väckarklocka	flicka
askkopp	parkeringsplats
radio	pojke
telefon	nyckel
garage	karta
TV	hus
dusch	resväska
stad	hiss
ryggsäck	handduk

Avsnitt 8

A

1. lanthandel	5. hinner
2. öppet	6. timmar
3. öppettider	7. klokt
4. kö	8. stängt

B3

A: Hej Sara, hur mår du?
S: Tack, jag mår bra. Hur är det själv?
A: Tack, bara bra! Jag skulle vilja ha två kilo potatis och tio ägg.
S: Jaha, något annat?
A: Ja... är salladen färsk?
S: Ja, salladen är jättefin!
A: Jag tar ett salladshuvud. Är det extrapris på läsk?
S: Ja, det är det. En back läsk kostar 29:90.
A: Jag tar en back läsk och så behöver jag tändstickor också.
S: Javisst, det blir 95:80.

C3

1. en burk	5. ett paket
2. en tub	6. en flaska
3. en påse	7. en back
4. en ask	

D4

Vågrätt:	Lodrätt:
1. kyckling	15. äpple
2. päron	16. skinka
3. vitlök	17. tårta
4. potatis	18. kräfta
5. köttfärs	19. morot
6. banan	20. kaka
7. citron	21. räka
8. salladshuvud	22. fisk
9. ägg	23. bröd
10. korv	24. kex
11. ost	25. tomat
12. knäckebröd	26. smör
13. lök	27. kål
14. svamp	28. gurka
	29. jordgubbar

E4

2. en rulle toalettpapper	många rullar toalettpapper
3. en tändsticksask	många tändsticksaskar
4. en tub majonnäs	många tuber majonnäs

5. ett glas — många glas
6. ett bord — många bord
7. en burk ansjovis — många burkar ansjovis
8. en nyckel — många nycklar
9. en klocka — många klockor
10. en kopp — många koppar
11. ett äpple — många äpplen
12. en buss — många bussar
13. en telefon — många telefoner
14. en tidning — många tidningar
15. en kyrka — många kyrkor
16. ett fönster — många fönster
17. en bil — många bilar
18. ett barn — många barn
19. ett hus — många hus
20. en lök — många lökar

F5

Inköpslistan: [Die Einkaufsliste:]
kaffe
2 kg potatis
en kartong ägg
ansjovis
några lökar
grädde
en påse chips
2 liter mjölk
en bit ost

Dialogen: [Der Dialog:]
Lördag morgon

L: Liselott A: Anders

L: Du Anders, kaffet är slut. Det måste vi köpa.
A: Ja. Jag hämtar papper och penna så skriver vi en inköpslista.
L: Ja, vad bra. Bäst Stormarknad har extrapris på kaffe idag. Ska vi handla där?
A: Ja, det är en bra idé!
L: Nu ska vi se... kaffe. Hur är det med potatis?
A: Ja, det behöver vi, två kilo, och ägg.
L: En kartong ägg. Vi kan väl laga Janssons på söndag?
A: Ja det låter gott.
L: Då behöver vi ansjovis, några lökar och grädde.
A: Per kommer på lördag. Då måste vi köpa en påse chips.
L: Ja just det! Har vi mjölk, Anders?
A: Jag ska titta i kylskåpet. Nej.
L: Jaha. Två liter mjölk. Och så smör.
A: Smör har vi, men skriv upp en bit ost också.

G6

1. gram
2. deciliter
3. kilo(gram)
4. liter
5. matsked
6. hekto(gram)

H

1. mycket
2. många
3. mycket
4. många
5. mycket
6. många
7. många
8. mycket
9. många
10. mycket

I

1. Snabbköpet är öppet till klockan 19.00.
2. När stänger Domus?
3. Hinner vi gå till Åhléns?
4. Är salladen färsk?
5. Vad kostar ett kilo köttfärs?
6. Lena, behöver du socker?
7. Jag skulle vilja ha två kassar, tack.
8. Är det extrapris på kaffe?

Avsnitt 9

A1

A	G	M	T	C	K	Ö	Z	Ü	V	D	G	R	J	D	L	M	V	S
B	G	H	E	B	F	K	M	Ä	P	K	Å	W	J	K	V	F	X	J
F	L	J	L	O	N	Ä	A	Y	G	O	E	A	S	O	P	P	A	V
P	A	H	D	R	E	S	T	A	U	R	A	N	G	Q	O	R	J	K
B	S	M	V	D	K	Ö	S	Ü	F	V	S	A	W	Ä	R	S	E	W
Q	E	T	U	O	Ü	Ä	E	J	G	D	A	M	Å	L	T	I	D	H
K	P	Ü	H	U	V	U	D	R	Ä	T	T	Z	T	F	I	X	D	R
Q	A	Å	X	S	W	E	E	C	V	F	R	T	G	B	O	H	Z	U
Z	K	Ö	T	T	B	U	L	L	E	A	Ö	P	Ü	N	N	C	F	T
D	J	L	P	U	R	S	V	N	L	Ö	Å	T	S	W	B	J	O	I

Pluralformerna [Die Pluralformen]:
bord, glas, huvudrätter, korvar, köttbullar, matsedlar, måltider, portioner, restauranger, soppor

B1

På restaurangen

1. ta
2. hamnen
3. göra
4. hungrig
5. äta
6. räksallad
7. gräddsås
8. fisksoppa
9. köttfärssås
10. juice
11. läsk
12. kvart
13. mör

C1

1. mätt
2. Fiskar
3. äter
4. maten
5. vatten
6. Smakar
7. Öl
8. Smulor

D2

2. Slå numret, är du snäll!
   Var snäll och slå numret!
3. Stäng fönstret, är du snäll!
   Var snäll och stäng fönstret!
4. Sitt still, är du snäll!
   Var snäll och sitt still!
5. Kör sakta, är du snäll!
   Var snäll och kör sakta!
6. Ät upp maten, är du snäll!
   Var snäll och ät upp maten!
7. Sväng till höger, är du snäll!
   Var snäll och sväng till höger!
8. Gå till hotellet, är du snäll!
   Var snäll och gå till hotellet!
9. Betala notan, är du snäll!
   Var snäll och betala notan!
10. Åk till restaurangen, är du snäll!
    Var snäll och åk till restaurangen!
11. Köp mjölk, är du snäll!
    Var snäll och köp mjölk!
12. Hjälp Sabina, är du snäll!
    Var snäll och hjälp Sabina!
13. Arbeta till klockan fyra, är du snäll!
    Var snäll och arbeta till klockan fyra!
14. Bestäm dig, är du snäll!
    Var snäll och bestäm dig!
15. Tala långsamt, är du snäll!
    Var snäll och tala långsamt!

E2

Sill i senapssås

Skär filéerna i bitar. Blanda senap, socker och vinäger. Tillsätt oljan och rör kraftigt. Blanda i gräddfilen. Häll såsen över sillen. Garnera med finhackad lök och gurka. Klipp över kryddgrönt. Servera med kokt potatis.
Smaklig måltid!

F3

2. en pepparströare (peppar)
3. ett glas
4. en sked
5. en dessertsked
6. en duk
7. en servett
8. en gaffel
9. en djup tallrik
10. en kniv
11. en tallrik

G4

1. Agneta är också nöjd.
2. David köper inte heller någon glass.
3. Sara reserverar också ett bord.
4. Tore äter inte heller så mycket.
5. Alfred tycker inte heller om räkor.
6. Carina skulle också vilja ha något att dricka.
7. Kyparen rekommenderar också rumpsteak, grönsaker och potatis.
8. Gunilla kan inte heller bestämma sig.

H

1. Finns det barnportioner?
2. Tack för maten!
3. Det fattas en sked.
4. Kotletten är god och mör.
5. Jag kan inte bestämma mig.
6. Jag skulle vilja reservera ett bord till på lördag.
7. Får jag be om notan, tack.
8. Nej tack, jag är så nöjd.

Avsnitt 10

A2

2.	den första	lördag
3.	den femtonde	lördag
4.	den fjärde	tisdag
5.	den tjugosjätte	onsdag
6.	den sjuttonde	måndag
7.	den åttonde	lördag
8.	den trettonde	torsdag
9.	den sjunde	fredag
10.	den elfte	tisdag
11.	den tjugoåttonde	fredag
12.	den nittonde	onsdag

B2

1. januari
2. februari
3. mars
4. april
5. maj
6. juni
7. juli
8. augusti
9. september
10. oktober
11. november
12. december

C2

Lite historia
L: Lennart D: David

L: David, när regerade Birger Magnusson?
D: Det är ju lätt! 1290-1318.
L: Bra!
D: Vem regerade från 1771-1792?
L: Det var Johan III.
D: Nej, det är fel. Det var Gustav III.
L: Jaså, Gustav III. Och Johan III regerade från 1568-1592?
D: Precis!
L: När regerade Gustav Vasa?
D: Gustav Vasa ... jag tror det var 1523-1560.
L: 1523-1560. Det stämmer! Jättebra!

D: Vem regerade 1950-1973?
L: Gustav VI Adolf.
D: Fint!
L: 1697-1718 regerade en stor kung? Vem?
D: Erik XIV.
L: Men David, 1697-1718. Tänk lite!
D: Karl XII då.
L: Javisst! Erik XIV regerade 1560-1568.

D4

Här rättar kursledaren!

E6

1. Jag skickar brevet till dig.
2. Hälsa honom från mig.
3. Tänk på oss i morgon, är du snäll!
4. Jag ringer upp dig på tisdag.
5. Jag cyklar med henne till sjön för att bada.
6. Spelet är till er.
7. Vill du följa med mig i morgon?
8. Ser du dem på födelsedagskalaset?
9. Jag hoppas att Andreas lagar den på fredag.
10. Som du vet, kan jag tyvärr inte hälsa på er.

F8

1. Gemensamt klär man midsommarstången med löv och blommor.
2. Man äter sill i många variationer med nypotatis och dill.
3. Man har en rik midsommartradition i Dalarna. / I Dalarna har man en rik midsommartradition.
4. Man dansar på logar och bryggor tills solen går upp.
5. Kvinnor och barn har kransar i håret.
6. Midsommar är en högtid som infaller runt den 24 juni.
7. Midsommarstången intar en central plats.
8. Vi äter alltid jordgubbar med vispgrädde till efterrätt. / Till efterrätt äter vi alltid jordgubbar med vispgrädde.

G9

1. julafton
2. Nobeldagen
3. nyårsdagen
4. nyårsafton
5. första maj
6. annandag jul
7. allhelgonadagen
8. valborgsmässoafton
9. trettondagsafton
10. luciadagen
11. Sveriges nationaldag

⇨ Trevlig helg!

H

1. Trevlig midsommar!
2. Grattis på födelsedagen. / Ha den äran på födelsedagen!
3. Gott Nytt År!
4. Glad Påsk!
5. När fyller Edvard år? / När har Edvard födelsedag?
6. Vad / Hur mycket kostar ett brev till Tyskland?
7. Vilket postnummer har Norrtälje?/ Vad har Norrtälje för postnummer?
8. Jag är född den ... .
9. God Jul!
10. Tack detsamma!

Avsnitt 11

A1

A	J	N	Ö	D	Ä	N	M	V	C	E	R	Z	U	I	R	G	D
H	G	Z	K	L	Ö	Ä	Ü	P	O	S	U	Z	T	R	Y	W	Q
Y	F	Å	B	L	O	M	M	A	Ä	Y	P	O	S	U	G	T	H
Q	O	C	E	F	B	Z	P	R	E	S	E	N	T	K	G	I	J
H	T	G	J	B	O	J	M	A	Ö	T	X	D	U	T	F	R	H
U	O	L	A	K	D	Ä	G	P	Z	E	K	G	G	H	S	E	B
D	Ü	G	K	B	C	M	S	L	J	R	O	F	A	E	T	C	K
L	P	B	I	A	Å	Y	R	Y	K	E	Å	F	O	V	U	E	M
F	T	Z	U	R	V	B	N	I	K	U	S	I	N	K	J	P	S
Z	U	B	J	N	D	H	P	F	S	G	T	D	T	Z	J	T	O

Plural:
barn, blommor, foton, kusiner, paraplyer, presenter, recept, ryggar, stugor, systrar

B2

1. mitt
2. hans
3. hennes
4. deras
5. vårt
6. min
7. hennes
8. deras
9. era
10. min
11. Er
12. dina
13. hans
14. våra
15. hennes

C2

1. Pojken på fotot är min bror.
2. Hennes föräldrar kommer från Sverige.
3. Är det dina nycklar, Eva?
4. Deras barnbarn bor i Lund.
5. Vi hyr ut vårt hus i juni.
6. Är det era foton?

D3

1. sin
2. sitt
3. sin
4. sina
5. sitt
6. sina
7. sitt
8. sin
9. sitt
10. sina

E3

1. hennes
2. sitt
3. deras
4. sin
5. sin
6. hans
7. sina
8. sitt

F4

1. barnbarn
2. mormor
3. syskon
4. farfar
5. kusiner
6. föräldrar
7. morfar
8. moster
9. faster
10. svåger
11. farbror

G5

Recept på kanelbullar

1. smör
2. salt
3. socker
4. 250 °C
5. jästen
6. mjölken
7. 37 °C
8. lite
9. mjöl
10. 30
11. fyllningen
12. arbeta
13. degen
14. kaka
15. skär
16. 15
17. ägg
18. 8

H

Till exempel:
Det är natt. Olle är törstig. Han ropar på sin mamma. Hon kommer med ett glas vatten.
Men Olle är fortfarande törstig och vill ha något att dricka. Han ropar på sin mamma men hon sover. Då kommer pappa.
Han är trött men har en idé. Han hämtar rör och verktyg och installerar en vattenledning från köket till Olles rum. Nu kan Olles föräldrar sova och Olle kan dricka när han vill.

I

1. Stig på, Jens!
2. Tack för senast!
3. Kom in och sätt dig!
4. Tack för kaffet!
5. Är det din dotter på fotot, Märta?
6. Det har du rätt i.
7. Vem är det på fotot?
8. Eva är mycket lik sin mor (mamma).

Avsnitt 12

A1

1. motorstopp
2. macken
3. hjälpa
4. bogsera
5. verkstaden, titt
6. trodde
7. luft
8. fylla
9. duger
10. framrutan

B2

1. Anna tankade, gick till kassan och betalade.
2. Ljuset fungerade inte.
3. Det gick bra att bogsera bilen.
4. Som jag trodde, var det fel på tändningen.
5. Axel tog motorvägen till Stockholm.
6. Jag hade tur i oturen, tänkte Lena.
7. Det var inget problem att få hjälp vid macken (bensinstationen).
8. Henrik körde med sin bil till verkstaden igår.
9. Det var bussigt!
10. De gick ut till bilen.

C2

Till exempel:
Birgitta steg upp kvart i sju. Hon tvättade sig och klädde på sig. Sedan åt hon frukost. Hon drack kaffe, åt en smörgås och läste tidningen. Tjugo i åtta skyndade hon till bussen och åkte till arbetet/jobbet.
Hon arbetade/jobbade till klockan fem. Då åkte hon hem och åt kvällsmat.
På kvällen träffade hon sin pojkvän. De gick på bio.
Birgitta kom hem sent. Hon gick och lade sig klockan ett.

D3

1. blinker
2. vindruta/framruta
3. stötfångare
4. däck
5. avgasrör
6. ratt
7. motorhuv
8. vindrutetorkare
9. strålkastare
10. bagagelucka
11. backspegel

E4

Bensinen är slut.
Bilen har punktering.
Ljuset fungerar inte./En strålkastare är sönder/trasig.
Det läcker olja.
Motorn kokar.
Batteriet är slut.
Fläktremmen är lös.

F5

1. i somras
2. i augusti
3. i fjol
4. i morse
5. i lördags
6. i juli
7. i vintras
8. i tisdags
9. i julas
10. i påskas

G6

1. deltog
2. sevärdheter
3. sent
4. diskuterade
5. lärde oss
6. Läraren
7. tillfälle
8. nationer
9. vävning
10. kursdeltagare

H6

Carl von Linné

Carl von Linné, eller "Blomsterkungen" som han också kallas, levde från 1707 - 1778. Han var naturforskare, läkare, zoolog och botanist. Han var född i Småland och studerade i Lund och Uppsala.
1741 blev han professor i praktisk medicin i Uppsala.
Linné grundade ett sexualsystem för växtriket och införde bl.a. släkt- och artnamn för växter och djur.
År 1758 köpte Linné gården Hammarby som ligger utanför Uppsala. Här var han på sommaren med sin familj.
Hammarby är idag museum och i parken kan man fortfarande se blommor och växter som Linné planterade.
Han gjorde forskningsresor till Lappland, Dalarna, Öland, Gotland, Västergötland och Skåne.
Linnés hus i Uppsala, där han bodde i 35 år, blev museum 1937.
Här kan man se, hur Linné levde och arbetade, och man kan promenera genom Linnéträdgården.

I

1. Var är närmaste bensinstation (mack)?
2. Handbromsen fungerar inte./Det är fel på handbromsen.
3. Har bensinstationen (macken) söndagsöppet?
4. Jag förmodar att det är fel på tändningen.
5. Jag har punktering på bilen.
6. Sedalautomaten fungerar inte./Det är fel på sedelautomaten.
7. Kan du hjälpa mig att fylla på luft?
8. Ljuset/lampan fungerar inte./Det är fel på ljuset/lampan.

Avsnitt 13

A1

F	A	T	O	Q	G	A	K	L	V	Ö	Ä	A	S	D
A	U	I	V	A	S	S	E	G	L	A	D	A	T	M
L	O	T	Ü	Å	H	A	B	Ö	T	R	I	V	A	D
Y	C	T	H	K	J	K	P	R	F	E	S	A	N	F
Ö	H	A	V	A	N	D	R	A	I	U	K	T	N	A
L	Ä	V	J	D	A	Y	I	Z	Å	N	U	S	A	K
H	M	F	D	M	N	B	V	I	U	Z	T	Ö	L	P
A	T	I	L	L	B	R	I	N	G	A	E	G	T	B
R	A	T	G	B	H	A	J	A	H	Y	R	A	L	Å
A	I	O	Ö	L	K	J	Z	G	E	F	A	B	N	M

Presens:	**Preteritum:**
diskuterar	diskuterade
göra	gjorde
hyr	hyrde
hämtar	hämtade
tillbringar	tillbringade
tittar	tittade
seglar	seglade
stannar	stannade
vandrar	vandrade
åker	åkte

B1

Lappland i sommar
M: Marie J: Jan

J: Jag var på turistbyrån idag och tog med mig några broschyrer.
M: Jaså, vad kul! Jag tycker vi åker till Lappland i år.
J: Lappland, där det är så trist! Bara skog och fjäll.
M: Men Jan, det lär vara underbart med midnattssolen.
J: Ja OK, men jag tycker vi cykelsemestrar på Gotland.
M: Inte cykelsemestra nu igen! Du vet hur det var i fjol. Min cykel fick punktering fyra gånger.
J: Ja det var lite jobbigt, det stämmer.
M: Men titta här så vackert det är i Dalsland. Kan vi inte hyra en husvagn och bila genom Dalsland och Värmland?
J: Ja, det kan vi göra. Men jag kör så mycket bil på jobbet, så jag skulle hellre vilja segla eller vandra.
M: Det var ju det jag sa! Lappland! Vi hade en broschyr om Lappland. Var är den?
J: Är den inte i köket. Vänta ... här!
M: Tack. Få se.. sidan 18. Hör här: "Hyr en stuga och vandra i fjällen" Det låter väl trevligt? I Kuossinjarka t. ex har de minigolf och där kan du fiska också.
J: Jaha. Och då skulle man kunna göra endagsturer till Kungsleden eller Padjelantaleden.
M: Ja, och titta så söta stugor de har!
J: Men då tycker jag vi gör det i sommar.
M: Vad härligt! Jag ringer till Kuossinjarka och bokar i morgon.

C2

1. brun	bruna
2. stort	stora
3. gul	gula
4. rött	röda
5. bra	bra
6. svart	svarta
7. rolig	roliga
8. sött	söta
9. lila	lila
10. gulligt	gulliga
11. grå	gråa

12. vacker — vackra
13. härlig — härliga
14. stort — stora
15. fantastisk — fantastiska
16. trevlig — trevliga
17. blå — blåa
18. fint — fina

D3

1. Att hyra stuga. (d)
2. Att bila med husvagn. (e)
3. Att tälta. (a)
4. Att cykelsemestra. (b)
5. Att vandra (i fjällen). (c)

E4

1. Jag åkte/körde till Jokkmokk där vädret var varmt och skönt.
2. Arne gick till receptionen där det fanns många bra broschyrer och vackra vykort.
3. I somras var Pernilla i Lappland där hon såg midnattssolen.
4. Uno tältar på en campingplats där man också kan hyra båtar.
5. Sverige är ett stort land där man kan cykelsemestra.

F5

Till exempel:
Den här stugan ligger i Svensköp. Den har två rum och kök och är på 29 kvadratmeter.
Stugan har två bäddar, WC, rinnande varmt och kallt vatten, öppen spis, elspis och kylskåp. Det finns ingen TV i stugan och ingen dusch. Båt ingår inte. Det är 6 km till närmaste sjö, där man kan bada och fiska. Det är 4 km till närmaste tätort och 1,5 km till affären.

G6

Här rättar kursledaren!

H7

norr

väster  öster

söder

Svaret på gåtan: De kom åt väst.
En av männen åt ost (aß Käse).

I

1. Vad kostar stugan per vecka/i veckan?
2. Finns det el och ett stort kylskåp i stugan?
3. Hur långt är det till närmaste affär?
4. Var kan jag hämta nyckeln?
5. Finns det rinnande varmt och kallt vatten i stugan?
6. Jag skulle vilja hyra en trevlig stuga för två vuxna och två barn.
7. Kan vi komma omkring klockan 16.00?
8. Hur många bäddar/sängar har stugan?
9. Jag tar stugan vid sjön.
10. Kan man också hyra en liten båt?

Avsnitt 14

A1

R: Välkommen!
T: Tack. Kan man campa utan campingkort här på campingplatsen?
R: Nej, det går inte. Man behöver ett campingkort.
T: Hur länge är det giltigt?
R: Det är giltigt ett år.
T: Ja, då köper jag ett campingkort. Jag skulle vilja stanna tre nätter.
R: Jaha, då får du fylla i den här blanketten, och så får jag be om din namnteckning.
T: Var är toaletterna och tvättrummen?
R: De är i huset bredvid affären.
T: Tack för hjälpen!

B3

1. blommorna
2. stolarna
3. tälten
4. svamparna
5. uppehållsrummen
6. toaletterna
7. hotellen
8. äpplena
9. blanketterna
10. husen
11. somrarna
12. vykorten
13. semesterstugorna
14. nycklarna

C3

1. Hur kommer jag till aporna?
2. Eluttagen är på stolparna.
3. Affärerna har öppet till 18.00.
4. Gasoltuberna kan man också byta här.
5. Husvagnarna står bredvid båtarna.

D3

Vågrätt:	Lodrätt:
1. lodjur	7. älg
2. giraff	8. ko
3. visent	9. katt
4. häst	10. ren
5. apa	11. rovfågel
6. kamel	12. järv
	13. varg
	14. åsna
	15. björn
	16. tupp

E3

Några djur

Älgen
Älgen är ett mycket stort landdäggdjur. Den väger ca 500 kg och har en mankhöjd på 2,3 meter. Älgen lever huvudsakligen i skogsmarker. Den äter bark och blad. Älghonan föder 1-2 kalvar per år.

Renen
I Sverige finns ca 250 000 renar. Den är ett flockdjur och lever i fjällen. Den väger ca 150 kg och har en mankhöjd på 1,1 meter. Renen äter gräs. Honan föder 1 kalv per år.

Lodjuret
Lodjuret är ett litet kattdjur. Det väger bara ca 20 kg. Lodjuret har en kort svans men långa ben. Mankhöjden kan bli 75 cm. Lodjuret lever i skogen och jagar mest hare och rådjur. Honan föder 1-4 ungar per år.

Järven
Järven tillhör mårdfamiljen och lever i fjällen. Den väger ca 15 kg och är 1,1 meter lång. Den äter bär, ägg, fisk och kött och jagar till och med ren. Honan föder 2-4 ungar per år.

F4

2. De är vuxna.
3. Husvagnen är stor.
4. Landskapet är vackert/Landskapen är vackra.
5. Bilarna är bra.
6. Sevärdheterna är intressanta.
7. Affären är gammal.
8. Äpplet är grönt.
9. Blommorna är vackra.
10. Hunden är gullig.
11. Huset är litet./Husen är små.
12. Djurparken är stor.

G4

Till exempel:
Jag ser ett vackert landskap med två vita segelbåtar. Det är vid Vänern. Vädret är vackert. Träden är gröna och vattnet är blått. Jag ser också ett stort, vitt slott. Det är Läckö slott som ligger vid Vänern. Här finns en liten trädgård. Vädret är fint och himlen är blå.

H6

1. Varje dag arbetar jag i djurparken.
2. På många campingplatser behöver man ett campingkort.
3. Vartannat år kör Ulrika och Anders genom Sverige.
4. De träffar varandra på semestern.
5. Ungefär varannan vecka går vi på bio.
6. Vi köpte en annan husvagn som är mycket bra.
7. Vi fyllde i alla blanketterna.
8. Var åttonde natt är fri.

I7

1. natur	13. brygga
2. varsam	14. gröda
3. hänsyn	15. fridlysta
4. upp	16. kvistar
5. dygn	17. nötter
6. avstånd	18. buskar
7. bär	19. mars
8. eld	20. augusti
9. fara	21. gäller
10. rida	22. skräpa
11. mark	23. skada
12. grind	

J

1. Välkommen!
2. Vad kostar ett campingkort?
3. Måste jag fylla i de här blanketterna?
4. Var finns toaletterna?
5. Var finns/hittar jag eluttagen?
6. För all del. (Det var så lite.)
7. Var kan man köpa gasoltuber?
8. Var ska vi lägga brickan?

Avsnitt 15

A1

Grövelsjön den 14 april

Hej Anita!
Hur har du det? Jag mår ganska bra. Det är verkligen längesedan jag var nere i Skåne. I början av maj (3/5) måste jag på en konferens i Malmö. Det är klart att jag kommer över helgen. Hoppas ni har tid.
Här i Grövelsjön har vi snö och is fortfarande. Men solen skiner åtminstone. Ungarna åker skidor och skridskor hela dagarna. Men snart kommer våren med plusgrader hoppas jag. Janne växer så det knakar! Tänk, igår åt han 10 pannkakor! Kristina läser tyska på kvällskurs. Det verkar gå bra. Hur går det med dina studier?
Hälsa Klas, Per och Hanna.
Kram Kurt

B3

1. Det regnar, åskar och blixtrar. Det är 20 plusgrader och ostlig vind.
2. Det är halvklart, + 11 grader, nordlig vind.
3. Det regnar, 2 plusgrader och sydostlig vind.
4. Det är soligt/Solen skiner, minus 7 grader och sydvästlig vind.
5. Det är dimmigt, + 5 grader och sydlig vind.
6. Det snöar, minus 3 grader och nordostlig vind.
7. Det är mulet, noll grader/omkring noll/nollgradigt och västlig vind.
8. Det är halvklart/molnigt, lokalt regn (det regnar), + 18 grader och nordvästlig vind.

C3

Utsikter till lördagen:

Götaland:
Vind omkring syd, mulet och tidvis regn, främst i den västra delen. +3 - +6 grader.
Svealand:
Sydostlig vind, mulet och här och var något regn och 1 - 4 plusgrader.
I nordvästra Svealand något snö och omkring noll.
Norrland:
Sydostlig vind, i fjällen frisk eller hård. Snöfall och 1-7 minusgrader. Vid södra Norrlandskusten regn och någon plusgrad.

D4

1. Det snöade kraftigt.
2. Ulla hämtade snabbt sitt paraply.
3. Var snäll och tala lite långsammare.
4. Det haglade och åskade fruktansvärt.
5. Greta är gammal och går dåligt.
6. Huset ligger mycket vackert vid sjön.
7. Bussen kom för sent.
8. Det blåste kyligt idag.

E4

1. varmt (adverb)
2. snabbt (adverb)
3. sent(adverb)
4. tidigt (adverb)
5. vackert (adjektiv)
6. underbart (adverb)
7. skön (adjektiv)
8. vackert (adverb)
9. långt (adjektiv)
10. nervöst (adverb)
11. försiktigt (adverb)
12. trevlig (adjektiv)

F6

1. goda	5. rött
2. söta	6. brett
3. vitt	7. stora
4. fin	8. vacker

G6

1. Dela	9. Knåda
2. Smält	10. Forma
3. tillsätt	11. Smörj
4. Värm	12. lägg
5. Rör	13. Sätt
6. Tillsätt	14. Vispa
7. Arbeta	15. pensla
8. Låt	16. Grädda

H7

Kära dagbok!
I dag lussade vi i skolan så jag steg **upp** tidigt idag. Karin kom **hit** och hämtade mig.
Det var kallt **ute** när vi gick **hemifrån** och det snöade lite. Vi gick **upp** till gymnastiksalen och tog på oss våra lucia-linnen. Eftersom Kattis var **borta** i Spanien var Lotta Lucia. Lotta är snäll, tycker jag. Jag hade stoppat **ner** massor av glitter i skolväskan. Alla tjejer fick lite var. Sedan gick vi **in** i gymnastiksalen och började sjunga luciasången. Eleverna satt **där** och lyssnade. Längst **fram** satt Kent. Han är verkligen söt! Till slut tog vi **fram** lussekatter och peppar-kakor och bjöd eleverna på. Sedan gick vi **ner** till klass-rummet och hade lektioner som vanligt.
När jag kom **hem** från skolan hade mamma lagat choklad.

I

1. stor	10. hög
2. gammal	11. ljus
3. upptagen	12. ovän
4. sluta	13. varmt
5. otrevlig	14. bra
6. lång	15. ostadig
7. natt	16. ogiltig
8. vacker	17. sydlig
9. soligt	18. inne

Versen: Sol ute, sol inne, sol i hjärta, sol i sinne.

J

1. Tala långsamt och tydligt, är du snäll!
2. (På väderleksrapporten sa de att) det blåser/stormar fruktansvärt i Göteborg.
3. Trevlig helg, Svea!
4. Tack detsamma!
5. Usch, vilket väder vi har idag!
6. Enligt väderleksrapporten skulle det bli soligt och varmt.
7. Hur många grader är det idag?

Avsnitt 16

A1

1. träffa
2. jobba
3. öva
4. gratulera
5. arbeta
6. spela
7. vilja
8. upptäcka
9. fotografera
10. studera
11. dansa
12. tjäna

B2

2. brukar spela golf
3. brukar samla på frimärken
4. brukar koppla av
5. brukar segla
6. brukar simma
7. brukar spela kort
8. brukar spela handboll
9. brukar sticka
10. brukar arbeta i trädgården

C4

1. Det är mycket svårt att spela fiol.
2. Jag är lite trött. Annars mår jag bra.
3. Tyvärr hinner jag aldrig spela fotboll.
4. Jag hinner knappast öva trumpet.
5. Du är säkert gift nu!
6. Jag är faktiskt nöjd med min utbildning.
7. Andreas är ganska duktig. Han studerar och jobbar också på kvällarna.
8. Jag upptäckte lyckligtvis att jag ville bli lärare./ Jag upptäckte lyckligtvis att det var lärare jag ville bli.
9. Nej tvärtom. Det är jättebra!
10. Det är inget drömjobb, men jag har åtminstone ett arbete.

D4

1. ju
2. jo
3. ju
4. Jo
5. Ja
6. ju
7. Jo

E6

<u>Vågrätt:</u>	<u>Lodrätt:</u>
1. läkare	10. sekreterare
2. expedit	11. polis
3. präst	12. ingenjör
4. brevbärare	13. optiker
5. tandläkare	14. bilmekaniker
6. bonde	15. kassörska
7. journalist	16. lärare
8. servitris	
9. hårfrisörska	

F7

1. livet
2. ekonomiarbete
3. gymnasieutbildning
4. inriktning
5. företagsekonomi
6. bas
7. ekonomiavdelning
8. språk
9. kontakter
10. positiv
11. lätt
12. trivs
13. svar

G7

På arbetsförmedlingen
G: Gudrun Arvidsson U: Ulla (en av personalen på Arbetsförmedlingen)

U: Hej!
G: Hej, Jag heter Gudrun Arvidsson. Jag vill söka nytt jobb.
U: Jaha, då behöver jag några uppgifter. Hur var namnet?
G: Gudrun Arvidsson.
U: Din adress?
G: Bryggvägen 3, 117 68 Stockholm.
U: Och ditt telefonnummer?
G: 08 - 12 13 45
U: Jaha... och ditt personnummer?
G: 630118 - 4276
U: Ditt civilstånd?
G: Jag är sambo och har ett barn.
U: Jaha, då ska vi se. Utbildning... Har du studentexamen?
G: Ja, jag tog studenten 1982.
U: Har du andra utbildningar?
G: Ja, jag gick en datautbildning från 1982-1983. Från 1986-1989 studerade jag ekonomi vid Lunds universitet.
U: Hur är det med kurser?
G: Jag har deltagit i påbyggnadskurser i företagsekonomi.
U: Vad har du för yrkeserfarenhet?
G: Jag var praktikant på Data AB 1983. Sedan jobbade jag på Data AB mellan 1984 och 1986. Efter ekonomistudierna började jag jobba som ekonomiassist på Dagens Nyheter.
Men nu känner jag att jag behöver ta nya tag här i livet. Jag skulle gärna vilja arbeta som marknadsassistent på ett företag med internationella kontakter.
U: Har du språkkunskaper?
G: Ja, jag har bra kunskaper i engelska och tyska.
U: Jaha, vad bra! Vi hör av oss om vi har ett jobb som kan passa dig. Men titta gärna i "Nytt Jobb" och "Platsjournalen" eller använd vår platsautomat.
G: Det ska jag göra. Tack så mycket.

H

Till exempel:
En präst i 40-årsåldern från Italien föll och bröt foten när han på måndag morgon gick på Strandgatan till kyrkan. Det blåste kraftigt och åskade. Prästen såg inte stenen som låg mitt på trottoaren och föll.
En polis kom förbi och fick se prästen ligga på gatan. Polisen ringde efter en läkare som undersökte foten. En

byggnadsarbetare förklarade situationen. Prästen ligger nu på Uddevalla sjukhus.

I

1. Hejsan. Det var längesedan!
2. Grattis!
3. Trevligt att träffas!
4. Lycka till, Sven!
5. Vi brukar alltid åka genom Göta kanal med vår motorbåt på semestern.
6. Vad brukar du göra på fritiden?/Vad gör du på fritiden?
7. Jag har en tid hos läkaren på onsdag.
8. Får jag presentera? Det här är min vän Olle.
9. Jag är arbetslös och söker arbete/jobb.
10. Jag trivs med mitt arbete/jobb.

Avsnitt 17

A1

långfilm	långfilmer
idé	idéer
huvudroll	huvudroller
leende	leenden
biograf	biografer
nyans	nyanser
vecka	veckor
pianist	pianister
eftermiddag	eftermiddagar
skådespelare	skådespelare

B2

En trevlig komedi

1. Hur
2. utmärkt
3. följa
4. filmer
5. tidningen
6. huvudrollen
7. jättebra
8. fängslande
9. kärleksfilm
10. konsert
11. orkar
12. teater
13. roligt
14. skådespelare
15. kul
16. jättegulligt
17. hämtar
18. utsålt
19. synd

C3

Till exempel:

2. Lasse ska byta jobb, så han tänker gå till arbetsförmedlingen nästa vecka.
3. Det kommer att regna i eftermiddag, så Karin tänker ta med sig paraplyet.
4. Kalle ska visa diabilder i morgon, så han tänker sortera diabilderna ikväll.
5. Lotta ska gå och dansa i Folkets Park på lördag, så hon tänker köpa en ny blus i morgon.
6. Per ska åka utomlands i juni, så han tänker boka hotellet på onsdag.
7. Nilla ska se på TV ikväll, så hon tänker köpa chips i eftermiddag.
8. Janne ska klippa gräsmattan i eftermiddag, så han tänker laga gräsklipparen genast.
9. Eva ska gå på bio med Janne kl. 19.00, så de tänker träffas kl. 18.30 utanför *Grand.*

D3

1. Göran och Britta ska gifta sig/gifter sig på lördag.
2. I morgon bitti ska Karin och Olle åka till Kreta.
3. Katja ska/tänker gå på teater på fredag kväll.
4. Enligt väderleksrapporten kommer det att regna och åska i morgon.
5. Ulla och Lasse ska/tänker arbeta i trädgården på eftermiddagen.
6. Klas ska/tänker spela kort med sina kompisar nästa vecka.
7. Nästa år ska/tänker Niklas resa genom Amerika.
8. Maj och Gunnar ska förlova sig/förlovar sig i morgon.

E5

Vågrätt:

1. uppmärksamhet
2. biroller
3. Berlings
4. reklamfilmer
5. Filmindustri
6. skådespelare
7. Sjöström
8. chef
9. karriär
10. Kristianstad
11. teaterpjäser
12. filmstjärna
13. Gustafson

Lodrätt:

14. biograf
15. Stiller
16. manusförfattare
17. syn
18. regissör
19. huvudrollen

F6

1. lekande barn
2. fängslande film
3. passande tid
4. växlande väder
5. lugnande medicin
6. skrattande män
7. leende kvinna
8. fascinerande skådespelerska
9. förstående vän
10. hjälpande läkare
11. sjungande barn
12. stimulerande arbete

G6

1. fascinera	fascinerar	fascinerade
2. skratta	skrattar	skrattade
3. le	ler	log
4. stå	står	stod
5. fängsla	fängslar	fängslade
6. leka	leker	lekte
7. producera	producerar	producerade
8. motsvara	motsvarar	motsvarade
9. gå	går	gick
10. värma	värmer	värmde

H7

Till exempel:
En man från Australien åker på en lyxkryssning. Kryssaren hamnar i ett fruktansvärt oväder. Vatten tränger in i skeppet och det sjunker. Mannen kämpar för att överleva och får till sist tag i en räddningsbåt. Han hamnar på en öde ö. Varje dag hoppas han på att någon upptäcker honom. Till slut kommer en liten fiskebåt som räddar mannen.

I

obs.	observera
osv.	och så vidare
dvs.	det vill säga
t.ex.	till exempel
t.o.m.	till och med
m.m.	med mera
s.k.	så kallad
fr.o.m.	från och med
bl.a.	bland annat

J

1. Lova att ringa klockan 17.00!
2. Har du också lust att se långfilmen med Ingrid Bergman, Ove?
3. Det har du rätt i!
4. Jag orkar inte gå på bio idag.
5. Det vore synd om det är utsålt ikväll.
6. Det spelar ingen roll/Det gör detsamma när du hämtar mig.
7. Jag håller med dig, Lotta!
8. Var ska vi träffas?
9. Vad går det för filmer just nu på bio?
10. Det är en utmärkt idé!/Vilken utmärkt idé!

Avsnitt 18

A1

T	L	P	K	N	B	F	L	A	G	O	M	B	P	S	D	G	F	N
V	U	D	W	Ü	Ä	K	N	H	A	Z	T	I	N	N	K	V	L	Z
U	N	D	E	R	B	A	R	U	C	S	A	L	Q	Y	R	Å	O	J
N	J	Y	G	B	V	F	F	C	R	D	E	L	E	G	A	N	T	L
V	P	R	I	C	K	I	G	P	Ü	V	U	I	T	G	R	D	T	H
D	F	G	H	J	K	N	T	J	U	S	I	G	U	Z	T	R	E	W

B2

1. Den gröna bomullsskjortan har en bra kvalité.
2. Den svarta kostymen klär dig verkligen!
3. Gillar du inte (Tycker du inte om) de gröna skorna?
4. Sidenblusen ska matcha en svart sammetskjol.
5. Jag gillar/tycker om den bruna läderjackan som hänger i skyltfönstret.
6. Den randiga ylletröjan har de tyvärr inte i min storlek.
7. De små blommorna på dräkten är gulliga.
8. Vill du verkligen ta på dig de gamla gymnastikskorna, Sven?

C2

1. liten, små, lilla
2. vackert, vackra, vackra
3. Gamla, gammalt, gammal, gamla
4. blå, blåa, blåa
5. billig, billigt, billiga, billiga

D4

1. Mössan är för liten.
2. Tröjan är för liten.
3. Handskarna är för stora.
4. Byxorna är för små.
5. Skorna är för stora.
6. Skjortan är precis lagom!

E4

Vågrätt:	Lodrätt:
1. sandaler	9. kjol
2. klänning	10. kostym
3. jumper	11. strumpbyxor
4. byxor	12. kappa
5. skjorta	13. linne
6. strumpor	14. dräkt
7. skärp	15. handskar
8. mössa	16. slips
	17. stövlar

F4

1. Tyget är prickigt.
2. Tyget är blommigt.
3. Tyget är randigt.
4. Tyget är rutigt.

G6

1. har	9. såg
2. började	10. shoppade
3. är	11. köpte
4. tog	12. ville
5. strövade	13. bor
6. tittade	14. åka
7. åt	15. reser
8. var	

H6

1. Stockholm ligger mellan Mälaren och Östersjön.
2. Stockholm brukar man kalla "Nordens Venedig".
3. Stockholm hade ett strategiskt läge.
4. Birger Jarl.
5. På 1600 -talet.
6. Stockholm är ett viktigt kulturcentrum men trångboddheten ökar och de hygieniska förhållandena är dåliga.
7. Stockholm är en viktig industristad. Man bygger hyreshus, sjukhus och högskolor.
8. Stockholm har över 1 miljon invånare.
9. Stockholm är residens-, garnisons-, stifts-, handels-, universitets-, och högskolestad. Här har regeringen och Svea hovrätt sitt säte.
10. Man kan se bl.a. Kungliga slottet, Storkyrkan, museer och affärer.
11. Symbolen är Stadshuset.
12. Några stationer är som grottor i berget med stora målningar.
13. Man kan åka till Djurgården. Här ligger bl.a. Skansen, Gröna Lund och Vasamuseet.
14. Man får fria resor med bl.a. tunnelbanan och fri entré till 66 sevärdheter.

I6

Kaknästornet

Kaknästornet ligger på Ladugårdsgärdet alldeles intill Djurgården.
Tornet är inte i första hand ett utsiktstorn utan ett radio- och TV-torn. Här finns ett operativt center som dygnet runt kopplar och övervakar alla radio- och TV-utsändningar i Sverige.
Arkitekterna bakom Kaknästornet är Bengt Lindroos och Hans Borgström. Tornet tog ca fyra år att bygga och invigningen var 1967. Tornet är 155,5 meter högt och har 34 våningar.
Utsikten från Kaknästornet är fantastisk! En klar dag är sikten upp till 6 mil!
I entréplanet finns en turistbyrå, en souvenirshop och en kiosk.
På tjugoåttonde våningen finns "Restaurang Kaknästornet" som serverar skandinavisk mat! Här kan man äta gott och man har en underbar utsikt över hela Stockholm och skärgården!
Vill du besöka Kaknästornet är öppettiderna: maj - augusti 09.00 - 22.00 och övriga året 10.00 - 21.00. Välkommen!

J

1. Tycker du om/Gillar du blusen, Kaj?
2. Vilken snygg kostym!
3. Klänningen klär dig, Eva!
4. Kjolen ska matcha röda skor.
5. Var är provrummet?
6. Det är precis lagom!
7. Jag har storlek 42.
8. Jag letar efter en blå tröja.

Avsnitt 19

A1

1. tappa	6. jobb
2. söt	7. information
3. ringa	8. hälsa på
4. sjukhus	9. återkomma
5. tala	10. hitta

B2

1. ett halsband	halsband
2. en klocka	klockor
3. ett paraply	paraplyer (paraplyn)
4. en handske	handskar
5. en plånbok	plånböcker
6. ett körkort	körkort
7. en ring	ringar
8. en nyckelknippa	nyckelknippor
9. en (kulspets)penna	pennor
10. en femkrona	femkronor
11. en portmonnä	portmonnäer
12. en flaska parfym	flaskor parfym
13. ett läppstift	läppstift
14. en näsduk	näsdukar
15. ett par solglasögon	solglasögon
16. en handväska	handväskor

C3

1. tagit	9. fått
2. fiskat	10. börjat
3. läst	11. växt
4. kommit	12. hyrt
5. arbetat	13. handlat
6. haft	14. upptäckt
7. gått	15. köpt
8. blåst	

D3

1. Jag har varit på banken.
2. Har du hittat ringen?
3. Malin har tappat sina nycklar.
4. Vi har inte fått in någonting i den vägen.
5. Har du ringt hittegodsavdelningen?
6. Svea har glömt sin handväska på tåget.
7. Jag har funderat hela dagen.
8. Kanske har någon lämnat in plånboken.
9. Lena och Kent har fått en söt pojke.
10. Jag har inte gjort någonting på hela dagen.

E3

1. Malin har ringt hittegodsavdelningen och fått tillbaka sina nycklar.
2. Jag har hälsat på Maria och varit på banken.
3. Det är så förargligt! Jag har inte hittat någonting.
4. Lena hade glömt sin väska på bussen.
5. Signe hade inte köpt några ringar.
6. Jag är ledsen. Vi har inte fått in någonting i den vägen.

F3

2. När Gunilla hade varit på banken, handlade hon mat på Domus.
3. När prinsessan hade somnat, kom trollet.
4. När Stefan hade läst sagan, gick han och lade sig.
5. När prinsessan hade blivit sjutton år, bestämde hon sig för att rymma.
6. När Ann hade lussat, åt hon pepparkakor.
7. När vi hade vandrat i fjällen några timmar, gjorde vi en paus.
8. När Ulrika hade kört genom hela Närke, bestämde hon sig för att tälta.

G

Till exempel:
När Lars gick till kontoret i måndags morse, märkte han inte att han tappade sin dyra klocka.
När Lars hade kommit till kontoret, tittade han på klockan och upptäckte att han hade tappat sin fina klocka. Han var förargad och funderade över vad han skulle göra.
Lars gick vägen tillbaka och tittade överallt. Men tyvärr hittade han inte sin klocka.
Lars gick till hittegodsavdelningen och frågade om någon hade hittat klockan. Tjänstemannen tog fram en fin klocka och visade Lars. Det var Lars klocka!
Lars var lycklig att han hade fått tillbaka sin klocka.

H5

1. gumma	6. oxe
2. pojke	7. slaktare
3. ris	8. rep
4. eld	9. råtta
5. vatten	10. katt

Pojken som inte ville gå i skolan

Det var en gång en gumma, som hade en pojke, som inte ville gå i skolan. Då gick gumman till riset och sa: Kära ris, slå pojken för han vill inte gå i skolan.
- Nej, sa riset.
Då gick hon till elden och sa: -Kära eld, bränn upp riset! Riset vill inte slå pojken och pojken vill inte gå i skolan.
Nej, sa elden.
Då gick hon till vattnet och sa: Kära vatten, släck elden! Elden vill inte bränna riset, riset vill inte slå pojken och pojken vill inte gå i skolan.
Nej, sa vattnet.
Då gick hon till oxen och sa: Kära oxe, drick upp vattnet! Vattnet vill inte släcka elden, elden vill inte bränna riset, riset vill inte slå pojken och pojken vill inte gå i skolan.
Nej, sa oxen.
Då gick hon till slaktaren och sa: Kära slaktare, slakta oxen! Oxen vill inte dricka vattnet, vattnet vill inte släcka elden, elden vill inte bränna riset, riset vill inte slå pojken och pojken vill inte gå i skolan.
Nej, sa slaktaren.
Då gick hon till repet och sa: Kära rep, häng slaktaren! Slaktaren vill inte slakta oxen, oxen vill inte dricka vattnet, vattnet vill inte släcka elden, elden vill inte bränna riset, riset vill inte slå pojken och pojken vill inte gå i skolan.
Nej, sa repet.
Då gick hon till råttan och sa: Kära råtta, gnag av repet! Repet vill inte hänga slaktaren, slaktaren vill inte slakta oxen, oxen vill inte dricka vattnet, vattnet vill inte släcka elden, elden vill inte bränna riset, riset vill inte slå pojken och pojken vill inte gå i skolan.
Nej, sa råttan.
Då gick hon till katten och sa: Kära katt, ät upp råttan! Råttan vill inte gnaga repet, repet vill inte hänga slaktaren, slaktaren vill inte slakta oxen, oxen vill inte dricka vattnet, vattnet vill inte släcka elden, elden vill inte bränna riset, riset vill inte slå pojken och pojken vill inte gå i skolan.
Nej, sa katten.
Men om du får lite grädde och en liten fisk? sa gumman.
- Ja i så fall kan jag väl göra mig det besväret, sa katten.
Och katten på råttan, råttan på repet, repet på slaktaren, slaktaren på oxen, oxen på vattnet, vattnet på elden, elden på riset och riset på pojken och pojken till skolan!

I5

1. om	8. om
2. av	9. till
3. om	10. med
4. för	11. vid
5. i	12. på
6. på	13. med
7. åt	14. för

J

1. Hej mitt namn är ... . Jag har glömt min handväska på bussen. Har någon hittat eller lämnat in den?
2. Ta det lugnt!
3. Jag föreslår att du ringer banken och biblioteket först.
4. Nejmen, vad säger du!
5. Vad ska jag göra nu, Olle? Alla viktiga papper är ju borta.
6. Vänta ett ögonblick, Katja!
7. Jag är ledsen.
8. Fundera först på var du har varit.

Avsnitt 20

A1

1. kolla	6. gungstol
2. ljusblå	7. angående
3. välkommen	8. hemma
4. erbjudande	9. fortfarande
5. absolut	10. annons

B2

Här rättar kursledaren!

C3

1. köksbord	6. veckodag
2. gatukök	7. kvällstidning
3. vardagsrum	8. varuhus
4. barnvagn	9. bokhylla
5. hörnsoffa	10. mikrovågsugn

D4

1. måla	målar	målade	målat
2. göra	gör	gjorde	gjort
3. växa	växer	växte	växt
4. ärva	ärver	ärvde	ärvt
5. inreda	inreder	inredde	inrett
6. läsa	läser	läste	läst
7. lysa	lyser	lyste	lyst
8. bli	blir	blev	blivit
9. bygga	bygger	byggde	byggt
10. ligga	ligger	låg	legat
11. teckna	tecknar	tecknade	tecknat
12. stå	står	stod	stått

E5

1. När Carl Larsson var i Frankrike träffade han Karin.
2. Medan Carl läste ur en bok, stoppade Karin strumpor.
3. Innan Larssons flyttade till "Lilla Hyttnäs" bodde de i Stockholm.
4. Fastän Karin inte hade mycket tid skapade hon ett klädmode, den s.k. "Carl Larsson- stilen".
5. Larssons hade både gamla och nya möbler.
6. De hade fotogenlampor därför att det inte fanns elektricitet.
7. Eftersom det regnade, kunde Carl Larsson varken måla eller teckna ute.
8. Ska vi åka bil eller buss till Sundborn?

F5

1. utan
2. därför att
3. eftersom
4. medan
5. innan
6. när
7. fastän

G5

1. Både Jakob och Sven har varit i Stockholm
2. Varken Ann eller Göran cyklar till jobbet.
3. Både Torsten och Ulla talar bra svenska.
4. Varken Annika eller Kristina tycker om gamla möbler.
5. Jessica läser både engelska och historia på universitetet.

H7

Åsa och Torstens lägenhet

Här är felen:

1. Bredvid hatthyllan står en skohylla (inte ett telefonbord).
2. Det finns bara två stolar i köket (inte fyra).
3. Från sovrummet (inte från köket) kommer man ut på en balkong.
4. Lampan står på nattduksbordet (hänger inte över sängen).
5. Vardagsrummet har tre stora fönster (inte två).
6. Bokhyllan står bredvid pianot (inte bredvid skrivbordet).
7. TV:n står på byrån (inte i bokhyllan).
8. Det står två fåtöljer i vardagsrummet (inte bara en).

Åsa och Torstens lägenhet

Åsa och Torsten har en tvårumslägenhet mitt i Göteborg. Vi ska titta in i deras lägenhet.

Först kommer man in i hallen. Här har de en skohylla, en spegel och en hatthylla, där man kan hänga ytterkläderna. Bredvid hatthyllan står ett telefonbord.

Till vänster om hallen ligger badrummet och köket. Köket är litet men Åsa och Torsten får plats med ett matbord och fyra stolar ändå. Från köket kommer man ut på en liten balkong.

Härifrån har Åsa och Torsten en härlig utsikt över parken.

Till höger om hallen är sovrummet. Där står en säng, och ett nattduksbord. Det hänger en lampa över sängen.

Mittemot sängen har de en garderob.

Det ljusa vardagsrummet har två stora fönster med långa gardiner. Mellan fönsterna står en byrå med många lådor. Längs väggen till vänster står ett skrivbord. Här sitter Åsa ofta och arbetar. Hon studerar nämligen litteraturhistoria på universitetet. Bredvid skrivbordet står en stor bokhylla. Här har Åsa och Torsten sina böcker, TV:n och stereoanläggningen. Åsa och Torsten är båda mycket musikintresserade. Åsa spelar ofta på pianot som står vid väggen till höger och Torsten lyssnar mycket på musik.

Mitt i rummet står en soffgrupp med en soffa, en fåtölj och ett soffbord. I den vackra, gamla vasen på bordet står några gula rosor. Åsa och Torsten trivs i Göteborg och är nöjda med sin hemtrevliga lägenhet.

I7

1. Stol	6. Bord
2. hylla/blomhylla	7. Kista
3. Soffa	8. Skåp
4. Moraklocka	9. Fåtölj
5. Säng	10. Byrå

J

1. Hej, jag ringer angående annonsen i tidningen. Är matbordet kvar fortfarande?
2. Är bordet i gott skick?
3. Hur ser stolen ut?
4. Jag kommer förbi omkring kl. 15.00.
5. Hörnsoffan är det inget fel på!
6. Det är ett intressant erbjudande.
7. På vilken sida är annonssidan?
8. Svart är inte min smak.

Avsnitt 21

A1

1. en väderkvarn	6. en kyrka
2. en fornborg	7. en skulptur
3. en skeppssättning	8. en ruin
4. en hällristning	9. ett slott
5. en runsten	

B1

Gamla Linköping
T: Tage U: Ulla-Britt

U: Jag var i Gamla Linköping med Kajsa i lördags. Det var jättetrevligt!
T: Jaha, jag har faktiskt aldrig varit i Linköping. Men jag har hört att det är en riktig stadsdel.
U: Ja just det. Det är ett friluftsmuseum som bildar en egen stadsdel. Här får man verkligen ett intryck av hur en svensk landsortstad såg ut i början av nittonhundratalet. Gatorna, belysningen, staketen, skyltarna, ja allt är som det var förr. Många hus har restaurerats och fått stå kvar i sin ursprungsmiljö. En del har flyttats dit.
T: Då finns det butiker och hantverksbodar och sådant också?
U: Ja det är helt enormt. Man kan t.ex handla choklad i Cloettas chokladbod. Där har de hantverksmässig tillverkning. Jättegoda karameller! Det finns en textilverkstad, en bagarebod och till och med en gammal fotoateljé.
Man har en känsla av att tiden har stannat på något sätt. I Carin Nilsons villa t.ex., som är ett borgerligt hem från 1913, är det som om familjen bara har gått ut tillfälligt.
T: Finns det museer också?
U: Javisst. Det finns t.ex. ett skolmuseum, apoteksmuseum, post-, bank- och polismuseum.
T: Kan man göra guidade rundvandringar?
U: Ja det är klart. I Mariaboden kan man få information om det.
Sedan har de en omfattande programverksamhet i Gamla Linköping också. Särskilt på sommaren. Kajsa blev ju lycklig, hon kunde titta på barnteater, men jag vet att de har andra programpunkter också t.ex. gatuteater, marknader, danskvällar och spelmansstämma.
T: Tack för tipset, Ulla-Britt. Det låter verkligen spännande och intressant.! Dit måste jag helt enkelt åka nästa helg!

C2

1. smulas	10. formas
2. smälts	11. penslas
3. tillsätts	12. gräddas
4. värms	13. tas
5. hälls	14. fördelas
6. arbetas	15. vispas
7. läggs	16. spritsas
8. knådas	17. läggs
9. delas	18. siktas

D2

1. Första diabilden visas.
2. Ljuset släcktes.
3. Fornborgen anläggs.
4. Domkyrkan invigdes 1425.
5. Det har skrivits mycket om Öland.
6. Den gamla väderkvarnen har rekonstruerats.
7. Borgen köptes av en förening och renoverades.

E3

Till exempel:
Kära Lotta! Just nu besöker vi Glimmingehus. Det är en borg som ligger i Skåne, 10 km väster om Simrishamn. Det är verkligen en intressant sevärdhet!
Jens Holmgersen Ulfstand lät bygga borgen 1499 och byggmästaren var Adam von Düren. Glimmingehus tjänade som bostad och försvarsanläggning och omges av en vallgrav. Borgen är 26 meter hög och har mycket tjocka murar. Tänk, de är 2,5 meter tjocka och har skott- och kastgluggar! Sedan 1924 ägs Glimmingehus av staten. Jag hör av mig när jag kommer hem.

Hälsningar

Lena

F4

1. Eva spelar piano en gång i veckan.
2. Familjen Nilsson reser till Spanien två gånger om året.
3. Jonas har bott i Umeå i fyra år.
4. Sven lagade bilen på två timmar.
5. Emma måste ta tabletterna två gånger om dagen.
6. Lotta tar studenten om en månad.
7. Bussen till Järfälla går en gång i timmen.
8. Sven flyttade till Malmö för en vecka sedan.
9. Greta tänker stanna i Uppsala i fjorton dagar.
10. Daniel sprang till affären på två minuter.

G5

Vågrätt:
1. sjösätts
2. ekar
3. augusti
4. sjönk
5. flotta
6. kunskaper
7. kontrakt
8. etapper
9. Djurgården
10. original
11. imponera

Lodrätt:
12. dykarklocka
13. kajen
14. ingenjör
15. kanonportarna
16. skulpturer
17. dykare
18. besättningsmän

H

1. Det är otroligt!
2. Förlåt!/Ursäkta mig!
3. Det är mycket/verkligen intressant.
4. Jag känner igen slottet.
5. Släck ljuset, är du snäll!/Kan du släcka ljuset,Ylva?
6. Förlåt, den här bilden har hamnat fel.
7. Var är/ligger hembygdsmuseet?
8. Eskil, kan du hjälpa mig att installera diaprojektorn och filmduken?

Avsnitt 22

A1

E	R	T	A	B	L	E	T	T	P	Ü	M	N	H	G	B	V
F	Z	M	O	G	Z	X	S	A	Y	T	U	N	G	A	D	F
B	P	F	Ü	J	D	Y	G	N	D	A	E	T	W	Q	C	Y
A	L	E	G	Ä	H	Z	T	F	R	Å	J	G	O	P	V	D
K	O	S	J	U	K	S	K	Ö	T	E	R	S	K	A	Ä	N
T	J	T	L	Ö	P	Ä	O	I	V	U	Z	N	R	T	N	D
E	W	F	E	G	Å	H	T	J	Ä	K	Å	A	J	I	T	V
R	P	M	U	P	E	R	S	O	N	N	U	M	M	E	R	Ä
I	H	S	C	D	W	A	X	F	Z	U	K	N	Å	N	U	F
E	J	A	O	B	Å	A	R	T	B	V	C	F	L	T	M	Ö
G	T	Z	J	K	R	Ä	F	T	A	H	G	T	Z	N	F	G

Plural:
bakterier, dygn, fester, kräftor, namn, patienter, personnummer, sjuksköterskor, tabletter, tungor, vänner, väntrum

B1

En kräftskiva

K: Kalle U: Ulrike (från Bonn) O: Olle (Kalles pappa)

I augusti hälsar Ulrike från Bonn på sin svenska kompis Kalle. Hon träffade honom i Lund för några år sedan. Hos Kalles föräldrar får hon vara med om en riktig kräftskiva för första gången.

U: Det är så trevligt att få uppleva en riktig kräftskiva!
K: Jaså, har du aldrig varit på en kräftskiva förut?
U: Nej, det här är första gången. Är det här svenska kräftor?
K: Nej, tyvärr. Många sjöar i Sverige har kräftpest, så det är ont om svenska kräftor. Därför måste vi importera dem från andra länder.
U: Jaha. Det är så mysigt med alla papperslyktorna här på terrassen. Och vad roligt det ser ut när alla har pappershattar på huvudet och haklappar om halsen.
K: Ja och titta här: på haklapparna står det snapsvisor.
U: Vad kul! Kan man egentligen ha kräftskiva året om?
K: Man kan naturligtvis äta frysta kräftor året om numera. Men enligt traditionen har man kräftskiva i augusti månad.
O: Skål och välkomna! Ska vi ta en liten nubbevisa.
Alla sjunger.
U: Vad trevligt att man sjunger så mycket!
K: Ja, på en riktig kräftskiva ska man ju dricka en snaps till varje klo och sjunga en snapsvisa till varje snaps eller nubbe som vi också säger!
U: Jaså! Men apropå klo: kan du visa mig hur man äter kräftorna egentligen?
K: Javisst, det är ingen konst. Titta här: Du bryter av huvudet och tar sedan fram köttet ur stjärten och klorna. Sedan suger man ut saften.
U: Det var inte lätt. Så här?
K: Ja precis!
U Åh vad gott. Kräftorna är kokade med dill, eller hur?
K: Ja just det. Med massor av dill! Vill du ha lite bröd och ost till kräftorna?
U: Ja tack, gärna!

C2

2. en mun
3. en haka
4. en arm
5. ett finger
6. ett ben
7. en fot
8. (ett) hår
9. ett öra
10. en näsa
11. en hals
12. en hand
13. en mage
14. en tå

D3

1. vistas
2. slåss
3. låtsades
4. föddes
5. lyckades
6. svettas
7. hjälptes åt
8. umgås
9. känns
10. skildes

E3

1. Eva och Lars skildes.
2. Camilla föddes den 22 april.
3. Åke och Lisa möttes i Paris.
4. Det finns många stugor att hyra i Småland.
5. Jag trivs med mitt jobb.
6. Vi hoppas att du mår bra, Jonas!
7. Vi hjälptes åt att laga mat.
8. På bordet fattas/saknas en kniv.

F4

Vågrätt:	Lodrätt:
1. hostmedicin	9. influensa
2. feber	10. huvudvärk
3. yrsel	11. febertermometer
4. tablett	12. diarré
5. näsdroppar	13. utslag
6. spruta	14. plåster
7. snuva	
8. frossa	

G4

Till exempel:
Anna mår dåligt. Hon har ont i huvudet, hosta och feber. Hon bestämmer sig för att gå till läkaren. Hon väntar i väntrummet på sin tur. Till slut ropar en sköterska upp hennes namn. Det är en trevlig kvinnlig läkare som undersöker Anna. Hon tittar Anna i halsen, lyssnar på henne och ställer några frågor. Det finns inga allvarliga symptom utan Anna har bara en vanlig influensa. Läkaren skriver ut ett recept på tabletter och hostmedicin. Anna tackar och går genast till apoteket.

H6

1. kinden	7. rädda
2. sorg	8. händer
3. grå/då	9. sol
4. falla	10. sjunga
5. rinner	11. hjärta
6. ljus	12. blod

I

1. Prosit!
2. Jag har feber och ont i huvudet/huvudvärk.
3. Jag skulle vilja ha plåster och näsdroppar, tack.
4. Jag är känslig mot myggbett.
5. Krya på dig, Carina!
6. Vad tyder symptomen på?
7. Jag tål ingen alkohol. Kan jag få ett glas apelsinsaft i stället?
8. Jag mår mycket dåligt. Jag har frossa och ont i magen.
9. Varsågod och sitt!

Avsnitt 23

A1

1. hålla	höll	hållit
2. förstå	förstod	förstått
3. tänka	tänkte	tänkt
4. tro	trodde	trott
5. välja	valde	valt
6. köpa	köpte	köpt
7. producera	producerade	producerat
8. känna	kände	känt
9. satsa	satsade	satsat
10. bespruta	besprutade	besprutat
11. bidra	bidrog	bidragit
12. odla	odlade	odlat

B1

1. Bodil och Jörgen har börjat köpa mer alternativodlade livsmedel.
2. Djuren har fått gå fritt ute och har varken fått antibiotika eller hormoner i fodret.
3. Sara tycker att vi alla bidrar till miljöförstöringen.
4. Han köper öl i returflaskor och väljer förpackningar av papper.
5. Nackdelen med allt miljötänkande är att allt blir dyrare, tycker Lennart.
6. Hon känner sig piggare.
7. Det är inte så lätt att ändra på kostvanor, spara på el och vatten eller avstå t.ex från bilen.
8. Det diskuteras hit och dit, anser Lennart.
9. De smakar annorlunda, tycker Bodil.

C2

1. liten	mindre	minst
2. kort	kortare	kortast
3. ung	yngre	yngst
ny	nyare	nyast
4. praktisk	mer praktisk	mest praktisk
5. snabb	snabbare	snabbast
fort	fortare	fortast
6. smal	smalare	smalast
7. dålig	sämre	sämst
dålig	värre	värst
8. gammal	äldre	äldst
9. svår	svårare	svårast
tung	tyngre	tyngst
10. låg	lägre	lägst
11. vacker	vackrare	vackrast
12. pigg	piggare	piggast
13. mogen	mognare	mognast
14. mycket	mer	mest

D2

1. I februari är det redan ljusare ute än i januari.
2. Johann är tröttare än Anna.
3. Lottas hus är större än Jörgens.
4. Malena är äldre än sin syster.
5. Ulrik har en snyggare bil än Uno.
6. Vädret i Uppsala är bättre än i Malmö.
7. Väskan är lättare än resväskan.
8. Motortrafikleden är bredare än landsvägen.

E2

Levnadsstandarden är högre nuförtiden.
Levnadsstandarden var lägre förr.
Läkarvården är bättre nuförtiden.
Läkarvården var sämre förr.
Fordonen är snabbare nuförtiden.
Fordonen var långsammare förr.
Luftkvaliteten är sämre nuförtiden.
Luftkvaliteten var bättre förr.
Man producerar mer avfall nuförtiden.
Man producerade mindre avfall förr.
Det finns fler människor nuförtiden.
Det fanns färre människor förr.
Medellivslängden är högre nuförtiden.
Medellivslängden var lägre förr.
Man utför mindre kroppsarbete nuförtiden.
Man utförde mer kroppsarbete förr.
Grundvattnet är smutsigare nuförtiden
Grundvattnet var renare förr.

F3

Hässleholms kommuns huvudmål för bättre miljö

1. ekologisk
2. mark
3. kommunen
4. förbrukas
5. vattendrag
6. vattenkvalitet
7. växtliv
8. sjöar
9. friluftsbad
10. resurs
11. dricksvatten
12. verka
13. negativa
14. invånarna
15. miljö
16. kemiska

G5

Vågrätt:

1. statschef
2. konstitutionell
3. invandrare
4. kraftstationer
5. samerna
6. kärnvapenfri
7. medborgare
8. friluftsälskande
9. renskötsel
10. nationalparker
11. alliansfritt
12. glaset
13. invånare

Lodrätt:

14. skog
15. forskning
16. yta
17. makt
18. industriproduktion
19. val
20. Skanderna
21. ambassadörer
22. folkomröstningar
23. arbetsmarknad
24. Kebnekaise

H

1. en mygga
2. en gräshoppa
3. en fjäril
4. en skalbagge
5. en daggmask
6. en spindel
7. en geting
8. en myra
9. en fluga
10. en nyckelpiga

I

1. Jag tycker (att) det är viktigt att miljöproblemen tas på allvar.
2. Är grönsakerna besprutade?
3. Jag tycker att det är bättre med returflaskor.
4. Det har du rätt i, Sven.
5. I det här rummet får man inte röka, Pelle.
6. Är det loppmarknad i Tollarp i helgen?
7. Är tvättmedlet miljövänligt?
8. Jag känner mig piggare när jag äter frukt på morgnarna.

Avsnitt 24

A1

H: Nilsson!
D: Hejsan Hillevi, det är Dagmar.
H: Hej Dagmar, vad roligt att du ringer. Hur har du det?
D: Inget vidare. Jag har influensa och kan tyvärr inte komma på lördag.
H: Det menar du inte. Det var verkligen synd.
D: Ja, vi får ses en annan gång.
H: Det får vi göra. Krya på dig!
D: Tack ska du ha. Ha det så roligt på lördag.
H: Ja, det blir säkert trevligt. Tack för att du ringde.
D: Vi hörs! Hejdå!
H: Hej, hej!

B1

Koka först kryddorna med vatten ca 30 minuter och sila sedan ifrån kryddorna.
Den silade kryddlagen blandas sedan med vinet och sockret.
Servera glöggen het i små koppar eller glas med skållade mandlar och russin.

C2

Här rättar kursledaren!

D4

2. Vänern är den största sjön i Sverige.
3. Ölandsbron är den längsta bron i Europa.
4. Blekinge är det minsta landskapet i Sverige.
5. Lappland är det största landskapet i Sverige.
6. Mammas köttbullar är de godaste i världen.
7. Tunnelbanan är/kallas "den längsta konstutställningen" i världen.

8. *Stora gatan* i Sigtuna är den äldsta levande affärsgatan i Sverige.
9. Jannes prylbod är den bästa presentbutiken i stan.
10. "Mathörnan" är den trevligaste restaurangen i Skåne.

E4

1. Presentbutiken har de vackraste/finaste julkorten.
2. Den största julgranen står på torget.
3. Åhléns har de billigaste skjortorna.
4. Gamla Linköping är det trevligaste friluftsmuseet, tycker jag.
5. Din glögg är den godaste!
6. Eva har den bästa kälken.
7. De äldsta husen i byn är från 1700-talet.
8. Det nyaste modet kommer från Paris.

F5

Vågrätt:	Lodrätt:
1. måne	17. hand
2. julkärve	18. mössa
3. säck	19. pepparkaka
4. sol	20. ljus
5. ögon	21. tomte
6. apelsiner	22. nötter
7. stjärna	23. kälke
8. spis	24. burk
9. paket	25. skidor
10. barn	26. rygg
11. dörr	27. tak
12. gran	28. sparvar
13. brasa	
14. hyacint	
15. julklapp	
16. dag	

G5

Julen hos Gunnel och Siv
G: Gunnel S: Siv

S: Hur tänker ni fira jul i år, Gunnel?
G: Ja, som vanligt. Vi doppar i grytan på lillejulafton. Och så kommer släkten på julafton.
S: Lagar du julmaten själv egentligen?
G: Javisst! Det är ju så roligt! Men vi tänker nog ha mer vegetarisk mat på julbordet i år. Olle med sin allergi äter ju så lite kött.
S: Jaså, säger du det. Ja, det finns ju mycket man kan välja på. Men du tänker väl inte slopa julskinkan?
G: Nej, vad är julen utan skinka! Men jag ska ugnsbaka den i år.
S: Ja, det är säkert gott. Jag brukar koka skinkan i gryta. Den metoden går snabbast, tycker jag. Det tar ungefär 45 - 60 minuter per kilo. Sedan griljerar jag den. Brukar ni äta lut fisk?
G: Självklart! Stina och Janne älskar lutfisk, så det är ett måste hos oss.
S: Vi har faktiskt lagt av med lutfisk. Barnen är ju inte så förtjusta i det. Men annars har vi väl det gamla vanliga på julbordet: julskinka, köttbullar, julkorv och prinskorv, olika sorters sill, Janssons frestelse, leverpastej, kokt potatis, rödkål och brunkål. Och så risgrynsgröt förstås.
G: Ja just det Siv, det hör ju julen till!
S: Brukar ni också titta på Kalle Anka?
G: Ja, det är svårt att låta bli. Det har riktigt blivit en tradition.Vi har ju sett det där TV-programmet ända sedan barnen var små.
S: Ja, Kalle Anka måste man ju se. Men sedan när det har blivit mörkt kommer tomten. Vi hade tänkt fråga Göran om han vill vara tomte i år.
G: Ja, han är ju trevlig och hjälpsam! Vi har slutat med tomte och vi dansar inte kring granen heller. Det är ju bara vi fyra som firar jul.
S: Det är klart. Men är man många så är det verkligen roligt med sång och dans.
G: Precis, och utan tomte är det ju ingen riktig jul för barnen.

H6

1. Liselott frågar/undrar om jultomten kommer.
2. Sten frågar/undrar om Lotta hinner med bussen.
3. Karin säger att det är den godaste glöggen i världen.
4. Erik säger att han önskar sig en klocka i julklapp.
5. Ingrid frågar/undrar om vi ska träffas på lillejulafton.
6. Hans säger att han tycker väldigt mycket om lutfisk.
7. Frida frågar/undrar om någon har ringt.
8. Tomten frågar/undrar om det finns några snälla barn.

I7

Till exempel:
På julaftons morgon klär familjen Jansson granen. Till lunch doppar de i grytan. Efter lunchen går barnen ut och åker pulka.
Klockan 15.00 brukar de titta på Kalle Anka.
Sedan kommer tomten och delar ut julklapparna. Efter julklappsutdelningen äter familjen julbord och på kvällen dansar de kring granen och har det roligt tillsammans.

J

1. God Jul och Gott Nytt År!
2. Jag är (hemskt) ledsen, men jag kan tyvärr inte komma./Jag är ledsen men jag måste tacka nej.
3. Tack för att du ringde.
4. Tack för inbjudan.
5. Jag är ledsen, men jag kan inte följa med.
6. Ska vi äta julbord på lillejulafton?/Jag föreslår att vi äter julbord på lillejulafton.
7. God fortsättning!
8. Det menar du inte!
9. Ha det så kul/roligt!
10. Det låter toppen/jättebra/utmärkt!

Avsnitt 25

A1

1. bärgningsbil
2. anteckna
3. rapport
4. ledsen
5. försäkringsbolag
6. körkort
7. varningstriangel
8. vittne
9. korsning
10. krocka
11. onödigt
12. cyklist

B2

2. krossad
3. spilld
4. efterlängtat
5. uppställda
6. krossade
7. nersmutsade
8. lagad
9. besiktigade
10. påkörd
11. bruten
12. sålt
13. varnade
14. bebott
15. kritiserat

C2

2. Spisen är gjord av järn.
3. Skjortan är gjord av bomull.
4. Bordet är gjort av trä.
5. Kassen är gjord av papper.
6. Koppen är gjord av porslin.
7. Ringen är gjord av guld.
8. Bildörren är gjord av stål.
9. Fönsterrutan är gjord av glas.
10. Tröjan är gjord av ull.

D2

1. Ljuset är släckt.
2. Strålkastarna är krossade.
3. Bilen är lagad.
4. Motorhuven var intryckt.
5. Ingen var skadad.
6. Bilarna är köpta i Japan.
7. Varningstrianglarna är uppställda.
8. Registreringsnumret är antecknat.

E4

Till exempel:
Anders kör på landsvägen. Han vill svänga till vänster och blinkar. Sikten är dålig och just när han svänger kommer en annan bil.
De krockar. Männen tittar på sina bilar. Anders bildörr är intryckt och en strålkastare är krossad på den andra bilen. Ingen är skadad. En motorcyklist som såg krocken är vittne. Männen kommer bra överens och försäkringsbolaget betalar skadan på bilen.

F5

W	S	N	K	O	P	L	M	B	G	F	D	Å	S
R	K	Z	H	Å	T	R	E	V	L	I	G	B	H
Ä	O	P	O	I	U	Z	T	R	G	N	K	U	L
K	J	L	M	U	H	T	F	C	S	Q	Å	Ä	S
Z	I	T	I	N	T	R	E	S	S	A	N	T	S
U	G	H	Ü	D	M	Ä	B	Å	N	W	B	E	A
Y	O	P	M	E	Z	B	G	F	Ä	D	E	R	K
L	M	Ö	B	R	A	D	V	F	L	E	S	F	L
J	Ü	Ä	Ö	B	M	J	Å	V	L	D	C	E	O
L	M	Å	B	A	C	V	Ä	N	L	I	G	B	K
D	T	G	U	R	O	K	Ü	Ö	M	Q	C	A	Ü

Vad skojigt!	Det vore skojigt!
Vad fint!	Det vore fint!
Vad kul!	Det vore kul!
Vad intressant!	Det vore intressant!
Vad snällt!	Det vore snällt!
Vad underbart!	Det vore underbart!
Vad klokt!	Det vore klokt!
Vad vänligt!	Det vore vänligt!
Vad bra!	Det vore bra!

G5

2a. Om Signe hade vunnit 20 000 skulle hon ha köpt nya kläder.
2b. Signe skulle ha köpt nya kläder om hon hade vunnit 20 000.
3a. Om Anders hade haft råd skulle han ha köpt en sommarstuga.
3b. Anders skulle ha köpt en sommarstuga om han hade haft råd.
4a. Om mannen hade kört försiktigt skulle olyckan aldrig hänt.
4b. Olyckan skulle aldrig hänt om mannen hade kört försiktigt.
5a. Om Charlott hade haft tid skulle hon skrivit en roman.
5b. Charlott skulle ha skrivit en roman om hon hade haft tid.
6a. Om det hade varit bra sikt i korsningen hade Lars inte krockat.
6b. Lars skulle inte ha krockat om det hade varit bra sikt i korsningen.
7a. Om Olle hade varit förstående skulle historien inte blivit trasslig.
7b. Historien skulle inte blivit trasslig om Olle hade varit förstående.

H7

1. Anna kommer från Vä.
2. Hon är 20 år.
3. Man måste vara sjutton år och nio månader.
4. Nej, hon övningskörde privat.
5. Hon har övningskört 300 mil.
6. Det kostade drygt 3000 kronor.
7. Den är ett bevis för att man har klarat uppkörningen tills det riktiga körkortet är klart.
8. Den är tvåårig.
9. Hon har inte lust att bli av med körkortet på grund av fortkörning eller trafikolycka.

I7

Trafikförsäkringen

Trafikförsäkringen ersätter personskador och vissa skador på egendom upp till 300 miljoner kr.
Enligt trafikskadelagen måste alla bilägare teckna trafikförsäkring. Den som struntar i det eller i att betala premien krävs på en särskild avgift som är mycket högre än premien.

När människor skadas

Alla som skadas i trafiken har enligt trafikskadelagen rätt till ersättning som betalas av trafikförsäkring. Den som drabbas får ersättning oavsett om han eller hon haft skuld till olyckan eller inte.
Både förare och passagerare har samma rätt till ersättning. Det spelar ingen roll om skadan händer vid krock med annan bil eller vid en singelolycka. Även fotgängare och cyklister som skadas av bil eller annat motorfordon får ersättning från fordonets trafikförsäkring.

När egendom skadas

Trafikförsäkringen betalar inte skador som du själv orsakar på din bil. Krockar du med en annan bil så kan du få betalt från det fordonets trafikförsäkring. Men då måste du bevisa att det var den andre förarens fel. Då kan du också få betalt för skador på saker som du transporterat i din bil. Om det var ditt fel att olyckan inträffade får du ingen ersättning. Varken för skador på din bil eller på sakerna i bilen. Trafikförsäkringen ersätter alltid skador som din bil orsakar på annan egendom än motorfordon - t.ex. staket och lyktstolpar.

Trafiksjälvrisker

Är du yngre än 24 år gäller trafikförsäkringen med en självrisk på 1000 kr. Så mycket får du betala själv vid en skada som ersätts av trafikförsäkringen.

J8

1. Man måste lämna företräde.
2. Här är en parkeringsplats. Man får parkera alla dagar i veckan./Det är tillåtet att parkera alla dagar i veckan.
3. Man får inte stanna./Det är inte tillåtet att stanna./Det är förbjudet att stanna.
4. Man får inte köra mer än 50 km i timmen./Det är inte tillåtet att köra mer än 50 km i timmen./Det är förbjudet att köra mer än 50 km i timmen.
5. Man får inte parkera./Det är inte tillåtet att parkera./ Det är förbjudet att parkera.
6. Man får inte köra om./Det är inte tillåtet att köra om./ Det är förbjudet att köra om.
7. Det kommer en rondell. Trafiken kommer från vänster. Man måste lämna företräde.
8. Man måste stanna./Obligatoriskt stopp och väjningsplikt.

K

1. Det är onödigt.
2. Är någon skadad?
3. Varningstrianglarna måste ställas upp.
4. Det är inte klokt hur Staffan kör bil!
5. Det är mycket dålig sikt vid korsningen.
6. Kan du ringa efter en bärgningsbil, Per?
7. Jag är (hemskt/verkligen) ledsen.
8. Jag måste tala med mitt försäkringsbolag först.

Avsnitt 26

A1

U	E	T	B	V	F	E	D	F	L	I	C	K	R	U	M	O	P	S
M	K	J	N	J	I	B	H	U	V	G	Z	C	F	T	Å	D	R	T
Ü	L	E	N	B	P	E	R	S	O	N	Å	E	S	F	D	K	A	J
T	U	J	I	R	O	G	P	W	Ü	A	Ö	S	F	D	L	I	K	Ä
M	Y	N	X	Å	C	E	D	F	S	G	A	H	J	U	E	L	W	R
Ü	M	O	B	U	C	N	Y	W	C	R	B	Z	U	I	L	L	V	N
Å	F	Ö	D	E	L	S	E	D	A	G	S	P	R	E	S	E	N	T
J	U	V	I	Å	E	K	A	Ö	R	O	M	A	N	G	F	R	L	E
I	J	B	S	G	B	A	N	D	Q	B	Ü	P	O	L	M	U	G	C
Ö	M	I	C	U	S	P	W	G	R	O	N	V	O	H	Ü	K	Å	K
F	T	Z	O	D	Å	S	B	E	S	K	R	I	V	N	I	N	G	E
Ö	M	U	V	I	D	J	T	G	U	S	V	E	H	L	A	E	C	N

Plural:
band, beskrivningar, böcker, discon, egenskaper, flickrum, födelsedagspresenter, killar, personer, romaner, stjärntecken, tjejer

B1

2. glad	gladare
3. skojig	skojigare
4. duktig	duktigare
5. noggrann	mer noggrann
6. saklig	sakligare
7. pålitlig	pålitligare
8. melankolisk	mer melankolisk
9. sur	surare
10. nedstämd	mer nedstämd
11. egoistisk	mer egoistisk
12. generös	generösare
13. spontan	spontanare
14. ärlig	ärligare
15. energisk	mer energisk
16. snygg	snyggare
17. öppen	öppnare
18. begåvad	mer begåvad
19. lätt	lättare
20 svår	svårare
21. omsvärmad	mer omsvärmad
22. elak	elakare
23. intressant	intressantare
24. hygglig	hyggligare

C2

Rätta gemensamt med kursledaren!

D2

En kontaktannons

Örebro-kille på 45 år söker kärleksfull, ärlig, spontan kvinna i 40-årsåldern att umgås med.
Jag är mörk och brunögd, 171 cm lång. Jag är rök- och spritfri, har många vänner och ett bra jobb. Jag bor i eget hus. Jag är glad och positiv, trogen, lojal och ambitiös. Mina intressen är segling, dans, musik, natur och mysiga hemmakvällar. Svara helst med foto.
Stenbock i Örebro

E3

2. utlånade böcker	de utlånade böckerna
3. en köpt födelsedagspresent	
den köpta födelsedagspresenten	
4. en utläst bok	den utlästa boken
5. anpassade personer	de anpassade personerna
6. en omsvärmad präst	den omsvärmade prästen
7. stängda dörrar	de stängda dörrarna
8. en stulen väska	den stulna väskan
9. ett inspelat band	det inspelade bandet
10. släckta lampor	de släckta lamporna
11. en omtyckt person	den omtyckta personen
12. en påkörd bil	den påkörda bilen
13. skalade lökar	de skalade lökarna
14. en skriven novell	den skrivna novellen

F4

21 en dammsugare	12 en vattenkanna
7 en pärm	22 en yxa
5 ett strykjärn	10 en korkskruv
16 en såg	4 en skruvmejsel
14 en glödlampa	20 en tång
11 en hink	17 en sopborste
1 en stekpanna	15 en eldsläckare
8 en skruv	19 en nål
23 en sil	3 en spik
9 ett batteri	2 en tändare
24 en diskborste	13 en pensel
6 en kratta	18 en spade

G5

1. framgång	8. inbillning
2. skicklig	9. lat
3. elak	10. omtänksamt
4. fräknar	11. strumpsockor
5. lydig	12. märkvärdigt
6. mognar	13. klumpig
7. förvånad	14. undantag

H7

2. Kvinnan blev opererad.
3. Ungdomarna blir konfirmerade.
4. Stolen blev målad.
5. Området har blivit drabbat.
6. Jens blir accepterad.
7. Nils har blivit förvandlad.
8. Mötet blev uppskjutet.

I7

1. Nils Holgersson har blivit förvandlad till en pyssling.
2. Kristina blev bjuden på mat.
3. Väskorna blev stulna.
4. Jag har blivit opererad och ligger på sjukhus.
5. Teaterpjäsen har blivit mycket uppskattad.
6. Lena blev konfirmerad i maj.
7. Den elake Sintram blev mycket omsvärmad.
8. Det nybyggda huset har blivit sålt.
9. Bilarna blev stoppade av polisen.

J8

1. lamm	6. åsna
2. räv	7. mus
3. myra	8. get
4. björn	9. uggla
5. oxe	10. bi

K

1. Tack för lånet!
2. I vilket stjärntecken är du född?
3. Charlott är trevlig och sympatisk, tycker jag.
4. Jag kan inte begripa varför Harald är så sur.
5. Det stämmer exakt!
6. Vad står det om "Stenbocken"?
7. Får jag låna boken?
8. Det låter intressant.
9. Ulla har svårt att få sin vilja igenom.
10. Jag har snart läst ut boken.

Avsnitt 27

A1

	Singular	Plural
1.	färdbiljett	färdbiljetter
2.	resa	resor
3.	fönsterplats	fönsterplatser
4.	tåg	tåg
5.	pris	priser
6.	förbindelse	förbindelser
7.	spår	spår
8.	uppehåll	uppehåll
9.	resdag	resdagar
10.	pensionär	pensionärer

B1

A: Hej, är det ledigt här?
B: Javisst!
A: Tack. Ska du också åka till Norrköping?
B: Nej, jag ska till Stockholm. Vet du varför tåget är försenat?

Lösungen

A: Jag tror stationen i Växjö byggs om.
B: Jaså?!
A: Jag tycker det drar. Kan jag stänga fönstret?
B: Självklart/Javisst. Får jag bjuda på/Vill du ha en karamell?
A: Nej tack. När är tåget framme i Stockholm?
B: Jag ska titta i tidtabellen. Omkring klockan 22.00.
A: Tack. Finns det en restaurangvagn på tåget?
B: Ja, det finns det.

C3

2. Det var Nisse som köpte biljetterna.
3. Det var Kalle som ringde.
4. Det var Stockholmståget som var försenat.
5. Det var Karin som slängde tidtabellen.
6. Det är Sten som Heinz brukar hälsa på.
7. Det är från spår 4 som tåget avgår.
8. Det är i Göteborg som Eva måste byta tåg.

D4

2. Karin dricker alltid kaffe.
3. Ulla tycker inte om att laga mat.
4. Jöns åker antagligen till Stockholm.
5. Gun måste troligen flytta.
6. Anders vill inte spela tennis.
7. Katja ska möjligtvis flyga till Mallorca.
8. Olof vill absolut gå på bio.
9. Ingrid skriver ofta brev.
10. Per kan nog komma.

E4

1. Svea har sagt, att Linda alltid cyklar till sin pojkvän på kvällarna.
2. Svea har sagt, att Anna troligtvis ska opereras.
3. Svea har sagt, att Erik aldrig får spela trumpet för sin mamma.
4. Svea har sagt, att Britta åtminstone städar på tisdagarna.
5. Svea har sagt, att Carina kanske ska åka till Kanarieöarna.
6. Svea har sagt, att Pernilla och Jan förmodligen kommer att förlova sig.

F4

1. Paul har ett hus i Kiruna också.
2. Egentligen är det synd att vi inte ses oftare.
3. Jag dricker ogärna alkohol.
4. Tydligen vill staten ha mer pengar.
5. Det är givetvis riktigt.
6. Det är säkert bra att Lotta kopplar av på semestern.
7. Det var som vanligt mycket trevligt.

G5

2. Tyskland	tyska	tyska	tysk
3. Norge	norska	norska	norrman
4. Frankrike	franska	fransyska	fransman
5. Danmark	danska	danska	dansk
6. England	engelska	engelska	engelsman
7. Österrike	tyska	österrikiska	österrikare
8. Grekland	grekiska	grekiska/ grekinna	grek
9. Spanien	spanska	spanjorska	spanjor
10. Finland	finska	finska	finländare
11. Italien	italienska	italienska	italienare
12. Island	isländska	isländska	islänning

H6

<u>Vågrätt:</u>
1. gissa
2. tallrik
3. mjuk
4. backe
5. kniv
6. passkontroll
7. ingenting
8. korv
9. högt
10. potatis
11. trygg
12. annorlunda
13. äntligen
14. själv
15. by
16. fjärrstyrd
17. språk
18. fiffig
19. gaffel

<u>Lodrätt:</u>
20. potatismos
21. smutsig
22. torka
23. konstig
24. bensinstation
25. färg
26. lukt
27. mynt
28. känslor
29. människor
30. hav
31. pappersmugg

I7

1. tältade
2. passera
3. turbeskrivningen
4. regn
5. rädd
6. livet
7. farlig
8. försiktig
9. svägerska
10. kanske
11. problem
12. 22 (tjugotvå)
13. vandrade
14. mindre
15. ner
16. renar
17. vatten
18. undrade
19. området
20. vandraren
21. sakta
22. sak
23. skynda
24. glad
25. upptäckt
26. kroppshandikapp
27. land
28. rädda

J

1. Jag skulle vilja ha en enkel biljett till Simrishamn.
2. Finns det någon rabatt?
3. Hur långt uppehåll har jag i Stockholm?
4. Är platsen ledig?
5. Jag skulle vilja ha en tur och returbiljett till Jönköping. Andra klass och icke rökare, tack.
6. Från vilket spår avgår tåget?
7. Trevlig resa!
8. Måste jag byta?
9. När är tåget framme i Stockholm?
10. Skulle ni vilja hjälpa mig att lyfta upp min resväska på bagagehyllan?